왜
세종은
불교 책을
읽었을까

언해불전의 탄생, 그리고 열린사회를 향한 꿈

왜 세종은 불교 책을 읽었을까

오윤희 지음

불광출판사

차 례

여는 글 9

1부.

사랑의
기술

세종, 불경을 번역하다 19

나는 다시 사유하였다 25

보아 살펴 사랑하여 31

모름과 아롬 36

맏 첫 방편 – 사랑의 기술 44

종이접기 모델 49

사랑의 길 62

얼굴과 그르메 69

잃어버린 '세계' 77

2부.

이단
세종

승니를 도태하라 83

이단의 시작 91

할 수 없는 일을 해낸 임금 99

철부지의 행패와 이단의 임금 105

위선과 불신으로 열린 언로 112

억불과 숭불 사이 118

이단의 책을 읽는 임금 129

아들의 추억 132

막힌 말문, 곯는 마음 143

병인년의 기억, 세종의 아이들 156

귀천이 없이 함께 부처 앞에 들어 176

3부.

정도전,
이색,
함허

정몽주와 정도전 189

정도전의 읽기 196

이색의 읽기 208

함허의 읽기 219

응무소주 이생기심 225

4부.

『능엄경』이라는 단서

『능엄경』을 읽은 까닭 237

허망한 윤회의 길 255

함께 가는 길 261

5부.

언해불전의 읽기와 사랑

『반야심경언해』, 편집의 규칙 269

과판(科判)의 그림 284

과문(科文)이라는 방법 296

우리말로 함께 읽는 전통 304

조선 선사들의 우리말 솜씨 317

맞부딪치는 읽기 322

조선의 현란한 읽기 332

함허의 사랑, 세종의 발견 335

『금강경오가해설의』, 조선의 희한한 책 346

의미와 의도의 긴장, 함께 읽는 기술 353

권서자재(卷舒自在), 모로기 말고 펴고 359

뉘라서 카냥하리 367

맺는 글 381

찾아보기 386

여는 글

불교에 '다라니'라는 말이 있다. 무서운 귀신을 물리치거나 간절한 소원을 들어주는 신비의 주문, 대개는 그렇게 알고 그렇게 쓴다. 그런데 15세기 조선의 언해불전에서는 이 말을 '모도잡다'라고 새긴다. '모두 다 잡아 가지다'라는 뜻이다. 잡다, 가지다, 이런 말은 의식의 작용, 기억의 작용을 가리킨다. 불교에서 기억은 대개 부처가 했던 이야기와 관련이 있다. 부처가 했던 이야기를 잘 듣고 똑똑히 기억하는 일이다. 이야기를 하는 부처와 이야기를 듣는 제자, 다라니는 그 사이에 존재한다. 언해불전은 그래서 다라니를 문(門)으로 비유하여 새기기도 한다. 열린 소통의 문이다. '모도잡다'는 시원하게 활짝 열린 문의 상징이다.

불교를 허무의 종교라고 말하는 사람들이 있다. 정도전의 『불씨잡변』을 비롯하여 조선의 선비들은 누구나 그렇게 여겼다. 불교는 선비들이 믿는 하늘이나 운명, 변하지 않는 성품 따위는 믿지 않는다. 그런 것들은 모두 중생의 의식이 지어낸 망상이라 허망하고 허무하다고 주장한다. 조선의 선비들은 그런 불교를 이단으로 배척했다.

그런데 다라니의 문은 말하자면 허무의 바탕에서 부처가 찾아낸 묘수였다. 중생을 위한 묘수. 다라니는 알 수 있고, 소통할 수 있고, 실천할 수 있는 가능성을 가리킨다. 언제 어디서나 누구라도 반복하여 재현할 수 있는 가능성이자, 방편이고 기술이다. 하지만 열린 소통의 문, 여기에 신비한 묘수란 없다. 다라니의 문은 몸에서 시작하기 때문이다. 누구나 가진 몸, 몸에 달린 감각과 의식의 기관, 그리고 기관이 작동하는 방식이다. 부처의 눈과 제자의 눈, 작동하는 방식이 같다면, 그것만 입증할 수 있다면, 소통의 문도 함께 열린다. 불교가 가르침일 수 있는 까닭은 가르침의 문이 열려 있기 때문이다. 그 점을 분명하게 보증하기 때문이다. 그래서 언해불전에서는 "도랑 먹은 개도, 흙 묻은 돼지도 안다."고 표현하기도 했다. 도랑 먹은 개는 피부병을 달고 사는 지저분한 짐승이다. 더러운 개돼지도 아는 일, 사람이 모를 리가 없다. 그래서 다라니의 열린 문은 허무하지 않다. 그 방편과 기술은 실제로 중생을 이롭게 한다.

✳

오래전 우연히 접했던 불교 책, 읽기는커녕 무엇보다 그 방대한 양에 질려버렸다. 개돼지도 다 안다지만 읽을 엄두조차 나지 않던 책. 그래서 읽는 대신에 전산화라는 일을 선택했다. 초기의 전산화는 입력을 하고 검색을 하여 색인을 만드는 일을 뜻했다. 동아시아 한문 문화권은 물론, 서구의 학자들도 두루 힘을 합해 그런 일을 하고 있었다. 목록이나 색인을 중국말로는 공구(工具)라고 부른다. 읽기를 도와주는 물건이다. 공구를 만드는 일은 남을 위한 일이다. 남의 읽기를 도와주는 일이다. 그래서 이런 일을 위인지학(爲人之學), 남을 위한 학문이라고 부르기도 한다.

그런데 컴퓨터에 입력되어 인터넷으로 유통하게 된 불교 책, 검색과 색인을 넘어 이전에는 없던 새로운 읽기의 가능성을 열어주었다. 따지고 보면 글자를 입력하고 색인을 만드는 일도 모두가 다라니에 관한 일이다. 열린 문에 관한 일이다. 소통을 보증하고 도와주는 기술이다. 매체가 바뀌면 소통의 길도 바뀌기 마련이다. 디지털 미디어가 요동치는 시대, 다라니의 문에도 새로운 기회가 왔다. 훨씬 더 많은 사람들이 훨씬 더 쉽게, 함께 잘 읽을 수 있는 기회였다.

그러는 사이 『원각경언해』를 읽을 기회가 있었다. 『원각경』은 참 재미있다. 사람과 세상을 '환(幻)'이라는 글자 하나로 풀어간다. 짧기도 하거니와 또박또박 들어맞는 대화체의 글도 시원하다. 그런 재미로 보게 된 책, 『원각경언해』의 아름다움에 푹 빠지고 말았다. 아름답다는 감정이나 표현, 사람마다 취향마다 다르겠다. 그 무렵 내게는 다라니의 묘수, 편집의 기술, 읽기의 기술 따위가 아름다움의 기준이었다. 그런데 15세기 조선의 『원각경언해』, 그 안에는 이제까지 보지 못하던 편집이 있었고, 읽기가 있었다. 그 안에 있어야 할 것은 다 있었다. 질도 양도 적당했다. 컴퓨터 화면으로 불교 책을 읽는 일은 내게 일상이었다. 그래서 언해불전을 하나의 전체로 읽기 위한 환경을 만들기 시작했다. 당시로는 전산화의 미래를 향한 일종의 프로토타입(prototype), 새로운 실험이었다.

*
*

그렇게 시작했던 읽기의 실험. 이 글은 조선의 언해불전에 대한 독후감이다. 언해불전에 담긴 다라니의 묘수, 좀 더 많은 사람들이 읽을 수 있다면⋯ 그런 바람이 있었다. 언해불전에 대하여는 현대어로 번역하고 주해를 단 역해본도 나와 있고, 숱한 연구 결과들도 있었다. 그래도 언해불전은 아직 낯선 책이었다. 그래서 처음 이 글을 준비하면서 주로 편집 형식이나 읽기 방식에 초점을 맞추려고 했다. 이런 분야에 관심을 가진 경우는 거의 없었고, 무엇보다 언해불전의 형식을 따라 충실히 읽다 보면, 생각 밖으로 쉽고 재미있게 읽힌다는 사실을 경험으로 알게 되었기 때문이다. 하지만 읽으면 읽을수록 이야깃거리도 늘어갔고, 함께 나누고 싶다는 욕망도 커졌다. 그래서 이야기를 조금 부풀려 세 권의 책으로 나누기로 했다.

⁂

"문자와로 서르 ᄉᆞᄆᆞᆺ디 아니할쎄"

훈민정음의 이 구절에서 'ᄉᆞᄆᆞᆺ디'는 '유통(流通)'을 새긴 말이다. 언해불전에서는 활짝 열려 훤히 통하는 문, 드나드는 일을 묘사하는 말이기도 하다. 『세종실록』에는 이른바 언문을 두고 세종이 최만리, 정창손 등과 나누었던 토론의 기록이 남아 있다. 세종은 지식과 실천, 소통의 근거를 '쉬운 말, 쉬운 글'에서 찾는다. 글이 쉬워지면 유통도 그만큼 쉬워지고 늘어난다. 이에 대해 정창손은 알고 실천하는 일은 말이나 글이 아니라 '사람의 자질'에 달려 있다고 한다. 타고난 자질은 사람마다 다르다. 자질이 부족한 어린 백성은 어쩔 도리가 없다는 것이다. 쉬운 말과 타고난 자질, 이 두 가지는 타협할 수 없는 모순일까? 고집불통 신하들, 세종은 '쓸모없는 속된 선비'라고 거칠게 비판한다.

이런 차이, 이런 분노는 어디서 오는 것일까?

어려서 백성일까, 백성이라 어린 걸까? 이런 차이는 600년이 지난 오늘도 유효하다. 어리석어서 가난한 것일까, 가난해서 어리석은 것일까? 아무튼 세종은 쉬운 글자, 쉬운 길을 해답으로 내놓았다. 어린 백성도 함께 드나들 수 있는 소통의 문을 열고자 했다. 하지만 당대의 선비들은 세종의 의지, 세종의 길을 철저하게 묵살했다. 그냥 반대나 고집이 아니었다. 그러는 사이 언해불전이 만들어졌다.

개돼지도 아는 일, 언해불전은 전체가 이 일에 대한 것이다. 때로는 다라니의 문이라고 부르고, 때로는 불성이나 여래장이라고도 표현한다. 선사들은 때로 '한 것'이라고 부르기도 한다[일물(一物)을 이렇게 새겼다]. 표현은 달라도 결론은 하나다. '너도 알 수 있고 누구나 알 수 있다.' 언해불전은 그 근거를 하나하나 논증하고 방법을 설명한다. 언해불전은 신비한 종교의 비급이 아니다. 찬찬히 읽으면 누구나 알 수 있는 논리적인 글이다. 문은 언제나 열려 있다. 열린 문에 차별이란 없다.

세조는 아버지 세종과 이단의 책을 함께 읽던 시절을 추억한다. 그리고 언해불전은 세종의 일, 세종이 남긴 유업이었다고 증언한다. 어린 백성을 위한 글자, 열린 소통을 위한 새로운 길, 언해불전을 읽다 보면 자연스럽게 세종의 심사가 연상된다. 소통에 대한, 열린 문에 대한 이해와 신념이 닮았기 때문이다. 어린 백성도 기회를 주면 뭐든 알 수 있고, 뭐든 할 수 있다.

이 글은 독후감의 첫 번째 이야기다. 이 이야기는 언해불전을 읽으며 떠나지 않았던 물음, 두 개의 의문으로 구성하였다. 첫째, 세종은 왜 이단의 책, 불교 책을 읽었을까? 그런 의심을 2부와 3부에서 다뤘다. 둘째, 세종은 불교 책을 어떻게 읽었을까? 이런 의심을 4부와 5부에서 다뤘다. '쉬운 글자와 타고난 자질'의 차이, 독후감 안에 해답은 없다. 하지만 언해불전을 읽다 보면, 이런저런 의심과 다툼 또한 허무해지고 허탈해진다. 쉬운 글자를 만든 세종의 뜻도, 언해불전의 친절한 번역과 편집도 너무도 빨리 잊혔기 때문이다.

※

"나는 생각한다. 그러므로 나는 있다."

서구 근대철학의 뿌리라는 데카르트의 의심과 증명이다. 좀 엉뚱하게 들릴 수도 있겠지만 언해불전에도 비슷한 의심과 논증이 있다. 하지만 의심이나 논증의 형식은 닮았어도 결론은 아주 다르다. '나는 생각한다. 그러므로 나는 없다.' 말하자면 이런 식이다. 나도 없고, 신도 없고, 세계도 없고. 과연 허무한 결론이다. 이렇게 차이가 생기는 까닭은 무엇보다 '나'라는 주어에 대한 정의와 '있음-없음'의 대구를 다루는 방식이 다르기 때문이다.

데카르트는 의심의 끝에 더 이상 의심할 수 없는 분명하고 단단한 바탕을 찾았다고 한다. 그런데 부처는 허무한 결론을 바탕으로 지식과 도덕의 기초를 논증한다. 데카르트의 저 유명한 명제야 모르는 사람이 없다. 하지만 언해불전의 치밀한 논증, 잊힌 지가 오래인 것 같다. 600년 전 우리 조상들이 우리말로 읽었던 부처의 논증, 사유의 세계, 그런 논증을 따라 읽는 일. 이 또한 별미랄까, 희한한 경험이 된다. 길고 낯선 언해불전, 단번에 소개할 길은 없다. 그래서 언해불전의 몇 가지 주요한 논증을 골라 언해불전의 편집, 언해불전의 읽기를 따라 둘째 책에 담아보기로 했다.

세조의 추억에 따르면, 세종은 만년에 세자와 수양 두 아들과 함께 『증도가』를 읽고 번역했다고 한다. 그렇게 함께 번역하던 책, 세종이 죽고 세조도 죽고 성종 때에 이르러서야 『증도가남명계송』이라는 책으로 완성될 수 있었다. 사연도 희한하지만, 그 내용은 더욱 희한하다. 그래서 이 책을 골라 15세기 말을 요즘 말로 조금 고치고, 주석을 달아 셋째 책으로 마무리하기로 했다. 언해불전에 대한 맛보기랄까, 언해불전을 직접 읽어볼 수 있는 기회가 되기를 바라서였다.

왕조실록에 기록된 세종의 만년. 훈민정음을 두고, 불사(佛事)를 두고 선비들과 맞서던 그의 심사에는 답답함을 넘어 심한 노여움까지 느껴진다. 그렇게 만든 훈민정음으로 번역하고 주석한 언해불전, 독후감이라기엔 길고 어수선한 이야기들. 다른 뜻은 없다. 세종의 답답함, 언해불전의 친절함, 그저 아쉽고 미안했다. 좀 더 많은 사람이 함께 느끼면 좋겠다는 바람이 있었다.

1부

사랑의
기술

모롬-아롬,
불교는 이 일에 관한
이야기이고 가르침이다.
언해불전 또한 이 대구를
벗어나지 않는다.
방대한 불교 기록,
사람의 감각과 의식,
'아롬'에 대해 정교하고
치열한 관찰과 논증의
과정을 담고 있다.
보고 살피고
사랑하는 일이다.

세종,
불경을 번역하다

옛날 세종 장헌대왕께서 일찍부터 『금강경오가해(金剛經五家解)』가 운데 『야보송(冶父頌)』과 『종경제강(宗鏡提綱)』, 『득통설의(得通說誼)』, 그리고 『증도가남명계송(證道歌南明繼頌)』을 국어(國語)로 번역하여 『석보(釋譜)』에 넣고자 하였다. 문종대왕과 세조대왕에게 명하여 함께 짓도록 하고, 친히 교정하고 결정을 했다. 당시 『야보송』과 『종경제강』의 두 가지 해석과 『득통설의』는 이미 초고가 완성되 었지만 교정할 겨를이 없었고, 남명의 『계송(繼頌)』은 겨우 30여 수를 번역하여 모두 일머리를 잡지 못하고 있었다. 유언으로 명 을 남기시니 문종과 세조가 받들었다. 문종이 즉위한 지 얼마 지 나지 않아 승하하니, 세조가 계승했다.

남기신 가르침을 받들어 먼저 『석보』를 판에 새겨 유통하였고, (중 략) 그 후에 여러 부처와 조사의 위없는 요의를 널리 펴서 모든 사 람들로 하여금 널리 제 불성(佛性)을 보도록 하였다. 그래서 그 일 을 조심스럽게 다루어 선왕의 명령을 존중하자는 것이었다.•

• 한계희(韓繼禧), 『금강경삼가해(金剛經三家解)』 발문.

이 발문은 성종 13년(1482)에 씌었다. 『금강경삼가해(金剛經三家解)』
와 『증도가남명계송』의 언해를 마치며 적은 기록이다. 세종이 시작한
일, 유언으로 남긴 명령, 남긴 부탁, 남긴 뜻, 혹시라도 오해할까 구절
마다 세종의 일이라는 점을 거듭 강조한다. 30여 년이 지나서야 겨우
완성할 수 있었던 일, 불교 책을 국어로 번역하는 일은 세종의 일이었
다. 그사이 임금이 여섯이나 바뀌었다.

이게 과연 사실일까? 확인할 길은 없다. 여기가 막다른 자리다.
『석보』는 『월인석보(月印釋譜)』를 가리킨다. 세조는 이 책이 세종의 작
품이라고 거듭 증언한다. 이 또한 더 이상 확인할 길이 없다. 조선의
이단아 세조의 말을 액면 그대로 믿는 사람은 없다. 그는 권력을 위해
많은 사람을 죽였다. 사람을 죽이는 일에 명분이란 없다. 그는 나쁜 짓
을 한 나쁜 사람이다. 저 글을 쓴 한계희(韓繼禧, 1423~1482)도 공범이다.
그런 자들의 말, 그대로 믿어야 할 근거도 명분도 없다. 공교롭게도 한
계희는 저 글을 쓴 바로 그해에 세상을 떠났다. 그나마 저런 기록마저
차츰 멀어지고 잊혀갔다.

그래도 한번 상상을 해보자. 저 때 문종은 세자였고 수양은 대군
이었다. 아버지가 내준 숙제, 두 아들은 『금강경오가해』와 『증도가남
명계송』을 열심히 읽고 국어로 번역한다. 아버지는 두 아들이 가져온
숙제를 검사한다. 한 구절 한 구절 함께 읽으며 고치고 결정해간다. 그
렇게 『금강경오가해』 가운데 『야보송』과 『종경제강』, 『득통설의』의 번
역을 마쳤고, 또한 『증도가남명계송』의 30여 수를 번역했다. 그사이
아버지 세종은 세상을 떠났다.

사실이건 아니건 희한한 장면이다. 조선의 역사에서도 똑똑하기
로 둘째가라면 서러울 세 사람, 임금과 세자와 대군이 머리를 맞대고

글의 뜻을 가리고 우리말을 골랐다. 태워버려야 한다던 이단의 책, 그
것도 어렵기로 소문난 불교 책이다. 임금은 두 아들과 함께 그런 책을
읽었다. 그 무렵 그들은 새로운 글자, 훈민정음을 만들고 있었다. 그래
서 그냥 책을 읽는 데서 그치지 않고, 우리말로 번역하고 훈민정음으
로 적어 출판하기로 했다. 책을 읽는 일과 번역하는 일은 아주 다른 일
이다. 게다가 출판을 한다는 것은 또 다른 일이다. 읽는 일, 번역하는
일, 출판하는 일, 일은 조금씩 커지고 복잡해진다. 사적인 영역에서 공
적인 영역으로 확장된다. 나라와 백성을 짊어진 세 사람, 그들의 일은
이미 개인과 집안의 차원을 넘어서고 있었다.

　　세종과 그의 두 아들은 그런 책 속에서 무엇을, 어떻게 읽었을까?
함께 뜻을 가리고 말을 고르면서 무슨 생각을 했고, 어떤 대화를 나누
었을까? 남은 기록이 없으니 상상의 영역일 뿐이다. 그렇게 번역했다
는 『금강경삼가해』와 『증도가남명계송』은 아직도 남아 전한다. 그 안
에 담긴 글과 뜻, 조선이라는 나라와 왕실에서 임금과 세자와 대군이
함께 읽었다고 하기엔 너무도 이상하고 희한하다. 희한하다는 말, 불
교에서는 '희유(希有)'라는 표현을 즐겨 쓴다. 언해불전에서는 '드물다'
라고 새기기도 하지만, 때로는 '쉽지 못하다'라고 새기기도 한다. '쉽
다'는 말에는 '흔하다'라는 뜻도 있다.

　　　옛 선비가 불교의 지옥설을 비판하여 이르기를 (중략)
　　　'부처를 공양하지 않고 중을 먹이지 않으면, 반드시 지옥에 떨어
　　　져 저미고 지지고 찧고 갈고, 온갖 고초를 받는다.'라고 하지만,
　　　죽은 자의 형체는 썩어 문드러지고 정신은 흩어져 비록 저미고 지
　　　지고 찧고 갈더라도 받을 몸이 없다는 사실을 모르기 때문이다.*

부처를 공양하고 중을 먹이고… 조선의 선비들은 이런 일을 불사(佛事)라고 불렀다. 불교를 대개 그런 것으로 간주했고, 그래서 허무맹랑한 거짓의 이단으로 단정했다. 세조나 한계희의 기억과 기록이 어떨지는 몰라도, 만년의 세종은 분명 이런 불사와 관련이 있다. 선비들은 세종이 벌인 불사를 이유로 임금을 비판하며 그에 맞섰다. 이건 상상이 아니다. 실록에 남아 전하는 '사실(史實)'이다. 그렇다면 부처를 공양하고 중을 먹이는 까닭은 무엇일까? 지옥에 떨어져 고통을 받는 것이 두려워서일까? 조선의 선비들은 이런 일을 혹세무민이라고 불렀다. 불교는 정말 이런 것일까? 세종은 정말 그런 일로 부처와 중을 먹이려고 했던 것일까? 세조는 그렇다 치더라도 성군 세종이 정말로 그 정도로 무지하고 나약했다는 뜻일까?

목은(牧隱) 이색(李穡, 1328~1396)은 불교의 지옥설을 말류(末類)라고 단정했다. 불교에서도 말류지만, 그런 걸 굳이 따지고 비판하는 선비들도 말류라는 뜻이다. 하지만 조선은 나라를 세우는 순간부터 그 같은 말류의 주장을 근거로 불교를 이단으로 낙인찍었다. 그리고 이단을 공격하여 도태시키는 일을 이념으로, 국책으로 삼았다. 목은의 말류가 옳은 비판이었다면 조선은 건국이념에서부터 말류의 이념, 말류의 나라를 자임한 셈이다. 세종은 그런 이념, 그런 나라가 싫었을까? 이 또한 쉽지 못한 주제가 되겠다.

그런데 한계희는 '모든 사람들로 하여금 널리 제 불성(佛性)을 보게 하려는 것'이라고 설명했다. 언해불전에서는 불성을 '아는 성품'으로 새긴다. 불성이라는 말, 불교 안에서도 이견이 분분하다. 하지만

● 정도전(鄭道傳), 『불씨잡변(佛氏雜辨)』.

22

'아는 성품'이라면 훨씬 가깝고 쉽게 느껴진다. 이런 말은 특정 종교의 영역이라기보다는 과학이나 철학의 주제로 들린다. 세종이 두 아들과 함께 읽고 토론하며 번역했던 언해불전은 사람의 '아는 성품', 또는 '아는 일'에 대한 책이다. 한계희의 표현대로 언해불전이 그런 책이라면, 세종의 불사, 세종의 읽기도 조선 선비들의 평가를 떠나 완전히 다른 눈으로 볼 수 있다. 동서고금 보편의 주제, 저들은 그런 책을 함께 읽고 함께 번역했다.

동양에서는 이런 주제를 심성설이라고 불렀다. 주자(朱子, 1130~1200)를 비롯하여 송나라 성리학자들도 불교의 심성설을 문제 삼았다. 그들은 유교의 심성설로 불교의 심성설을 비판했다. 이런 비판과 논란은 당연한 일이고, 탓할 것도 없다. 하지만 그들은 비판의 끝에 이단이라는 딱지를 붙였다. 그렇게 불교의 심성설은 이단의 심성설이 되었다. 그들은 거기서 멈추지 않았다. 불교의 심성설은 물론이고, 이단이라는 딱지에 의문을 품는 자들조차 똑같이 이단으로 몰아 배척했다. 그들은 그렇게 지적·사상적인 주제를 권력과 폭력의 주제로 바꾸어버렸다. 그런데 성리학의 나라라는 조선에서, 그 임금과 세자와 대군이 이단의 책을 함께 읽고 함께 번역하여 널리 알리려고 했다. 이건 쉽지 못한 일일뿐더러 믿기도 어렵다.

이 글은 이런 상상에서 시작했다. 세종과 두 아들이 정말로 함께 읽고 함께 번역을 했다면, 언해불전이야말로 그 단서나 흔적을 찾을 수 있는 가장 좋은 증거물이 아닐까? 한계희의 말대로 언해불전은 과연 '제 불성을 보게 하려는' 뜻을 담고 있을까? 우리말로 번역하고 훈민정음으로 적어 널리 펴려는 까닭이 정말로 백성 누구나 갖고 있는 '아는 성품'을 알도록 해주는 것이었을까? 이게 사실이라면 세종은 정말 쉽지 못한 일을 꿈꾸고 있었다는 뜻이 된다. 하늘이 정해준 운명과 계급, 조선을 건국한 성리학의 이념, 성리학의 이단론에 정면으로 맞서는 일이기 때문이다. 어린 백성도 알 수 있고, 할 수 있는 일. 그렇다면 어린 백성은 잠재력도 권리도 함께 갖는다. 그들에게 돌려주고 열어주어야 할 것들. 그렇다면 세종의 훈민정음과 언해불전은 이념투쟁, 계급투쟁이 된다.

쉽지 못한 세종의 뜻, 남아 있는 것은 언해불전뿐이다. 확인할 수 있는 길은 이것밖에 없다. 그래서 언해불전을 다시 '하나의 독립한 전체'로, 통으로 읽어보기로 했다. 이 글은 그런 읽기의 결과물이다. 그런데 언해불전이라는 게 또한 쉽지 못하다. 내용은 접어두더라도 우선 그 양이 만만치 않다. 원문의 양만 따져도 100권이 넘는다. 이를 다시 우리말로 번역하고 우리말 주석을 따로 달았다. 양은 금세 두 곱 세 곱으로 늘어난다. 길고 낯설고 쉽지 못한 이야기, 한 번에 다 할 수는 없었다. 그래서 쉽지 못한 이야기는 뒤로 미뤄두고 우선 몇 개의 말과 주제를 골라보았다. 이런 선택이나 설명이 의아할 수도 있겠지만, 반복되는 말과 주제를 미리 알아두면 도움이 될 거라는 생각이다.

나는 다시
사유하였다

고행하는 붓다상(라호르 박물관 소장)

파키스탄의 라호르 박물관에는 싯다르타의 고행상이 전시되어 있다. 간다라 조각 예술의 정수라는 평가를 받는 명품이다. 그런데 침침한 유리창 너머로 보면 그다지 크지도 않고 특별한 느낌도 없다. 하지만 사진을 보면 이미지가 주는 위엄 때문에 뭔가 압도당한다는 느낌을 받는다. '아! 사람이란 게, 그 몸이란 게 저렇게까지 될 수 있구나…'

이 돌덩어리, 우리는 보통 고행상(苦行像)이라고 부른다. 이에 반해 서구 사람들은 'Fasting Buddha', '굶는 부처'라고 부른다. 말 그대로 피골이 상접한 부처의 몸. 그러나 고행상이건 굶는 부처건, 이런 표현은 모두 정확한 것이라고 할 수 없다.

하루에 한 열과 한 밀을 먹어도 그 얼굴이 살지리니*

저 때 싯다르타는 매일 삼씨 한 알과 밀씨 한 알을 먹었다고 한다. 마맥(麻麥), 곧 삼씨 한 알과 밀씨 한 알은 불교에서 고행을 상징하는 말이다. 저 사람이 심하게 굶은 것도, 몸의 고통을 자초한 것도 사실이다. 말만 따지자면 고행상이라는 이름도 틀렸다고는 할 수 없다. 하지만 싯다르타는 저 자리에 앉기 전부터 고통을 자초하는 수행이 쓸데없는 짓이란 걸 잘 알고 있었다. 싯다르타가 저기 앉은 까닭은 고행을 위해서가 아니었다. 관찰하고 사유하기 위해서였다. 몸이 있어야 사유도 할 수 있다. 사유하려면 무엇보다 먼저 몸을 간수해야 한다. 하지

---

* 『능엄경언해(楞嚴經諺解)』에서는 마맥(麻麥)을 '열'과 '밀'로 새긴다. 또 '얼굴'은 형(形)을 새긴 것이다.

만 싯다르타는 잘 먹고 몸을 편안하게 간수할 처지가 아니었다. 마맥의 고행은 피치 못할 선택이었을 뿐이다.

내가 아직 바르고 온전하게 알지 못했을 때, 홀로 한적한 자리에 고요히 앉아 사유를 시작했다.

참으로 기이하구나. 세상은 고통의 바다에 빠져 있지만 도무지 벗어나는 법을 알지 못한다. 참으로 불쌍한 일이다. 모든 중생은 비록 태어나고 늙고 죽음이 있어, 여기서 죽어 저기서 태어나더라도 태어나고 늙고 죽음을 벗어나는 법을 제대로 알지 못한다.

나는 다시 사유하였다.

어떤 까닭으로 늙고 죽음이 있으며, 이러한 늙고 죽음은 어떤 연(緣)**으로 일어나는 것일까?

내가 이 일에 대하여 이치에 따라 사유할 때, 문득 이렇게 분명하게 관찰하기 시작했다.

태어남이 있기 때문에 늙고 죽음이 있는 것이다. 이 늙고 죽음은 태어남을 연으로 삼는다.

나는 다시 사유하였다.

어떤 이유로 태어남이 있는 것이며, 이러한 태어남은 어떤 연으로 일어나는 것일까?

유(有)가 있기 때문에 태어남이 있는 것이다. 이 태어남은 유(有)를 연으로 삼는다. (중략)

** 인연(因緣): 인(因)은 결과로 이어지는 직접적인 원인이고, 연(緣)은 결과가 나타나는 주변 조건, 곧 간접적인 원인이다.

나는 생각이 식(識)에 미치자, 생각을 돌이켜 순서를 넘기지 않고 거꾸로 사유했다.*

저 돌덩어리의 사람, 그가 앉아서 하던 게 저런 일이었다. 그는 그런 일을 '관찰과 사유'라고 표현했다. 그는 거듭 관찰하고 사유한다.

『연기성도경(緣起聖道經)』은 한자(漢字)로 1,906자인 아주 짧은 경전이다. 이 경전은 바로 저 사람, 부처가 대중 앞에서 했던 이야기를 기록한 것이다. 실제로 있었던 사건, 부처 자신의 경험담, 십이연기(十二緣起)라고 부르는 관찰과 사유, 이를 완성해가는 장면을 그리고 있다. 부처는 이 글 안에서 '아부사유(我復思惟)', '나는 다시 사유하였다'라는 말을 스물한 차례 반복한다. 다시 사유하고, 또 사유하고…. 글의 내용은커녕 형식만 보아도 질릴 지경이다.

같은 말을 반복하는 까닭은 듣는 사람들을 도와주자는 것이다. 말하자면 대중을 위한 배려이자 서비스다. 그는 사유의 방향이 꺾일 때마다 이 말을 넣는다. 저 사람이 저 자리에 앉아서 실제로 했다는 사유, 그걸 하나의 덩어리로 본다면 한 덩어리의 사유 안에 스물한 차례의 꺾임이 있었다는 뜻이다. 그리고 저 사유의 덩어리가 스물한 개의 작은 덩어리로 이어져 있다는 뜻이기도 하다. 평범한 우리들로서는 작은 덩어리 하나를 따라가기도 버겁다. 그렇게 긴 사유, 그 사이에 반복되는 '나는 다시 사유하였다', 그나마 잠깐 숨을 돌릴 여유가 생긴다.

『연기성도경』의 관찰과 사유는 싯다르타가 저 자리에 앉아 행했던 사유의 전형을 보여준다. 그러나 글은 짧아도 이런 글을 읽는 일은 괴롭다. 글에 담긴 관찰과 사유가 지독하기 때문이다. 이름도 없는 간다라의 어느 예술가가 저 돌덩어리에 담고 싶었던 것은 저 같은 관찰과 사유였다. 관찰과 사유의 지독함이었다.

나이 열아홉에 이르러 네 문(門)에 다녀 보고, 삶과 늙음과 병(病)과 죽음, 네 모습이 서로 다그치는 것을 보았다. 밤중에 성을 넘어 출가하여 설산(雪山)에 들어 여섯 해를 고행하였다. 섣달 여드렛날 밤에 샛별을 보고 도(道)를 알아 (이하 생략)**

조선 시대 함허(涵虛. 1376~1433)도 그의 일을 '고행(苦行)'이라고 표현했다. 열 하나 밀 하나, 최소한의 음식으로 몸을 버텨야 하는 고통, 끝없이 이어가야 하는 관찰과 사유의 고통. 어린 시절 왕자 싯다르타는 제 몸에 대하여 의심을 품었다. 그의 아버지는 그런 왕자가 걱정스러웠다. 왕자에게 어울리지 않는 의심이라고 생각했다. 그래서 임금으로서 줄 수 있는 최상의 쾌락을 아들에게 주기로 했다. 쾌락은 어쨌든 좋은 것이다. 싯다르타는 기꺼이 쾌락에 몸을 맡겼다.

그러나 그는 쾌락의 조건에서 다시 쾌락의 몸을 관찰하기 시작했다. 관찰하고 사유할수록 의심은 깊어갔다. 의심을 품은 자는 외롭다. 외로운 싯다르타는 왕궁을 떠나 모험의 길을 떠났다. 당대 최고의 사상가와 수행자를 찾아다니며 물었다. 그중에는 고행을 방편으로 삼은 수행자도 있었다. 하지만 누구도 그의 의심을 풀어줄 수 없었다. 그렇

●　『연기성도경(緣起聖道經)』. 이른바 십이연기(十二緣起)를 관찰하고 사유하는 장면이다.
●●　함허, 『금강경삼가해언해(金剛經三家解諺解)』. 생로병사의 네 모습을 "사롬과 늘곰과 병과 주굼"으로 새기고 있다.

게 그는 모험의 길에서 자신의 의심이 '누구도 가본 적이 없는 곳'이라는 걸 알게 되었다.

그는 의심의 눈길을 안으로, 자기로, 제 몸으로 돌리기로 했다. 아무리 밖으로 다니며 묻고 찾아도 풀 수 없었던 의심을 제 몸으로, 저 스스로 풀어보기로 결심했다. 싯다르타는 적당한 나무를 골라 그 아래에 자리를 잡았다. 그렇게 그는 또 하나의 모험을 시작했다.

아버지 정반왕이 쳐놓은 욕망의 그물망을 벗어나 편력을 시작했던 싯다르타. 그는 인간의 생로병사가 모든 고통의 뿌리라고 생각했다. 그래서 고통의 뿌리를 알고 싶었고, 고통의 문제를 풀고 싶었다. 그 뒤로 싯다르타는 의문에서 결코 물러서지 않았다. 끝없이 묻고 관찰하고 사유했다. 그사이 그의 몸은 저런 몰골로 바뀌었다. 저 돌덩어리의 카리스마는, 말하자면 못 말리는 관찰과 사유의 위엄이다.

보아 살펴
사랑하여

設依義 觀察思惟 ^(원문)

ᄒᆞ다가 義ᅌᅴ를 브터 보아 ᄉᆞᆯ펴 ᄉᆞ랑ᄒᆞ야도 ^(언해문)

설사 뜻을 따라 관찰하여 사유하여도 ^(현대문)

싯다르타가 했다는 관찰과 사유, 15세기 조선의 간경도감^(刊經都監)에서 출간한 언해불전에서는 '보아 살펴 사랑하여'라고 우리말로 새겼다.[•] 관^(觀)은 보는 일이고, 찰^(察)은 살피는 일이다. 글자 그대로 우리말로 옮겼다. 쉽고 분명하다. 싯다르타는 자신의 몸과 마음을 보고 살폈다. 하지만 그는 보아 살피는 데서 멈추지 않았다. 보고 살핀 것을 재료 삼아 사유를 계속했다. 언해불전에서는 사유^(思惟)를 일관되게 '사랑하다'^{••}라고 새긴다. 그런데 요즘의 사전에서는 이 말을 '생각하다의 옛말'이라고 풀이한다.

• 『원각경언해(圓覺經諺解)』. 문맥에 따라 관찰(觀察)을 '살펴보다'로 새기기도 한다.

•• 원문은 'ᄉᆞ랑ᄒᆞ다'.

鴈思飛塞北ᄒ고 燕憶舊巢歸ᄒᄂ다 (원문)

그려기ᄂ 塞싱北븍에 ᄂ로믈 ᄉ랑ᄒ고 져비ᄂ 녯 기세 도라오믈

싱각ᄒᄂ다 (언해문)

기러기는 새북(塞北)에 날기를 사랑하고 제비는 옛 깃에 돌아오길

생각하누나. (현대문)

이 또한 언해불전, 『금강경삼가해』에 들어 있는 노래 구절이다. 사(思)와 억(憶)이 대구로 걸렸다. 이에 대한 언해의 새김은 '사랑하다 – 생각하다'의 대구다. 기러기는 사랑하고 제비는 생각한다. 이런 대구는 참으로 아깝다. 요즘 말로 새기자면 대구의 맛을 살릴 방법이 없기 때문이다. 요즘에는 사(思)도, 억(憶)도 '생각하다'로 새길 수밖에 없다. 사(思)라는 글자, 그 글자가 갖는 의미, 그런 행위를 표현하던 말, 'ᄉ랑ᄒ다'라는 말의 쓰임새가 이제는 아주 없어져버렸기 때문이다.

사(思)와 억(憶), 모두가 마음이 하는 의식의 작용이다. 사(思)는 요즘 말로 사유나 사고에 가깝고, 억(憶)은 기억이나 추억에 가깝다. 이런 일과 작용은 서로 얽혀 있다. 분명 차이는 있다 하더라도 엄밀한 구분은 쉽지 않다. 위의 노래에서 기러기의 사랑은 미래로 향한다. 기러기가 가야 할 곳, 새북(塞北)은 북쪽 요새 너머의 황량한 땅이다. 기러기는 그 땅과 하늘에서 나는 모습을 사랑한다. 이에 반해 제비의 생각은 과거로 향한다. 지나간 일, 과거에 경험했던 것을 기억하고 추억하는 일이다. 옛 집에 대한 추억이다. 사랑하는 기러기와 생각하는 제비. 실제로는 별 차이가 없을 수도 있다. 그래도 저 노래를 부른 사람은 그 사이의 차이를 두 글자에 나누어 담았다.

本不愛草ᄒ며 亦不猒草ᄒ시ᄂ니라 (원문)

本본來ᄅᆡᆼ 프롤 ᄃᆞᆺ디 아니ᄒ며 ᄯᅩ 프롤 아쳗디 아니 ᄒ시ᄂ니라
(언해문)

본래 풀을 사랑하지도 않으며, 또 풀을 싫어하지도 않으시니라.
(현대문)

嫌冷愛熱ᄒ야 (원문)

춘 것 슬히 너기고 더운 것 ᄃᆞᄉᆞ (언해문)

찬 것 싫어하고 더운 것 사랑하여 (현대문)

愛情이 翻欸ᄒ야 (원문)

ᄃᆞ온 ᄠᅳ디 도르혀 至징極극ᄒ야 (언해문)

사랑하는 정이 도리어 지극하여 (현대문)

이에 비해 우리가 아는 요즘의 사랑, 언해불전은 애(愛)를 'ᄃᆞᆺ다'라
고 새긴다. 요사이 간혹 '다솜'이라는 이름을 듣는 경우가 있다. 이 이
름의 어원이 바로 언해불전의 'ᄃᆞᆺ다'이다. 언해불전에서 사(思)와 억(憶)
은 드물게 섞어 쓰기도 한다. 하지만 애(愛)에 관련된 표현은 좀 더 엄
격하게 구별하여 쓰고 있다.

싯다르타의 지독한 사유, 언해불전에서는 그의 사유를 '사랑하
다'라고 새긴다. 언해불전의 사랑은 요즘 우리가 아는 사랑이나 생각
과는 다르다. 과거의 것, 이미 마음속에 있던 것을 돌이키거나 재현하
는 행위가 아니다. 그렇지만 과거의 생각이 없다면 사랑도 할 수 없다.
과거의 생각은 사랑의 재료가 되기 때문이다. 아무튼 딱히 구분하기

도 힘든 것을 굳이 나누어 표현하는 까닭은, 그 차이를 통해 전하고자 하는 뜻이 다르기 때문이다.

이 글은 15세기 언해불전을 바탕으로 한다. 언해불전은 그저 불교 경전 몇 권을 그 시대의 우리말로 옮긴 것이 아니다. 특별한 목적을 가지고, 특별한 책을 골라, 특별한 방식으로 번역하고 주석하고 편집한 방대한 양의 텍스트다. '관찰과 사유', 이 말은 그중에서도 아주 중요하고, 특별한 의미와 의도를 지니고 있다. 21세기의 오늘날, 15세기의 언해불전을 읽는 일은 아무래도 낯설고 헷갈린다. '보아 살펴 사랑하여', 이런 말도 낯설고 불편할 수 있겠다. 하지만 이렇게 중요한 말을 이렇게 쉬운 우리말로 일관되게 풀어 새겼다는 사실, 요즘의 눈으로 보아도 새롭고 놀랍다. 이런 것도 언해불전의 특징이고 장점이다. 그래서 이 글에서는 좀 불편할 수도 있겠지만 가능한 한 언해불전의 말투를 그대로 따르려고 한다.

파키스탄의 라호르에 고행상이 있다면, 우리에게는 '금동미륵보살반가사유상(金銅彌勒菩薩半跏思惟像)'이 있다. 미륵보살이 발을 꼬고 앉아 사유하는 모습이다. 그런데 이런 이름은 아무래도 알쏭달쏭 딱딱하다. 길게 이어지는 한자어가 낯설기 때문이다. 로댕의 조각에는 'The Thinker', '생각하는 사람'이 있다. 사유상이나 생각하는 사람, 뜻은 같지만 어감은 사뭇 다르다. 미륵보살반가사유상, 언해불전의 말투를 따르면 '사랑하는 미륵보살'이 된다. 고행상이나 사유상이라는 이름보다는 사랑하는 부처, 사랑하는 보살, 이편이 아무래도 쉽고 분명하다.

싯다르타의 고행상이 간다라 스타일이라면, 반가사유상은 우리 스타일이다. 바라보는 관점과 표현이 다를 뿐 똑같은 사유이고 사랑이다. 간다라의 부처에 비해 우리의 보살은 가볍고 아름답다. 앉은 자세도 편안하고, 뭔가를 알아챈 듯 미묘한 웃음마저 머금었다. 똑같은 관찰과 사유라도 관점과 표현이 이렇게 다르다. 돌덩이처럼 앉아서 쫄쫄 굶어야만 관찰하고 사유할 수 있는 게 아니다. 오히려 즐겁고 행복한 순간일 수도 있다. 영웅이나 슈퍼스타의 처절하고 강렬한 카리스마는 없다. '사랑하는 보살'을 빚은 우리 조상의 표현이 그랬다. 누구라도 당장 실천할 수 있는 가볍고 즐거운 사랑이다.

언해불전은 끊임없이 사랑을 이야기한다. 사랑을 권한다. 아니 언해불전은 전체가 사랑이다. 사랑에 대한 이야기다. 사랑하지 않으면 안 되는 까닭, 사랑하는 방법, 사랑하는 기술… 언해불전은 그런 책이다. 간다라의 카리스마, 간다라의 사랑은 놀랍다. 보는 이를 섬뜩하게 한다. 돌덩어리 속의 사람과 보는 사람 사이에 거리를 드러낸다. '그와 나는 다르다. 그와 나는 멀다.' 사람들은 이 돌덩어리로부터 자신들이 도저히 따라갈 수 없는 지독한 사랑을 본다. 굶는 부처가 앉아 있는 자리 아래에는 무릎을 꿇고 경배하는 사람들의 모습이 새겨져 있다. 말하자면 그 거리와 차이를 느낀 사람들의 선택이다. 나는 도저히 따라 할 수 없는 사랑, 그저 절이나 해야겠다.

이에 비해 우리의 보살은 보는 사람을 편안하게 해준다. 저도 모르게 웃음 짓게 한다. 부러움이랄까, 잠시 하던 일을 잊고 저렇게 따라 앉아 사랑하고 싶다는 마음이 든다. 그렇게 조금씩 가까워진다. 보는 사람도 누구나 생각하고 사랑한다. 따지고 보면 별일도 아니다. 보아 살펴 사랑하고, 마음만 먹는다면 누구나 할 수 있다. 언해불전은 그 일을 거듭 설명하고 강조한다. 사랑은 고통이 아니다. 영웅의 카리스마가 아니다. 누구나 하는 사랑, 사랑하면 그가 바로 보살이요, 부처다.

모름과
아롬

불교를 깨달음의 종교라고들 한다. 불교의 불(佛)이라는 글자는 범어 붓다(buhhda)를 한자로 표기한 것이다. 보통 '각자(覺者)', '깨달은 자'라고 번역한다. 그렇다면 불교는 '깨달은 자의 가르침'이다. 불교를 깨달음의 종교라고 하는 말도 거기서 나왔을 것이다. 아무튼 요즘의 불교에서는 '깨달음'이란 말을 참 많이 쓴다. 불교만이 아니다. 자전이나 사전에서도 각(覺)이라는 글자를 '깨달을 각'이라고 새긴다. 혹은 '깨침'으로 새기기도 한다.

그렇다면 깨닫다, 또는 깨달음이란 말은 도대체 무슨 뜻일까? 국어사전에는 각(覺)이라는 글자를 '부처의 경지', 또는 '삼라만상의 실상과 마음의 근본을 깨달아 앎'이라고 새긴다. 하지만 이런 식의 풀이는 동어반복이다. '깨달음은 깨달음이다.' 범어와 한자와 우리말, 말만 바뀌었다. 그래서 그런지 사람들은 대개 심드렁하다. '뭔지는 잘 모르겠지만 부처라는 뭔가 좀 다른 인간이 했던 신비한 경험을 가리키나 보다.' 하고 넘어간다. 진지하게 의심을 품는 사람도 별로 없는 것 같고, 자세히 설명하려는 사람도 찾기 어렵다. '깨달음'이란 이 말에도 거리와 차이가 담겼다. 평범한 사람들과는 별 상관이 없는 일, 저 멀리 아주 다른 희한한 사람이나 하던 오묘한 일로 치부해버린다.

ㅈ옳 저기라도 이 부텻 일후므로 들여 씨들긔 호리이다* (언해문)
(잠을) 잘 적에도 이 부처의 이름으로 들어 깨닫게 하겠습니다. (현대문)

工공夫붕ㅣ 니거 씨드룷 時씽節겷이니** (언해문)
공부가 익어 깨달을 시절이니 (현대문)

각(覺)에 두 가지 뜻이 있다. 하나는 안다는 뜻이고, 둘은 살핀다는 뜻이다.***

15세기 언해불전에도 '깨닫다'라는 표현이 나오기는 한다. 그 정도로 오래된 말인 것만큼은 틀림없다. 이 말은 각오(覺悟)를 새긴 것이다. 언해불전을 보면 각(覺)이라는 글자는 보통 세 가지 뜻으로 쓰인다. 첫째는 느낌, 감각(感覺)이라는 뜻이다. 눈은 보고, 귀는 듣는다. 이에 비해 코와 혀와 몸(살)은 느낀다. 코와 혀와 몸의 느낌을 각(覺)이라고 한다. 둘째는 '잠에서 깨다'라는 뜻이다. 예를 들어 각성(覺醒)의 '깨

- 『월인석보』 권9. 『약사유리광여래본원공덕경(藥師琉璃光如來本願功德經)』의 "내지수중(乃至睡中) 역이불명(亦以佛名) 각오기이(覺悟其耳)"를 새긴 것이다.
- •• 『몽산화상법어약록언해(蒙山和尙法語略錄諺解)』. 오(悟)를 새긴 것으로 요즘의 '깨달음'이라는 쓰임새에 가장 가까운 경우다. 다른 경우에는 주로 '알다'로 새기고 있다.
- ••• 『선종영가집언해(禪宗永嘉集諺解)』. 각(覺)의 뜻을 각오(覺悟)와 각찰(覺察)로 나누고, 각오를 '알다'로, 각찰을 '살피다'로 새기고 있다.

어나 정신을 차린다'는 의미와 쓰임새가 같다. 셋째는 '알다'라는 뜻이다. 불교에서는 몸의 감각기관을 여섯 가지로 분류한다. 안이비설신의(眼耳鼻舌身意)의 육근(六根)이다. 여기서 특이한 것이 의근(意根)이다. 의근은 우리가 보통 알고 있는 감각기관과는 다르다. 불교에서는 사랑을 담당하는 몸의 기관으로서 의근을 다른 감각기관과 나란히 배열한다. 지각(知覺)이라는 말도 거기서 나온 말이다. 보고 듣고 느끼고 사랑하고, 이 모두를 동일한 범주의 행위로 분류한다. 요즘 과학으로 치자면 의근은 사람의 중추신경이나 뇌에 해당한다. 감각기관을 통해 밖에서 들어온 영상들을 가장 먼저 처리하는 일차 지각 과정이다.

섣달 여드렛날 밤에 샛별을 보고 도(道)를 알아*

불교에서는 오(悟)라는 글자도 참 많이 쓴다. 싯다르타는 샛별을 보고 '오도(悟道)'했다. 언해불전에서는 이 글자를 일관되게 '알다'로 번역한다. 요즘 상식으로 보면 이것도 희한하다. 요즘에는 이 글자를 줄곧 '깨닫다'라고 번역하기 때문이다. 예를 들어 오도송(悟道頌)이란 말이 있다. 영웅적인 수행 과정을 거쳐 관문을 뚫고 깨달음을 성취한 뒤에 짓는 노래라는 뜻이다. 이런 표현에도 뭔가 오묘하고 신비한 어감이 담겼다. 하지만 이 글자에 그런 오묘함은 없다. 오도는 말 그대로 '길을 아는 것', 그뿐이다. 낯선 곳에 가면 길을 잃고 헤매기 마련이다. 헤매다 보면 방향감각이 돌아오고 길이 보이기도 한다. 그런 게 '길을 아는 것'이다. 길을 알아 기분이 좋아지면 휘파람을 불고 노래를 부를 수도 있겠다. '알다'라는 행위는 머리를 가진 사람이면 누구나 할 수 있는 의식 작용일 뿐이다.

『월인석보』에서는 각오(覺悟)를 '깨닫다'라고 번역했다. 여기서 각(覺)은 잠에서 깬다는 뜻이다. '잠을 잘 적에도 부처의 이름을 들으면 깨어나서 안다'는 뜻이다. 잠을 자고, 잠에서 깨고, 이 또한 누구나 매일같이 하는 평범한 행위다. '깨닫다'라는 말은 초기의 언해, 『석보상절(釋譜詳節)』과 『월인석보』이후에는 쓰이지 않는다. 오(悟)는 '알다'라는 번역으로 통일된다. 각(覺)은 번역을 하기도 하지만, 대개는 한자를 그대로 둔다. 대각(大覺)이니 정각(正覺)이니… 오래 쓰여 개념어로 굳어진 말들이기 때문이다. 번역을 하는 경우에는 위의 세 가지 경우를 따른다. 느끼거나, 잠에서 깨거나, 아는 행위다.

모롬과 아롬이 다름이 있으나 본래의 근원은 하나이다.**

미(迷)와 오(悟), 이 또한 불교에서 자주 쓰는 대구다. 언해불전에서는 이 대구를 '모롬과 아롬'으로 새긴다. 이 또한 잊힌 대구다. 요즘엔 미(迷)를 그저 '미혹(迷惑)하다', 오(悟)는 '깨닫다'로 쓴다. 그렇다면 '미혹하다'는 또 무슨 뜻일까? 사전에는 흐릿하고 헷갈려 모르는 상태를 가리킨다고 나오지만, 역시 애매하고 거리가 느껴지는 풀이다. 이에 비해 언해불전에서는 때로 '어리다'라고 새기기도 한다. 훈민정음 서문의 '어린 백성'에 나오는 '어린'과 같은 말이다. 미혹이라는 한자어에 비하자면 이쪽이 훨씬 쉽고 분명하다.

- 함허, 『금강경삼가해언해』, '샛별을 보고 도를 알아'의 원문은 '견명성오도(見明星悟道)'다.
- ** 『수심결언해(修心訣諺解)』.

모든 중생이 안에 종지(種智)를 머금어 부처와 다름이 없건만, 오직 모르고 거꾸로 뒤집혀 거즐게 나와 남을 헤아려, 제가 지은 일의 구덩이에 빠져 돌이켜 살필 줄을 모른다. (중략)

모르는 이를 가리켜 중생이라 하고, 아는 이를 가리켜 부처라 한다.•

종지(種智)는 부처의 지혜를 가리키는 말이다. 갖가지 일의 모습을 다 아는 지혜다. '알다'는 동사다. 몸의 움직임, 곧 행위다. 이에 비해 지혜는 명사다. 아는 행위의 주체를 가리키는 말이다. 말로는 주어와 동사를 구별할 수 있지만, 지혜도 아롬도 하나의 행위일 뿐이다. '모르고 거꾸로 뒤집혀'는 미도(迷倒)를 번역한 것이다. 언해본의 새김은 '모ᄅᆞ며 갓ᄀᆞ로ᄆᆞ로'이다. '거즐게'는 망(妄)을 새긴 것이다. 언해불전은 이래서 쉽다. 번역이 가장 쉬운 말로 통일되어 있다. 예를 들어 불교에 견문각지(見聞覺知)라는 용어가 있다. '보고 듣고 느끼고 안다'는 말이다. 앞에서 언급한 육근의 작용을 통칭하는 것이다. 언해불전에서는 '보고 듣고 알고' 세 가지로 뭉뚱그린다. 사람의 가장 기본적인 감각과 인식의 기능이다. 이 세 가지 말고는 오묘하고 신비한 작용은 없다.

깨달음이란 말은 그저 '잠에서 깨어 안다'는 뜻일 뿐이다. 잠에서 깨는 것은 인식 행위가 아니다. 그저 비유이다. 모르는 사람들이 하도 많고 모르는 상태가 하도 길어, 그런 상태를 잠에 비유했다. 싯다르타는 그렇게 모두가 모르는 상태에서 '알았다'. 그래서 그의 아롬을 잠에

• 함허, 『금강경삼가해언해』.

서 깨어나는 것에 비유했다. 잠을 잘 수 있다면 누구나 깨어날 수도 있다. 깨어나면 누구나 안다. 모르다—알다 이 두 가지면 족하다. 언해불전의 번역자—편집자들은 이런 사실을 분명히 알고 있었다. 그래서 깨달음 같은 말은 더 이상 쓰지 않기로 했다. 각오(覺悟)라는 말도 그저 '알다'라는 말이면 충분했다. 모르면 중생이고 알면 부처라는데, 누구나 할 수 있다는 '아롬'을 왜 이토록 많은 중생이 모르고 살까? 그 사이에 관찰과 사유가 있다. 보아 살펴 사랑해야 알 수 있다. 중생이 모르는 까닭은 보아 살펴 사랑하지 않기 때문이다.

'제가 지은 일'은 업(業)을 새긴 것이고, '돌이켜 살피다'는 반성(反省)을 새긴 것이다. 반성도 관찰도 살피는 일이다. 관찰의 대상은 자기(自己)다. 제 몸이다. 제 몸을 돌이켜 살피고 사랑하는 일이다. 모든 중생은 자기 안에 종지(種智)를 머금고 있다. 안팎의 모든 일과 모습을 살펴 알 수 있는 기능과 조건을 갖추고 있다. 하지만 중생은 살피지 않는다. 보지도 살피지도 사랑하지도 않는다. 보아 살펴 사랑하지 않는다면 알 수 없다.

보아 살펴 사랑하는 일. 돌아보면 별다른 일도 아니다. 누구나 할 수 있는 일이고, 하고 사는 일이다. 농부는 씨를 뿌리고 모를 내어 쌀을 만들 줄 안다. 사람들은 쌀을 구해 밥을 지을 줄도 알고, 당연히 이것저것 챙겨 먹을 줄도 안다. 이런 일은 선택의 여지가 없는 필수불가결한 조건이다. 보아 살펴 사랑하지 않는다면, 알지 못한다면 어느 누구도 하루하루의 삶을 꾸려나갈 수 없다. 그런데도 모른다고 하는 것은 중생의 조건이 거꾸로 뒤집혀 있기 때문이다. 중생의 살핌과 사랑이 거칠기 때문이다.

이것이 지옥의 열 가지 원인과 여섯 가지 결과이니 모두가 중생이 미망(迷妄)으로 지은 것이다.[●]

미망(迷妄), 중생이 모르는 까닭은 하지 않아서가 아니다. 할 줄 모르기 때문이다. 제대로 하지 못하기 때문이다. 중생들이 생로병사의 고통 속에 빠져 사는 까닭은 거꾸로 뒤집혀 살피고 사랑하기 때문이다. 뒤집힌 사랑은 지옥의 고통을 스스로 지어낸다. 그래서 불교에서는 '증(證)'이라는 다른 글자를 사용하기도 한다. 증명한다는 뜻이다. 요즘엔 이 글자도 '깨달음'과 연결되곤 한다. 예를 들어 『증도가(證道歌)』는 당나라 영가(永嘉) 현각(玄覺. 665~713)이 지은 노래다. 요즘에는 대개 '깨달음의 노래' 정도로 이해하고 번역한다. 하지만 또 다른 언해불전 『증도가남명계송언해(證道歌南明繼頌諺解)』에서는 '증(證)'은 알시오'라고 새긴다. 각(覺)도 오(悟)도 증(證)도 '아롬' 하나로 그만이다.

알고 모르고, 이런 일은 말하자면 추상 행위다. 농부가 '농사를 안다'고 한다면 이게 무슨 뜻일까? 이런 일을 두고 따지기 시작하면 한도 끝도 없다. 농부가 봄에 씨를 뿌려 가을에 열매를 거두면, 농부는 할 일을 다 한 것이다. 농부는 자신의 아롬과 자신의 일을 스스로 증명한 것이다. 학교에서 배운 지식, 학생의 아롬도 마찬가지다. 대학을 가든, 취업을 하든 결과가 나와야 입증이 된다.

싯다르타의 의심, 관찰과 사유의 시작은 자기와 중생의 생로병사였다. 그는 지독한 관찰과 사유의 과정을 거쳐 알았고, 증명했다. 원인이건 결과건 '알다'라는 행위는 하나일 뿐이다. '아롬'은 사람이라면

●　『능엄경언해』.

누구나 할 수 있는, 그리고 누구나 하고 사는 가장 평범한 행위다. 깨달음이란 말도 마찬가지다. 오묘하고 신비하고 난해한 것은 없다. 이것이 싯다르타가 분명하게 알았고, 증명했고, 선언했던 일이다.

물론 사람에 따라 아롬에도 차이가 있기는 하다. 불교에서는 그래서 근기(根機)라는 표현을 쓴다. 사람마다 몸에 차이가 있다. 기량(機量)의 차이다. 큰 몸도 있고 작은 몸도 있다. 사람마다 몸마다, 반응하는 속도나 방식에 차이가 있다. 날카로운 눈도 있지만 둔한 눈도 있다. 취향의 차이도 있다. 보기를 좋아하는 사람도 있지만 듣기를 좋아하는 사람도 있다. 색맹도 있고 음치도 있다. 어떤 사람은 단박에 알지만, 어떤 사람은 참고 기다려야 알기도 한다. 물론 영 모르고 죽을 수도 있다. 그러나 사람마다 몸마다 차이는 있다 해도 아롬은 하나다. 느끼고 아는 몸이 있다면 아롬의 조건이 똑같기 때문이다.

모롬-아롬, 불교는 이 일에 관한 이야기이고 가르침이다. 언해불전 또한 이 대구를 벗어나지 않는다. 방대한 불교 기록, 사람의 감각과 의식, '아롬'에 대해 정교하고 치열한 관찰과 논증의 과정을 담고 있다. 보고 살피고 사랑하는 일이다. 언해불전은 그런 기록을 우리말로 읽고 새긴 기록이다. 15세기 조선의 편집자들이 선택하고, 새기고 편집한 기록, 그 안에 그들의 관점이 담겨 있다. 보고 살피고 사랑하는 방식이 담겨 있다.

맏 첫 방편 –
사랑의 기술

부지런히 시방(十方)의 여래(如來)가 보리(菩提)를 이룬, 미묘한 사마타(奢摩他)와 삼마(三摩)와 선나(禪那)와 맏 첫 방편을 청하니•

보리는 각(覺)이니 각(覺)은 안다는 말이다.••

보리(菩提)는 범어의 'bodhi'를 한자음으로 적은 것이다. 보통 부처가 성취한 각(覺), 또는 지(智)라고 해석한다. 언해불전에서는 각(覺)으로 읽고 역시 '아롬'으로 새긴다. 부처가 했던 일, 이루었던 행위의 측면에서 보자면 '아롬'이 되고, 아롬을 행하는 주체라는 측면에서 보자면 부처의 지혜가 된다. 불경을 번역할 때 그 차이를 구별하기 위하여 의역하지 않고 소리만을 따서 표기했다. 언해불전에서도 보통은 의역하지 않고 '菩뽕提똉'라고 쓴다. 아무튼 보리는 여래(如來), 곧 부처가 성취한 아롬을 가리킨다.

• 『능엄경언해』.
•• 『금강경삼가해』.

44

'�ïⅠ 첫 방편'은 '최초의 방편'을 번역한 것이다. 방편은 범어 '우파
야(upāya)'를 번역한 것이라고 한다. 수단이나 방법을 가리킨다. 언해불
전의 번역과 해석을 따르면, 싯다르타가 아롬을 이루기 위해 했던 일,
그 일의 방법이다. 싯다르타는 그런 어떤 방법을 통해 아롬을 이루었
고 부처가 되었다. 싯다르타는 알고 난 뒤에, 온갖 세계의 모든 부처
들 또한 똑같은 방법을 통해 아롬을 이루고 부처가 되었다고 단언했
다. 시방(十方)의 부처라고 했지만 싯다르타의 단언은 과거가 아니라
미래를 향하고 있다. 앞으로 누구라도 이 방편을 실천한다면, 반드시
아롬을 이루고 부처가 될 것이라는 사실을 예언하고 증명하기 때문이
다. 싯다르타가 했던 일, 간다라의 굶는 부처가 했던 일, 국립박물관
의 사랑하는 보살이 했던 일, 그들이 보고 살피고 사랑하던 방편이다.
중생들은 하지 못하는 일, 싯다르타 또한 처음으로 했던 일, 모든 부
처가 이를 통해 비로소 아롬을 이뤘던 방편, 그래서 '맏 첫'이라고 표
현했다.

　　『능엄경(楞嚴經)』에서 아난은 부처에게 '맏 첫 방편'에 대해 부지런
히***   묻는다. "그때 도대체 무얼 어떻게 하셨나요?" '맏 첫 방편'을 부
지런히 묻는 까닭은 부처가 아롬을 이루는 과정이 궁금하기 때문이
다. 그리고 그 과정을 궁금해하는 까닭은 자기도 똑같은 과정, 똑같은
방편을 반복하여 부처의 아롬을 이루고 싶기 때문이다. 똑같은 방편
을 기억으로 남겨 미래의 모든 중생에게 알려주고 싶기 때문이다.

●●●　브즈러니: 은근(慇懃)을 새긴 것이다. "간절하게 거듭" 묻는다는 뜻이다.

삼관(三觀)을 맑히고 밝히어*

사마타(奢摩他)와 삼마(三摩)와 선나(禪那), 『원각경언해』에서는 이 세 가지 방편을 묶어서 삼관(三觀)이라고 표현한다. 보아 살피는 일이다. 보아 살펴 사랑하는 일이다. 15세기의 언해불전, 이 일밖에 다른 일은 하나도 없다. 보아 살펴 사랑하면 그만이다. 생로병사의 의심을 풀 수 있다. 그러면 인간과 중생, 세계의 모든 문제와 고통을 풀 수 있다. 누구나 할 수 있는 방편, 그 길을 통하면 누구나 알 수 있다. 다만 뒤집혀 있어, 하지 않고 알지 못할 뿐이다.

사마타(奢摩他)는 지(止)라고 한다.
→ 지(止)는 그치고 누르는 것이다.
삼마발제(三摩鉢提)는 관(觀)이라고 한다.
선나(禪那)는 정려(靜慮)라고 한다.
→ 정려(靜慮)는 뜻을 적정(寂靜)하게 하는 것이다.
곧 『원각경』의 정관(靜觀), 환관(幻觀), 적관(寂觀)의 삼관(三觀)이다.**

『능엄경언해』에는 『능엄경』의 본문과 함께 송나라 계환(戒環)이 지은 주석서 『능엄경요해(楞嚴經要解)』가 함께 번역, 편집되어 있다. 앞의 인용문에서 화살표로 표시한 부분은 언해본의 편집자들이 달아

- 　『원각경언해』. 『원각경』에서는 삼관(三觀)을 초수방편(初首方便)이라고 표현한다. 『능엄경』이 '처음'이라는 시간적인 의미를 앞세운 데 반해, 『원각경』은 '으뜸'이라는 의미를 앞세운다.
- ●●　『능엄경언해』.

놓은 주석이다. 언해불전의 번역과 편집은 이렇게 친절하다. 계환은 『능엄경』에서 아난이 물은 '사마타와 삼마와 선나' 세 가지 맡 첫 방편에 대하여 『원각경(圓覺經)』의 삼관(三觀)을 인용하여 설명하고 있다. 『능엄경』도 『원각경』도 이 세 가지 방편에서 벗어나지 않는다는 뜻이다. 지(止)-관(觀)-려(慮)의 삼관은 '보아 살펴 사랑하는' 방편을 좀 더 자세하게 나누어 설명한 것이다. 『원각경언해』에는 훨씬 더 자세한 번역과 설명이 담겨 있다. 언해불전은 이렇게 서로 긴밀하게 연결되어 있다.

'불교는 어렵다.' 흔히 듣는 말이다. 불교 책이 어렵다는 말도 비슷하다. 사마타-삼마발제-선나, 지(止)-관(觀)-려(慮), 무엇보다 이런 말이 낯설다. 중요한 키워드에서부터 막히니 읽기가 이어질 수 없다. 사전이나 자전을 찾아도 알 듯 모를 듯한 말이 꼬리를 잇는다. 그렇게 시간을 보내다 보면, '뭘 읽었지?' 글의 맥락을 잊기 십상이다. 하지만 불교나 불교 책만 유난히 낯설고 어려운 것은 아니다. 모름-아롬, 이런 게 본래 쉬운 일이 아니다.

예를 들어 전기 스위치를 누르면 전등에 불이 들어온다. 누구나 아는 사실이다. 하지만 스위치를 누르면 불이 들어오는 사연, 전기와 빛의 관계, 우리는 과연 이에 대해 얼마나 알고 있을까? 이런 물음은 사실 위험하다. 세상엔 물리학자만큼 아는 사람도 있겠지만, 경험을 통해 스위치를 누르면 불이 들어온다는 사실 정도나 알고 있는 사람도 많다. 전기와 빛의 관계는 초·중등학교에서도 얼마쯤 가르치기도 한다. 그런데 스위치를 눌러도 불이 들어오지 않는다면? 학교에서 배운 지식만으로도 대개는 전구가 망가졌는지, 전깃줄이 망가졌는지 알 수 있다. 전구를 사러 가야 할지, 수리하는 사람을 불러야 할지 판단할 줄도 안다. 안다는 게 대개는 그런 것이다. 정도 차도 있고 한계도 있다.

불교 책을 읽는 일도 비슷하다. 볼트나 와트, 전류와 저항, 이런 낯선 말과 말투를 얼마간은 배우고 익혀야 한다. 하지만 사마타와 삼마와 선나, 이런 말이나 말투는 사실 별것 아니다. 싯다르타가 했다는 일, 누구도 해보지 않았다는 '맨 처음의 일', 불쑥 책을 열고 단박에 알아듣기가 쉬울 턱이 없다. 우리는 대개 우리가 그간 지은 일, 업(業)의 구덩이 빠져 살기 때문이다. 뒤집혀 있는 조건을 한 번에 뒤집기는 아무래도 힘이 든다.

종이접기
모델

그때 여래(如來)가 사자좌에서 옷을 여미고, 손을 뻗어 상 위에 있는 꽃수건을 잡았다. 대중들 앞에서 한 매듭을 맺어 아난(阿難)에게 보여주며 물었다.

여래: 이것의 이름이 무엇이냐?

아난과 대중: 이 이름이 매듭*이라고 합니다.

이에 여래가 꽃수건을 맺어 또 한 매듭을 만들어 아난에게 물었다.

여래: 이것의 이름이 무엇이냐?

아난과 대중: 이것도 또 이름이 매듭이라고 합니다.

이 같이 차례로 꽃수건을 맺어 모두 여섯 매듭을 만드니, 차례로 매듭을 들어 아난에게 물었다. 아난과 대중은 또 그때마다 차례로 부처에게 대답하였다.**

---

* 매듭: 언해본의 원문은 '미욤'이다.
** 『능엄경언해』

『능엄경』의 한 장면이다. 저들은 저렇게 이야기를 주고받는다. 장면이라고 표현한 까닭은 저들의 대화가 마치 연극의 한 장면처럼 생생하게 기록되어 있기 때문이다. 앞에서 인용했던 『연기성도경』과 마찬가지로 장소는 실라벌(室羅筏)의 기원정사다. 숲 속 강당에 비구 1,250명과 그 밖의 대중들이 빼곡히 모였다. 맨 앞의 가운데에서 여래가 대중을 보고 앉아 있다. 여래가 앉은 자리를 사자의 자리라고 부른다. 그리고 그 앞에 아난이 앉아 있다. 서로 묻고 대답하고, 그렇게 여래와 아난은 이야기를 나눈다. 무대 위의 여래와 아난, 대중은 그들의 대화를 보고 듣는다.

여래: 네 살펴보라, (너의) 뜻에 어떠하뇨?
아난: 내가 사랑하기에는…

대화는 이렇게 하염없이 이어진다. 보고 살피고 사랑하고, 역시 이야기를 이끌어가는 것은 관찰과 사유다. 위의 장면은 사람의 여섯 가지 근(根), 감각기관의 작용을 주제로 삼고 있다. 사람의 감각을 매듭에 비유하여 맺히고 풀리는 과정을 설명한다. 여래가 매듭 하나를 지어 보이면, 아난은 살피고 사랑한다. 살피고 사랑한 내용을 가지고 다시 묻고 대답한다. 대중 또한 무대 위의 동작과 대화를 살피고 사랑한다. 물음에 함께 대답하기도 한다. 저들은 저렇게 물음을 따라 함께 살피고 함께 사랑한다. 여래와 아난, 그리고 그 자리에 모인 대중, 그들의 몸, 몸의 조건은 똑같다. 모두 여섯 가지 감각기관을 갖추었다. 모두가 대화를 따라 살펴보고 사랑할 수 있다.

모든 여래가 이뤘다는 보리, 그들의 '맨 첫 방편', 미묘한 사마타와 삼마와 선나, 이런 말은 분명 낯설고 어렵다. 하지만 『능엄경』을 읽는 일, 이런 말만큼 낯설고 어렵지는 않다. 살펴보고 사랑하고, 저들의 대화를 따라가기만 하면 된다. 대화를 따라 스스로 살펴보고 사랑하고, 그리고 뜻에 따라 대답을 해보면 된다.

사마타와 삼마와 선나, 그런 방편은 이미 그 안에 다 담겨 있다. 굳이 사전을 뒤지고 어원을 따지고, 그럴 필요조차 없다. 그저 따라가다 보면 알 수 있고, 알게 된다. 알면 보리이고 보리를 이루면 부처다. 이것이 『능엄경언해』에서 여래가 증명하고 보증하는 가르침이다. 언해불전에 담긴 가장 중요한 메시지다. 『능엄경언해』도 그 밖의 언해불전도 이렇게 읽어야 한다. 그래야 쉽다.

> 아스라한 광암사(光嚴寺), 저무는 구름 깊은데
> 아련한 종소리, 두 귀에 들리네
> 삼생(三生)이 꿈이라, 스스로도 알지만
> 누구라 일곱 자리, 마음 다시 물을까*

고려 말 목은 이색이 불렀던 노래다. 어려서부터 친하게 지내던 스님 환암(幻菴) 혼수(混修, 1320~1392)를 그리며 지은 시다. 광암사는 환암이 머물렀던 공민왕의 원찰(願刹)이다. 그리고 일곱 자리의 마음 찾기. 고려는 물론 동아시아에 오래전부터 널리 알려졌던 이야기, 칠처징심(七處徵心)이라고 알려진 『능엄경』의 이야기다. 목은은 오랜 벗, 환암을 이 이야기로 추억한다. 목은 또한 『능엄경』을 열심히 읽었고, 환

● 　이색, 「광암사(光嚴寺)를 생각하며」, 『목은시고(牧隱詩藁)』 권23.

암과 이 일을 두고 깊은 토론이 있었다는 뜻이다. 그리고 지금 환암이 없어 자꾸 헷갈린다는 뜻이기도 하다.

> 여래: 아난아, 내가 이제 네게 묻는다. 네가 여래의 모습을 보고 발심했다고 하니, 무엇을 가져 보며, 누가 애요(愛樂)하였느냐?
> 아난: 나의 마음과 눈을 썼습니다. 눈으로부터 여래의 빼어난 모습을 보고 마음에 애요함을 내었습니다. *

목은이 환암에게 다시 묻고 싶었던 칠처징심, 그 이야기는 이렇게 시작한다. 아난은 부처의 사촌동생이다. 애요(愛樂), 요즘 말로는 이런 게 사랑이다. 그런데 불교 용어를 설명하는 사전에는 보통 '바른 일이나 참된 가르침 따위를 마음으로 믿고 바라고 구하는 일'이라고 정의하기도 한다. 하지만 아난의 애요는 그냥 '여래의 아름다운 모습을 보고 홀딱 반했다'는 뜻이다. 그래서 부처를 따라 출가했고, 부처가 가르치는 길을 따라왔다고 했다.

부처는 묻는다. 도대체 무엇으로 보았고, 누가 애요하는 마음을 내었느냐? 이야기는 다시 보아 살피고 사랑하는 일로 돌아간다. 눈과 마음을 거쳐 '마음이 도대체 어디에 있느냐?'는 물음으로 이어진다. 아난은 문득 제 마음이 제 몸 안에 있다고 대답한다.

> 여래: 네가 이제 여래의 강당에 번드기 앉아 ** 숲을 바라보고 있다. 이제 어디에 있느냐?
> 아난: 이 커다란 강당은 급고독원에 있고, 숲은 강당 밖에 있습니다.
> 여래: 이제 강당 안에서 먼저 무엇을 보느냐?

아난: 내가 강당 안에서 먼저 여래를 봅니다. 그리고 버거*** 대중을 봅니다. 이같이 밖을 바라 숲을 봅니다.

여래: 네가 숲을 보되, 무엇으로 인하여 봄이 있느냐?

아난: 이 큰 강당의 문과 창이 열려 훤함으로 내가 강당에서 멀리 숲을 봅니다. (중략)

여래: 네가 이르는 바와 같이 몸이 강당 안에 있거늘, 문과 창이 열려 훤함으로 멀리 숲을 본다. 또 중생이 이 강당에서 여래는 보지 못하고 강당 밖을 볼 수가 있느냐?

아난: 강당에 있으면서 여래는 보지 못하고, 숲과 샘을 볼 수 있다는 말은 옳지 않습니다.

여래: 아난아, 너 또한 이와 같아 네 마음이 온갖 것을 밝게 안다. 만일 지금의 밝게 아는 마음이 실로 몸 안에 있다면, 먼저 몸 안을 밝게 알아야 마땅할 것이다. 비록 심장, 간, 지라, 위를 보지는 못하더라도 손톱이 나고 머리털이 길며, 힘줄이 당기고, 맥이 뛰는 것쯤은 참으로 밝게 알아야 마땅할 것인데, 어찌 알지 못하느냐? 안을 알지 못하는데, 어찌 밖을 알겠느냐? 그러므로 반드시 알아야 한다. 네가 이른 대로 느끼고 아는 마음이 몸 안에 있다는 말은 옳지 않다.****

- 『능엄경언해』.
- '번드기 앉아'는 현좌(現坐)를 번역한 말이다. '너는 지금 분명히 번득하게('번듯하게'의 옛말) 강당에 앉아 있다.' 현존(現存), 실존(實存)의 용례처럼 의심의 여지없이 분명하다는 뜻이다.
- *** '버거'는 차(次)를 번역한 말이다. '그다음에'라는 뜻이다.
- **** 『능엄경언해』.

무엇으로 보고, 누가 애요하는가? 보고 듣고 느끼는 주체는 누구인가? 그것이 마음이라면 마음은 도대체 어디에 있는 걸까? 어려울 것 없다. 내 눈이고 내 마음이다. 평범한 우리들 누구나 매일같이 하는 말이고, 하는 일이다. 여래와 아난 사이의 일도 똑같다. 당대의 위대한 지식인 목은 이색도 똑같은 일에 말려들었다. 아름다운 몸매를 보는 자는 누구이고, 애요의 마음이란 도대체 어디서, 어떻게 벌어지는 것일까? 늘 하는 일이지만, 막상 이런 물음에 닥치면 얼떨떨해지기 마련이다.『능엄경언해』에서는 이런 이야기를 '일곱 겹의 징파(徵破)'라는 제목으로 그리고 있다. 징(徵)은 물음이다. 의심과 문제를 제기하는 일이다. 파(破)는 비판이다. 의심과 문제를 깨뜨리는 일이다.

다음 표는『능엄경언해』의 '일곱 겹의 징파'를 제목에 따라 그린 것이다. 여래는 아난이 보고 애요했다는 마음, 그 마음이 어디에 있느냐고 묻는다. 아난은 자신이 보고 애요했던 마음, 보았던 일, 애요하는 마음을 내었던 일, 그런 일에 대해 생각을 돌이켜 보아 살피고 사랑한다. 그리고 마음이 있는 자리를 제시하고 설명한다. 그럴 때마다 여래는 아난의 말과 뜻을 따라 되묻고 비판하고 깨뜨린다.

대화는 이렇게 이어진다. 숲과 개울에 둘러싸인 커다란 강당, 그 안을 가득 채운 대중들, 그들은 무대 위의 여래와 아난에게 집중한다. 물음과 비판을 따라 대화를 보고 듣고, 살피고 사랑한다. 그들의 마음이 안에 있건 밖에 있건 조건은 똑같다. 모두 각자 자신의 몸과 마음을 살피고 사랑한다. 이어지는 징파(徵破), 그 이야기를 이 자리에서 다 할 수는 없다. 그래도 위의 그림을 보면 대강은 짐작할 수 있을 것이다. 요점은 아난이 보아 살펴 사랑하는 마음, 그런 마음은 어디에서도 찾을 수 없다는 것이다.

마음이 있는 자리, 일곱 겹의 비판

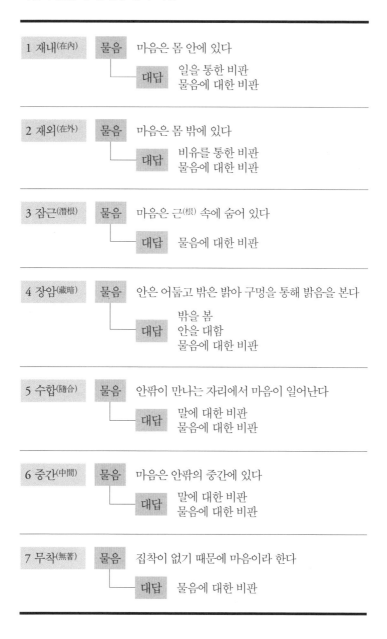

1 재내(在內) 물음 마음은 몸 안에 있다
        대답 일을 통한 비판
              물음에 대한 비판

2 재외(在外) 물음 마음은 몸 밖에 있다
        대답 비유를 통한 비판
              물음에 대한 비판

3 잠근(潛根) 물음 마음은 근(根) 속에 숨어 있다
        대답 물음에 대한 비판

4 장암(藏暗) 물음 안은 어둡고 밖은 밝아 구멍을 통해 밝음을 본다
        대답 밖을 봄
              안을 대함
              물음에 대한 비판

5 수합(隨合) 물음 안팎이 만나는 자리에서 마음이 일어난다
        대답 말에 대한 비판
              물음에 대한 비판

6 중간(中間) 물음 마음은 안팎의 중간에 있다
        대답 말에 대한 비판
              물음에 대한 비판

7 무착(無蓄) 물음 집착이 없기 때문에 마음이라 한다
        대답 물음에 대한 비판

다음 그림은 일본 만화영화의 주인공 토토로를 접는 방식, 말하자면 접기의 순서도이자 설계도다. 이런 접기의 설계도는 일정한 규칙을 갖는다. 번호가 있고, 화살표가 있고, 간단한 설명이 들어가기도 한다. 대부분 비행기나 배, 나아가 종이학 정도는 접을 줄 안다. 그런데 종이학만 하더라도 제법 복잡하고 까다로운 순서를 거쳐야 한다. 접었다 펴기를 반복해야 하고, 접는 과정 하나하나에 집중해서 공을 들여야 매끈한 학을 접어낼 수 있다. 언제 어느 때, 어떻게 배웠는지 정확히 기억할 수는 없어도 대개는 별 생각 없이, 큰 고민 없이 척척 접어내곤 한다.

토토로 접기는 난이도가 제법 높은 종이접기다. 상당한 집중과 주의를 필요로 한다. 하지만 주의해서 본다고 해도, 보기만 해서는 접을 수 없다. 그림을 보고 순서를 따라 하나하나 직접 접어봐야 한다. 긴 과정을 따라 토토로를 완성했다 하더라도 거기서 그친다면 얼마 지나지 않아 잊어버리고 만다. 토토로를 접을 줄 알기 위해서는 그 과정을 몇 번이라도 반복해야 한다. 반복을 통해 거듭 완성하고, 설계도 없이도 척척 접을 수 있게 되었을 때에야 비로소 '나는 토토로를 접을 줄 안다'라고 말할 수 있다. 그렇게 접을 줄 알게 된 사람이 다른 아이에게 접는 법을 가르쳐주는 과정도 똑같다. 아이에게 접어 보이기만 해서는 접는 법을 가르쳐줄 수 없다. 직접 종이를 가지고 하나하나 접어보도록 도와주어야 한다. 접고 펴기를 반복하여 접고 펴기에 익숙해지도록 도와주어야 한다.

여래와 아난의 대화, 보아 살펴 사랑하는 일, 『능엄경언해』의 이야기, 그 이야기를 읽는 일은 토토로 접기와 무척 닮았다. 종이 대신에 관찰을 접고 사랑을 접는다. 여기에도 순서가 있고 요령이 있다. 단순

Totoro

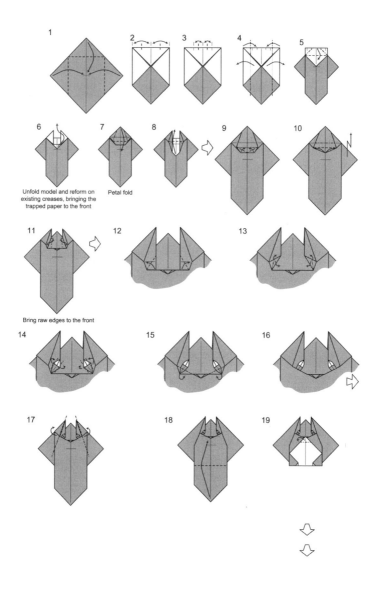

Unfold model and reform on existing creases, bringing the trapped paper to the front

Petal fold

Bring raw edges to the front

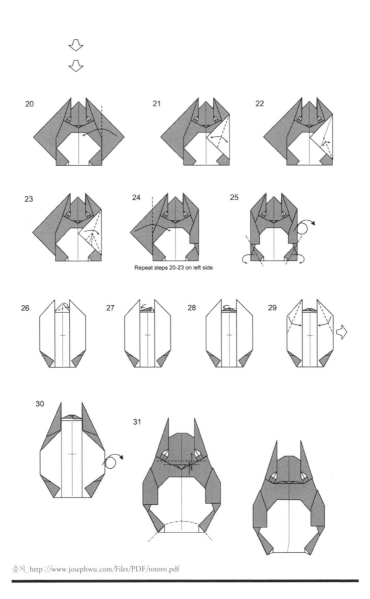

20

21

22

23

24

Repeat steps 20-23 on left side

25

26

27

28

29

30

31

___토토로 종이접기

히 정신 차려 읽는다고 해서 쉽게 읽히지 않는다. 읽으면서 함께 접고 펴고, 따라서 직접 보고 살피고 사랑해야 한다. 여래는 말하자면 사랑 접기를 가르쳐주는 스승이다. 아난은 사랑 접기를 보여주는 조교와도 같다. 매듭을 맺고 매듭을 풀고, 스승과 조교의 대화를 따라가야 한다. 저 자리에 앉은 대중처럼 함께 보고 살피고 사랑해야 한다. 때로는 대답도 하고 의심도 품어야 한다.

종이접기가 까다로운 일인 만큼, 사랑을 접는 일도 처음부터 그냥 척척 해낼 수 있는 일이 아니다. 알 수 있을 때까지 집중해서 반복하여 접어보아야 한다. 그래야 알 수 있고, 할 수 있다. 간단한 비행기를 접을 줄 아는 아이라면, 조금 복잡한 종이학도 접을 수 있다. 토토로도 접을 수 있고, 원하기만 한다면 자기만의 접기도 해낼 수 있다.

『능엄경언해』의 '일곱 겹의 비판', 이 이야기는 여기서 그치지 않는다. '일곱 겹의 비판'은 길게 이어지는 이야기의 한 부분일 뿐이다. 『연기성도경』처럼 꺾이고 또 꺾이는, 길고 긴 사랑의 파노라마가 펼쳐진다. 하지만 이야기가 아무리 길고, 파노라마가 아무리 화려하더라도, '일곱 겹의 비판'을 따라 접을 수 있다면, 『능엄경언해』의 긴 이야기를 따라 읽고, 따라 접을 수 있다.

토토로 정도의 복잡한 접기는 보통 몇 단계의 모듈(module)로 구성된다. 접기에 조금 익숙한 사람이라면, 한두 단계의 모듈쯤은 머릿속에 들어 있고, 몸에 익어 있기 마련이다. 모듈을 알면 아무리 새롭고 복잡한 접기라 해도 금세 알고 익숙해질 수 있다. 사랑 접기도 마찬가지다. 『연기성도경』의 꺾기가 그렇듯, 『능엄경언해』도 몇 단계의 모듈로 구성되어 있다. 보아 살피는 접기, 사랑 접기, 이 또한 몇 번 접어보아 모듈의 규칙을 알고 익숙해지면, 그만큼 따라 읽고 따라 접기가 쉬워진다. 사마타, 삼마, 선나, 세 가지 관, 이런 말은 필요에 따라 모듈에 붙인 이름에 불과하다. 토토로를 척척 접을 수 있다면 모듈이나 이름 따위는 중요하지 않다. 보고 살피고 사랑할 줄 안다면, 그 과정에 붙여진 이름 또한 사족에 불과하다. 그런 사랑의 끝, 거기가 보리(菩提)이고 거기가 부처다. 낯설고 익숙하지 않아서 그렇지 누구나 할 수 있는 일이고, 누구나 갈 수 있는 곳이다.

사랑의 기술, 요즘에는 이런 걸 논리(論理)나 논술(論述)이라고 부른다. 하지만 논리든 논술이든 그냥 말의 이치나 기술이 아니다. 말에 담긴 관찰과 사유의 요령, 관찰과 사유를 다루는 기술이다. 종이접기에 공부와 훈련이 필요하듯, 사랑의 기술에도 공부와 훈련이 필요하다. 토토로 접기가 누구나 할 수 있는 기술이듯, '일곱 겹의 비판', 사랑 접기 또한 누구나 할 수 있는 평범한 기술이다. 공부나 훈련이라지만, 비행기나 학을 접듯 놀이도 취미도 될 수 있다. 어려서부터 놀고 즐기며 익힐 수 있는 기술이다.

『능엄경』은 판타지 같은 이야기로 시작한다. 마법을 부리는 여인이 똑똑하고 잘생긴 부처의 제자 아난을 마법으로 홀려 희롱한다. 젊고 아름다운 남녀가 애욕에 빠지는 이야기다. 언제 들어도 쉽고 재미있다. 보기에 따라서는 그 자체로 아름다운 로맨스가 될 수도 있다. 애욕에 홀리는 아난, 마법으로부터 아난을 구한 부처는 그에게 묻는다. "애욕은 눈과 마음으로부터 시작된다. 너를 홀리는 눈과 마음은 어디에 있느냐?" 눈에 대한 물음을 앞세우는 까닭은 아난이 아름다운 여인의 몸을 눈으로 보고 홀렸기 때문이다. 그리고 마음을 묻는 까닭은 모습에 홀리고 쾌락을 느끼는 과정을 보통 마음이라고 부르기 때문이다.

『능엄경』의 긴 이야기, 무턱대고 따라 읽기에는 아무래도 벅차고 힘들다. 길고 여러 겹으로 꺾이는 글, 사람들은 보통 한두 번 따라 읽다 막히면 포기하기 마련이다. 그렇게 포기하다 보면, '희한한 부처는 나와는 다르다. 나는 따라 할 수 없는 희한한 영웅의 사랑', 거리와 차이가 느껴진다. 그저 믿거나 말거나 선택할 수밖에.

15세기 간경도감에서 우리말로 번역하고 새로 편집한 『능엄경언해』, 토토로의 설계도처럼 관찰과 사유의 순서와 요령을 담았다. 『능엄경언해』는 그냥 한문으로 쓰인 『능엄경』을 우리말로 번역한 책이 아니다. 토토로를 접을 수 있을 정도로 친절하게 순서를 매기고 설명을 담아 편집한, 사랑 접기의 설계도다.

사랑의 길

네가 숱한 부처의, 모든 비밀의 법문을 듣고도
애요의 번뇌를, 먼저부터 덜지 못하니
듣기를 모아둠이, 허물이 되었구나
듣기를 가져, 부처의 부처를 지녔는데
어째서 너는, 듣기를 듣지 않느냐?*

아난은 이른바 다문제일(多聞第一), 부처의 제자들 가운데 부처의 말을 제일 많이 듣고 기억하는 제자다. 언해불전에서는 다문(多聞)을 '해 드롬'이라고 새긴다. '하다'는 '많다'는 뜻이다. '모롬-드롬-아롬', 이런 새김은 멋지다. 연관된 추상어를 듣기도 좋고 알기도 쉽게 새겼다. 숱한 생각을 쌓아둔 아난, 그래도 그는 애요의 번뇌를 덜지 못했다. 마녀의 아름다움에 홀려 애요에 빠졌다. 『능엄경언해』에서는 이 장면을 '듣기를 모아둠이 허물이 되었구나'라고 새겼다.

부처의 부처, 원문은 불불(佛佛)이다. 듣기의 듣기, 원문은 문문(聞聞)이다. 불불을 쌓아두고도 문문은 하지 않는다. 부처가 아난을 탓하

●　　『능엄경언해』 권6.

는 말이다. 이 말도 참 재미있다. 겹치는 불(佛)과 문(聞), 말하자면 앞의 글자는 동사고 뒤의 글자는 목적어다. 언해본에서는 불불(佛佛)을 따로 새기지는 않는다. 하지만 문문(聞聞)은 '문(聞)을 문(聞)하다'라고 새긴다. '불(佛)=각(覺)=아롬'이라는 새김을 따라서 읽는다면, 불불(佛佛) 문문(聞聞)은 '아롬을 아는 일이고, 드롬을 듣는 일'이다. 위 물음 아래에는 『능엄경요해』의 주석이 이렇게 달려 있다.

> 부처의 부처는 부처의 성품을 이른다. 듣기의 듣기는 듣기의 성품을 이른다. 아난은 모든 부처가 이른 비밀의 생각을 지녔으나 한갓 많이 들은 것만을 쌓아두었다. 그러나 스스로 돌이켜 알지 못하는 까닭에 부처의 불성을 지니고도, 자기의 듣기를 듣지 않는다고 탓하는 것이다. 자기가 지닌 자기의 성품을 돌이켜 듣는 일에 힘을 쓰게 하려는 것이다.••

불불(佛佛)을 불성(佛性)이라고 읽는다. 문문(聞聞)은 문성(聞性)이라고 읽는다. '아롬을 아는 성품'과 '드롬을 듣는 성품'이다. '비밀의 생각', 원문은 비장(秘藏)이다. 비밀스럽게 쌓아둔 생각이다. 부처가 일러주었다니 이미 비밀은 아니다. 하지만 아난은 그런 생각을 안에 쌓아두고만 있었다. 아난은 이미 가질 것은 다 가졌다. 그가 하지 못하는 일은 다만 돌이켜 듣고 돌이켜 아는 일이다. 원문은 반문(反聞)이고 반오(反悟)다.

아난은 제 생각 안에 불불을 잔뜩 쌓아두었다. 들어서 쌓아둔 불

•• 『능엄경언해』에 실린 계환의 『능엄경요해』 주석.

불, 그는 쌓아두기만 하고 정작 듣지는 않았다. 이런 게 말하자면 생각과 사랑의 차이다. 생각하는 제비와 사랑하는 기러기의 차이다. 생각만 많고 사랑은 없는 아난, 생각은 오히려 허물이 되었다. 이런 게 15세기 조선의 생각과 사랑이다. 언해불전에서 구별하여 표현하고자 했던 뜻의 차이다. 제법 심각한 차이, 생각만 한다면 사랑에는 오히려 허물이 된다. 들으면 생각하고, 생각하면 사랑해야 한다. 이런 것이 들을 줄 아는 사람의 '듣는 성품' 문성이고, '아는 성품' 불성이다.

귀가 있으면 들을 수 있다. 들을 수 있으면 그것을 '듣는 성품'이라고 표현한다. 이런 일 이런 말, 어려울 게 없다. 하지만 불성(佛性), 이런 일 이런 말은 께름칙하다. 거리가 생기고 차이가 느껴진다. 아난이 바로 그랬다. 생각을 쌓아둘 줄만 알았지, 돌이켜 듣고 돌이켜 사랑하려고 하지 않았다. 『능엄경요해』는 간단하게 읽는다. 문성(聞性)이 있으면 불성(佛性)도 있다. 듣는 성품과 아는 성품을 마주 세운다. 들을 수 있으면 알 수도 있다. 이런 건 하늘이나 부처나 무슨 신비한 존재가 내려주는 신비한 능력이 아니다. 우리 몸에 속한 여섯 가지 기관의 작용일 뿐이다. 부처도 아난도 저 자리의 대중도 미래의 모든 중생에게도 똑같은 기능이요 작용이라는 뜻이다. 차별도 없고 어려울 것도 없다. 이런 것이 『능엄경언해』가 부처의 꾸짖음을 읽는 방식이다.

돌이켜 듣고 돌이켜 아는 일, 이것이 '만 첫 방편'이다. 요령과 기술의 시작이다. 이런 게 부처의 가르침이고, 『능엄경언해』가 하고자 하는 이야기의 핵심이다. 듣고 생각하고 살피고 사랑하고, 그러면 누구나 알 수 있다. 그런 것을 가리켜 불성(佛性)이라고 부른다. 『능엄경언해』의 편집과 읽기가 이렇다.

부처의 사랑은 돌이켜 살피고, 돌이켜 사랑하는 일이다. 이런 일은 가르치고 배워야 한다. 처음부터 누구나 다 할 수 있는 일이 아니다. 그래서 그 사이에 불교라는 것도 존재하고 방편이라는 것도 필요하다. 돌이켜 살펴 사랑하면 누구나 알 수 있고, 온갖 의심, 온갖 문제, 온갖 고통, 하늘도 지옥도, 업보도 윤회도 스스로 알고 헤쳐 나갈 수 있다. 불교와 부처의 가르침, 이런 게 불교의 교육이다. 사랑 접기, 함께 손잡고 하나하나 익혀가는 사랑의 기술이다.

아난은 '해 드롬'을 특권으로 여겼다. 주위의 대중들도 대부분 그러려니 했다. 그렇게 아난은 '드롬'을 독점했다. 다른 제자 가섭은 아난의 드롬, 아난의 특권과 독점을 깨뜨렸다. 모든 대중과 함께 나눠야 하는 드롬, 그런 가르침을 대승(大乘)이라고 부른다. 여기서 승(乘)은 탈 것을 가리킨다. 대승은 말하자면 큰 수레다. 큰 수레를 함께 타고 함께 가자는 가르침이다.

누구나 들을 수 있고, 누구나 알 수 있다. 말은 쉬워 보이지만 이런 말은 보편의 문성(聞性), 보편의 불성(佛性)에 관한 이야기다. 보편의 성품은 말하자면 형이상학이다. 증명할 수 있는 일이 아니다. 말장난으로 번지다 말장난으로 그치기 마련이다. 불교에서는 이런 장난, 이런 논증을 종교(終敎)*라고 부른다. 불성의 논증에는 그런 함정도 있다. 이에 비해 듣는 성품은 질이 다르다. 귀가 있는 자는 누구나 들을 수 있다. 누구나 듣는 성품을 갖추고 있다. 들을 수 있으면 알 수 있다. 이런 것이 언해불전의 가르침이다. 언해불전은 모두가 대승이다. 모르면 중생이고 알면 부처다. 누구나 알 수 있고, 누구나 부처가 될 수 있다. 그 사이의 방편, 그 사이의 묘수, 언해불전에 담긴 이야기는 모두

●　　종교(終敎)에 대해서는 252쪽 참조.

가 이런 이야기다.

언해불전이 이루어진 15세기 조선은 엄격한 계급사회였다. 새로 등장한 사림(士林), 곧 사대부 계급은 이념과 사상, 지식과 문화를 독점했다. 그들의 독점은 부귀(富貴)의 독점으로 이어졌다. 그리고 독점한 부귀를 반복하여 세습하고자 했다. 부귀를 향한 욕망, 이런 것도 세간의 인지상정이다. 돈과 권력이 있으면 지식과 문화는 저절로 따라온다. 그 사이에 독점을 대물림하기 위한 교육이 있기 때문이다. 좋은 환경에서 좋은 교육을 받는다면 누구라도 선비가 되고 엘리트가 될 수있다.

'어린 백성이 이르고자 하는 바가 있어도….' 훈민정음의 진정한 가치는 이런 자리에 있다. 배우기 쉬운 글자를 만든 까닭은 무엇보다 어린 백성에게 기회를 주기 위해서였다. 빤한 사실이다. 하지만 하늘의 운명으로 부귀를 타고난 엘리트, 그들이 왜 하필 어린 백성과 기회를 나눠야 할까? 엘리트가 하늘의 운명이라면, 어린 백성도 하늘의 운명일 뿐이다. 그런데 그중에서도 천하의 지존, 타고난 나라의 임금 세종은 왜 하필 어린 백성을 위해 배우기 쉬운 글자를 만들었을까? 좋은 교육의 기회를 나누려고 했을까? 이런 곳에도 반문(反聞)과 반오(反悟)가 필요하다.

그 자리의 모든 대중이 귀천(貴賤)이 없이 함께 불전(佛前)으로 들어가니 모두 261인이었다. (중략)
모든 대중이 함께 발원(發願)하여 이르기를 "우리들은 오늘 우리 성상의 덕을 입어 화장(華藏)의 모임에 참석하게 되었습니다. 몸소 부처님께 공양을 올리니 아난(阿難)이나 가섭(迦葉)과 무엇이 다르겠습니까? 이 자리에 모인 사람들과 함께 영원토록 동행하여 헤어지지 않고, 훤히 알아 미혹(迷惑)이 드러나, 물을 건너 여래(如來)의 지혜 바다에 들어가기를 바랍니다." (중략)

승속이 서로를 향하여 함께 절을 했다.*

'우리 성상'은 세종이다. 저 자리에 모인 사람들, 고승도 있었고 속인도 있었다. 대군도 있었고 선비도 있었다. 하지만 대부분은 이름도 변변히 없던 자들, 아무런 교육도 받을 수 없던 어리고 천한 자들이었다. 승속과 귀천의 사람들, 그들은 동행(同行)을 약속하며 서로를 향해 절을 했다. 함께 계(契)를 맺고 그 기록을 남겼다. 세종의 조선에서 있었던 일이다.

중국의 민간에 "수재(秀才)는 가난한 집 아이가 아니고, 화상(和尙)은 부잣집 아이가 아니다."라는 속담이 있다. 수재와 화상은 각각 유교와 불교의 엘리트를 상징한다. 이 말에 부잣집과 가난한 집이 대구로 걸렸다. 가난한 집 아이가 수재가 되지 말라는 법이 없듯, 부잣집 아이가 화상이 되지 말라는 법도 없다. 단순해 보이는 속담 안에 빈부와 귀천의 계급이 담겼다. 부처 앞에 귀천은 없다. 아난과 가섭과도 다를 것이 없다. 돌이켜 듣고 돌이켜 알면 똑같은 사람이다. 불교라는 게 이런 것이다.

왕후장상의 씨앗이 따로 없다. 부패한 계급에 맞서 일어선다는 명분을 내세우곤 했지만, 어린 백성들도 이미 알고 있었다. 불교가 가고자 하던 길에, 부처와 보살에 씨앗이 따로 없다. 그런 건 모두가 다

●   김수온(金守溫), 『사리영응기(舍利靈應記)』.

업의 구덩이일 뿐이다. 돌이킬 수 있는 길, 누구나 들을 수 있고 알 수 있는 방편, 그런 길로 가는 동등한 기회, 불교는 이런 걸 가르친다. 누구나 가진 불성, 열린 다라니의 문, 기회를 주면 누구나 갈 수 있다. 15세기 조선에는 이런 꿈도 있었다.

얼굴과
그르메

하다가 (코의 인식이) 코를 인하여 일어난다고 한다면, 네 마음에
무엇을 코라고 하느냐? 고기의 모양을 취하겠느냐? 아니면 (냄새
를) 맡아 알아 움직이는 성품을 취하겠느냐? 하다가 고기의 양자
를 취한다면, 고기의 얼굴은 몸이고, 몸의 아롬은 곧 촉(觸)이다.

『능엄경언해』의 한 구절이다. 비식(鼻識), 곧 코의 인식을 논증하
는 부분이다. 코가 냄새를 맡아 냄새에 대한 인식이 생겨나는 과정에
대해 부처와 아난은 문답을 이어간다. "그렇다면 코라는 게 뭘까?"
'하다가'는 '만약'을 뜻한다. '고기의 양자'는 육형(肉形)을 새긴 것
이고, '고기의 얼굴'은 육질(肉質)을 새긴 것이다. 형질(形質)의 대구를
'양자와 얼굴'의 대구로 새겼다. 육형과 육질, 요즘이라면 고깃집에서
고기를 살필 때나 쓰는 말이다. 양자는 겉으로 드러나는 모양을 가리
킨다. 고기를 살피려면 먼저 고기의 양자, 모양을 살펴야 한다. 눈에
보이는 것만이 양자는 아니다. 냄새를 맡을 수도 있고 만져볼 수도 있
다. 고기의 양자를 살피는 까닭은 고기의 질을 따지기 위해서다. 고기
의 질은 고기의 맛을 좌우한다. 맛이야 먹어보면 그만이겠지만, 고깃

집 생고기를 일일이 맛볼 수는 없다. 그래서 양자를 통해 얼굴을 짐작할 수밖에 없다.

코는 고기가 풍기는 냄새를 맡아 고기를 살핀다. 냄새는 코의 자극을 통해 냄새의 인식으로 바뀌고, 고기를 판단할 수 있는 재료로, 정보로 활용된다. 불교에서는 이런 과정의 인식을 비식(鼻識)이라고 부른다. 코라는 물건,『능엄경언해』의 부처는 고기에서부터 시작한다. 코는 고기다. 물렁뼈도 있고, 피도 있고, 신경조직도 있다지만 그저 '고기'라고 통칭한다. 부처의 말투는 간결하고 분명하다. 그리고 부처와 아난은 고기를 '양자와 얼굴'의 대구로 나누어 분석하며 문답을 이어간다. 언해불전의 얼굴은 요즘 우리가 쓰는 얼굴, 면(面)과는 다르다. 면(面)은 '낯'이라고 구별하여 새긴다. 얼굴은 고기의 육질처럼 사물의 본질을 가리킨다. 이런 말은 일상에서 쓰는 말은 아니다. 인간의 존재나 인식에 대한 정교한 논증을 따라가기 위해 의도적으로 선택한 추상 언어다.

예를 들어 언해불전에서는 진(塵)이라는 글자를 '듣글' 또는 '드틀'로 새기고 있다. 요즘 말로는 둘 다 티끌에 해당한다. 불교 책에서 흔히 쓰이는 진(塵)이라는 글자는 복잡한 사연을 가지고 있다. 인도 말을 한문으로 번역하면서 이 글자에 새로운 의미들이 담겼기 때문이다. 불교 책에서 이 글자는 대개 네 가지 뜻으로 쓰인다. 첫째는 아주 작거나 아주 많다는 뜻의 비유로 쓰는 경우다. 둘째는 물질을 분석하는 작은 단위다. 요즘으로 치자면 물질을 구성하는 미립자와 비슷하다. 셋째는 근(根), 곧 감각기관에 닿아 자극하는 바깥의 '대상'이다. 이런 경우 근(根)과 진(塵)이 대응한다. 넷째는 '때'라는 뜻으로 쓰는 경우다. 이 경우는 좀 묘하다. 잔 먼지는 거울과 같은 물건에 때로 엉긴다. 몸 밖의 대상은 사람의 마음에 때를 남긴다. 그래서 거울의 때를 마음의 때에 비유하기도 한다. 번뇌의 때이다.

앞의 두 가지 경우, 언해불전에서는 진(塵)을 '듣글'로 새긴다. 티끌이라는 뜻이다. 그런데 셋째 경우, 대상이라는 뜻으로 쓰이는 경우에서는 '드틀'로 구별하여 새기고 있다. 작고 많은 알갱이들, 듣글이 사람의 눈이나 귀에 닿아 눈과 귀를 자극하면 드틀이 된다. 넷째 경우, 거울의 때와 마음의 때 사이에는 경계가 모호하다. 거울의 때와 마음의 때는 대개 같은 뜻으로 쓰인다. 그래서 그런지 듣글과 드틀을 섞어 쓰기도 한다. 언해불전의 듣글과 드틀, 이런 차이와 구별은 의미심장하다. 이런 차이에는 언해불전을 새기고 편집하던 사람들의 사랑과 배려가 담겨 있다. 이런 차이도 이제는 영 잊혔다.

아무튼 부처와 아난은 코라는 물건을 대상으로, 드틀로 사랑한다. 드틀을 '양자와 얼굴'로 나누어 살핀다. 우리는 근(根)의 자극을 통해 드틀을 느끼고 안다. 드틀의 얼굴은 양자를 통해 드러난다. 우리는 양자를 통해 드틀을 느끼고 안다. 근과 진이 닿는 과정에서 느낌이 생기고, '그르메'가 어린다. 때로 '그리메'라고 섞어 쓰기도 하는 이 말은 그림자의 옛말이다. 내 몸을 따라다니는 그림자도 그르메지만, 거울에 비치는 낯, 물에 비치는 달, 눈동자에 어린 영상도 모두 그르메다. 마찬가지로 코를 자극하는 냄새, 살갗에 닿는 감촉, 귀에 들리는 소리 또한 그르메로 어린다.

진(塵)은 얼굴 같고, 분별은 그르메 같다.[*]

그르메는 사람의 감각과 인식을 설명하기 위한 비유다. 근(根)을

* 『능엄경언해』.

자극하는 드틀에는 얼굴이 있다. 이에 비해 근에 어린 그르메에는 얼굴이 없다. 사람이 느끼는 것은 얼굴 자체가 아니다. 느끼는 것은 얼굴의 그림자다. 언해불전은 영상(影像)을 '그르메의 상(像)'이라고 새긴다. 근(根)에 그림자처럼 어린 영상, 이미지를 가리킨다. 이에 비해 영상(影象)은 '그르메와 얼굴'이라고 새긴다. 상(象)은 근을 자극하는 드틀의 형상, 드틀의 양자를 가리키기 때문이다. 드틀의 모양과 그르메의 모양을 다르게 읽고 다르게 표현한다. 고기에 양자가 있듯 모든 물건에는 양자가 있다. 상(象)이 물건의 양자라면 상(像)은 근(根)에 어린 그르메다. 얼굴의 양자와 그르메의 상(像), 이렇게 그르메는 얼굴의 대구로 쓰인다. 이럴 때 얼굴이라는 말은 양자와 얼굴을 포함하는 드틀 자체를 가리킨다.

얼굴과 그르메를 대구로 구별하는 까닭은 얼굴과 그르메의 차이를 강조하기 위해서다. 드틀이 존재하는 방식과 그르메가 존재하는 방식이 다르기 때문이다. 사람의 근(根)은 드틀의 얼굴을 그르메로 느끼고 안다. 그러는 사이 드틀의 그르메를 드틀의 얼굴로 그르 알기 시작한다. 얼굴과 그르메 사이에서 온갖 문제가 생겨난다.

사대(四大)를 거츨게 그르 알아 제 몸의 얼굴을 삼고, 육진(六塵)의 연영(緣影)으로 제 마음의 얼굴을 삼기 때문에
연(緣)은 육진에 버믈시니, 육진에 버므는 마음은 그르메 같아 실(實)하지 않다.•

• 함허, 『금강경삼가해』.

72

'거츨다'는 망(妄), 얼굴은 상(相), 그르메는 영(影)을 번역한 것이다. 여기서는 영상(影相)의 대구가 '그르메와 얼굴'의 대구로 쓰인다. 육진(六塵)은 근(根)에 대응하는 여섯 가지 대상을 가리킨다. 연영(緣影)은 근(根)이 드틀에 닿아 그르메로 느끼고 아는 과정을 표현하는 말이다. 서로 닿아 섞이는 연(緣)의 과정을 '버믈다'라고 새긴다. 우리가 마음이라고 알고 부르는 존재, 그리고 그 작용은 드틀의 얼굴을 그르메로 느끼고 사랑하고 아는 것이다. 그러는 사이 그르메로 버므는 마음을 제 마음의 얼굴로 삼는다고 했다.

그르메는 얼굴을 인하여 있는지라 제 체(體)가 없다.**

드틀의 얼굴에는 자체(自體) 또는 실체, 다시 말해 얼굴을 유지시켜주는 몸이자 바탕이 있다. 이에 비해 그르메에는 얼굴도 없고 실체도 없다. 따라서 그르메로 버므는 마음에도 자체가 없다. 실체가 없는 마음. 그러나 사람들은 어느 순간 그 마음을 실체를 가진 얼굴로 알기 시작한다. 이런 게 '그르 알다'의 정체다. 그렇다고 해서 드틀의 얼굴, 얼굴의 실체를 인정하는 것은 아니다. 하지만 이는 아주 다른 문제다. 여기서는 다만 드틀이 존재하는 양식과 그르메가 존재하는 양식의 차이, 그 다른 점을 드러내는 것으로 충분하다.

유심론(唯心論) 또는 유식론(唯識論). 불교를 상징한다고 할 만큼 널리 알려진 말이다. 심식(心識), 마음과 인식에 대한 논증은 그만큼 중요하고 복잡한 논증이다. 이렇게 중요한 논증, 15세기 언해불전의 편집

**   위의 글.

자들은 저렇게 우리말로 새겨 읽었다. '양자와 얼굴'의 대구, 그리고 '얼굴과 그르메'의 대구, 그 사이를 이어주는 '듣글과 드틀'. 이런 읽기, 이런 번역은 대단히 효과적이다. 나와 세계, 존재와 인식의 문제를 누구나 아는 쉬운 우리말로 일관되게 표현하고 설명한다. 형질이니 영상이니, 자체니 실체니, 이런 말의 차이는 골치 아프다. 이에 비해 제 몸과 제 몸의 그림자, 이 정도의 차이라면 어린아이들도 단박에 안다. 그르메에는 몸이 없다.

낭자의 시를 보면 애절하고 사랑스러워 하늘 선인의 홍취가 분명하게 담겨 있다. 아! 만일 낭자가 중생을 좇는 어언(語言)의 다라니(陀羅尼)를 알지 못했다면 어찌 이렇게 할 수 있었겠는가?●

난초와 사향의 향기를 머금은 요염한 낭자가 깊은 산속의 수행자, 노힐부득(努肹夫得)과 달달박박(怛怛朴朴)을 차례로 찾아가 애절한 노래를 부른다. 고려의 일연(一然, 1206~1289)은 요상한 이야기를 한바탕들려준 뒤에, 저렇게 한 마디 촌평을 달아놓았다. 어언 또는 언어의 다라니. 낭자의 노래가 애절하고 사랑스러운 까닭은 낭자가 언어의 다라니를 통달했기 때문이다. 불교에서 어언, 또는 언어는 사람의 목소리를 가리킨다. 언어를 통한 소통은, 음운의 굴곡에 의미의 굴곡을 담아 주고받는 일이다. 이에 비해 문자는 소리의 굴곡을 빛의 굴곡으로 바꾸어 담는다. 빛의 굴곡에 의미의 굴곡을 담는다. 소리의 차이와 의미의 차이, 언어를 통한 소통은 이 두 가지 차이에 의존한다. 언어의

● 　일연(一然), 『삼국유사(三國遺事)』.

다라니는 이 두 가지 차이를 장악하고 통달하는 일이다.

'중생을 좇는'의 원문은 수순중생(隨順衆生)이다. 언해불전에서는 수순(隨順)을 '좇다'로 새긴다. 중생이 하는 대로 따른다, 중생의 눈높이에 맞춘다는 말이다. 중생의 눈높이에 맞추는 언어의 다라니. 이 말은 『법화경(法華經)』에 나오는 말이다. 언어의 다라니는 중생을 제도한다는 대승불교 보살의 꿈이다. 언어를 모두 잡아야 중생을 이롭게 할 수 있다. 낭자는 듣는 이들이 즐겨 쓰는 쉬운 말로 사랑스럽고 간절하게 노래를 불렀다. 경건한 수행자를 유혹하는 듯한 낭자의 노래. 일연의 촌평에 따르면 저 낭자는 언어의 다라니를 통달한 대승의 보살이다.

『능엄경언해』와 『법화경언해(法華經諺解)』는 언해불전 가운데 맨 처음 거의 동시에 출판이 이루어졌다. 우선순위가 가장 높았다는 뜻이다. 일연도 언해불전의 편집자들도 '언어의 다라니'라는 말의 뜻을 잘 알고 있었다. 어린 백성도 단박에 알아들을 수 있는 익숙한 말로 쓰고 읽고 소통하는 일, 이런 전통이 오래전부터 있었다. 그들이 함께 꿈꾸던 일, 대승 보살의 길이었다. 『삼국유사』에 실린 우리말 노래, 이두(吏讀)로 적힌 향가(鄕歌)도 우연이 아니다.

언해불전에 담긴 『능엄경』, 『법화경』, 『원각경』 등은 대승불교를 대표하는 책이다. 요즘으로 치자면 철학서나 사상서다. 이런 책을 우리말로 새겨 읽는 일, 말 그대로 쉽지 못한 일이다. 그러나 이렇게 읽다 보면 인도에서 중국을 거쳐 들어온 불교, 범어에서 한문을 거쳐 우리말로 번역된 말은 우리 것이 된다. 우리말이 되고, 우리 생각이 되고, 우리 사랑이 된다. 세월이 흘러 이런 말, 이런 대구는 아주 잊혔다. 영상(影像)과 영상(影相)의 차이, 이제 우리는 다시 까다로운 한자어를 새겨 읽어야 한다. 언해불전에서 구별하여 읽었던 차이와 의도 또한 그만큼 멀어졌다. 불교의 대구만이 아니다. 서구어에서 한자어로 번역된 말투 또한 그때그때 새겨 읽어야 한다. 당연히 우리 생각과 우리 사랑에 걸림돌이 된다. 그만큼 애절하기도 사랑스럽기도 어렵다. 중생을 좇는 언어의 다라니, 잊히고 멀어진 언해불전의 말투가 참으로 아깝다.

잃어버린
'세계'

세(世)는 올마 흘로미오 계(界)는 방위(方位)니 네 이제 반ᄃ기 알라

망(妄)을 짜 서르 일워 신중(身中)에 밧고아 옮겨 세(世)와 계(界) 왜

서르 드ᄂ니라° (언해문)

세(世)는 옮아 흐름이오, 계(界)는 방위(方位)이니 네 이제 반드시 알

아라

망(妄)을 짜 서로 이루어 몸 안으로 바꾸어 옮겨 세(世)와 계(界)로

서로 들어간다 (현대문)

저와 ᄂᆞᆷ괏 경(境)에 갓ᄀᆞᆫ 보ᄆᆞᆯ 망(妄)히 니ᄅᆞ와도미

오직 갓ᄀᆞ라 보ᄆᆞᆯ 브터 일타 니ᄅᆞᄂ느닐°° (언해문)

자기와 남의 경계에 뒤집힌 봄을 거츨게 일으켜

오직 뒤집힌 봄에 의지하여 잃어버린다고 했다 (현대문)

- 『능엄경언해』.
- 위와 같음.

인간(人間)이나 세계(世界), 불교에서 흔히 쓰는 말이다. 물론 언해 불전에도 자주 나온다. 그런데 불교의 '세계'는 요즘 우리가 쓰는 '세계'와는 아주 다르다. 요즘의 '세계'는 서구의 말, 말하자면 'world'를 번역한 말이다. 이에 비해 불교의 '세계'는 시간과 공간의 두 측면을 결합한 말이다. 세(世)는 시간, 계(界)는 공간을 가리킨다. 불교에서 자주 쓰는 또 다른 말 시방삼세(十方三世), 이것이 불교의 '세계'다. 시방은 동서남북의 사방과 그 사이의 간방, 그리고 위아래의 열 가지 방위를 가리킨다. 삼세는 과거, 현재, 미래다. 언해불전에서는 세(世)를 '올마 흘롬'이라고 새긴다. 천류(遷流)를 그대로 옮겼다.

> 오직 모르고 거꾸로 뒤집혀 거츨게 나와 남을 헤아려, 제가 지은 일의 구덩이에 빠져 돌이켜 살필 줄을 모른다.●

불교의 '세계'는 모롬과 아롬을 해명하는 중요한 단서다. 우리는 몸 밖의 대상을 세계로 인식한다. 이 세계는 중생들이 함께 짜는 비단이나 그물과도 같다. 함께 짜는 세계의 그물, 그것을 내 몸 안으로 바꾸어 옮겨 서로의 세계 속으로 들어간다. 이런 것이 불교의 세계관이다.

여기서 가장 중요한 역할을 하는 것이 바로 '올마 흘롬'이다. 옮아 흘러가는 사이에 뭔가를 빠뜨리고 잃어버리기 때문이다. '올마 흘롬'에서 '갓ㄱ 봄'이 이루어진다. '갓ㄱ 봄'은 도견(倒見)을 새긴 것이다. 보는 행위가 거꾸로 뒤집혔다는 뜻이다. 도견, 곧 거꾸로 뒤집어

● 　함허, 『금강경삼가해언해』.

보는 일은 '올마 흘롬', 세(世)가 가진 속성이자 원인이다. 사람은 사람마다 자기의 세계가 있다. 자기 눈으로 세계를 보고 안다. 사람들이 얽히는 사이에 그들의 세계가 함께 얽힌다. 나의 세계는 우리의 세계가 된다. 나의 '봄'이 얽히어 우리의 '봄'을 이룬다. 우리의 세계는 그렇게 서로가 함께 짜가는 '봄'이고 세계다. 그러는 사이에 '봄'이 뒤집힌다. 세(世)의 '올마 흘롬'을 거츨게 착각하기 때문이다. 거꾸로 뒤집어 보기 때문이다. 그래서 모른다고 한다. 모르기 때문에 업의 구덩이에 빠져 벗어나지 못한다. 옮아 흐르는 공간, 불교에서 '세계'는 이렇게 중요한 말이다.

요즘 우리가 쉽게 쓰는 세계라는 말, 이런 한자어는 대개 일본 학자들이 지어낸 말이다. 이런 말은 대개 불교 말과 겹친다. 그들이 서구의 추상어를 번역하면서 불교 용어들을 빌려 썼기 때문이다. 이성, 오성, 진리, 자유… 헤아릴 수도 없는 추상어들, 엄밀히 따지면 이런 말은 서구어도 아니고 일본어도 아니다. 물론 우리말도 아니다. 그런 것이 뒤죽박죽 꼬이고 섞여 있다. 이런 것도 남의 언어, 남의 문화, 남의 생각, 남의 사랑을 번역하여 읽어야 하는 나라, 그 백성의 아픔이다. 이렇게 꼬인 말은 대대손손 생각과 사랑에 장애물이 된다. 100미터 경주에 비유하면 10미터쯤 뒤에서 출발하는 것과도 같다.

세상에는 부귀를 운명으로 타고난 이들도 있고, 총명하고 민첩한 기량을 타고난 이들도 있다. 이 중에는 꼬인 말도 과외가 되었건 학원이 되었건 서둘러 먼저 배우면 그만이라고 생각하는 사람들도 있다. 세종에 맞서던 최만리(崔萬理. ?~1445) 같은 선비들이 그랬다. 그런 사람들에게는 언어의 장애물이 오히려 기회가 될 수도 있었다. 그들은 원어를 쓰는 중화와는 감히 경쟁할 엄두도 내지 않았다. 조금 불리해도 열심히 노력하면 몇 미터쯤은 따라갈 수 있다고 믿었을 것이다. 하지만 언어는 세계를 향한 창이다. 중생이 서로를 향해 함께 짜가는 세계, 그 세계와 언어는 얽혀 있다. 나만 잘났다고 해결될 일이 아니다. 그래서 중생을 좇는 언어의 다라니는 남을 위한 일이 아니다. 뒤집힌 우리의 세계를 함께 고쳐가는 일이고, 자기의 세계를 고치는 일이다.

아무튼 세계라는 말, 요즘의 선입견을 가지고 언해불전을 읽는다면 헷갈릴 수밖에 없다. 모롬과 아롬, 이를 논증하는 정교한 사랑의 과정을 따라가기 어렵다. 말은 같아도 뜻도 쓰임도 달라졌기 때문이다. 불교 책이, 특히 언해불전이 낯설고 어려운 까닭은 무엇보다 이런 말들이 꼬이고 얽혀 있기 때문이다. 일본 학자들이 서구어와 불교어 사이에서 꼬아놓은 말들로 가장 큰 피해를 입은 것이 바로 불교 책이다. 불교 책을 쉽게 읽으려면 무엇보다 먼저 이런 꼬임, 선입견을 걷어내야 한다.

요즘 우리가 쓰는 추상어들로 요즘 일이야 별 탈 없이 알고 서로 소통할 수 있는지는 모르겠다. 그렇다 해도 꼬이고 얽힌 말들에 오해의 여지가 없을 리 없다. 서구어도 아니고 일본어도 아니고 우리말도 아닌 추상어들. 언젠가는 한번 찬찬히 돌이켜 살펴보고 정리해야 할 숙제인 것만큼은 틀림없다. 그런 점에서 15세기 언해불전의 우리말은 샘물과도 같다. 언해불전의 우리말을 따라 읽는 일은, 꼬이고 얽힌 요즘 우리말을 반성하는, 돌이켜 사랑하는 일이기도 하다. 이렇게 읽다 보면 세계와 world, '옮아 흐르는 방위'를 가려 읽을 수 있다.

2부

이단
세종

"오늘날 (이단의) 잘못을
절실하게 알아, 정자와
주자처럼 배척하는 사람도
있다. 선배 유학자들의
논리에 의지하여 미워하고
좋아하지 않는 자들도
있다. 혹은 속으로 아주
좋아하면서도 거꾸로
남은 비난하는 자들도
있다. (앞의) 두 종류의
사람은 옳다. 그러나
자기는 좋아하면서도 남은
비난하는 자들, 나는 이런
자들이 정말로 밉다."

승니를
도태하라

임신년(1392) 7월 17일, 태조가 수창궁에서 즉위했다. 이튿날 태조는 백관에게 명하여 고려조의 정책과 법령, 제도의 득실과 연혁을 조목별로 정리하여 올리도록 했다. 그리고 그 이튿날 정도전(鄭道傳, 1342~1398)을 도평의사사(都評議使司) 기무(機務)에 임명하고, 상서사(尙瑞司)를 이끌도록 했다. 왕조실록에 기록된 개국 최초의 인사다. 직함이나 임무야 어쨌건 상징적인 기록임이 틀림없다. 바로 그날, 사헌부에서 상소를 올렸다. 이 상소에는 '하늘의 뜻에 응해 혁명하여 보위에 올라 꼭 해야 할 열 가지 일'이 적혀 있었다. 저 상소문의 여덟째 항목은 척환관(斥宦官), 곧 환관을 배척해야 한다는 것이었고, 아홉째 항목은 태승니(汰僧尼), 곧 승니를 도태시켜야 한다는 것이었다.·

아홉째는 태승니(汰僧尼)입니다.
불(佛)이라는 것은 오랑캐의 한 법(法)으로 한나라 영평(永平, 58~75)

· 『태조실록(太祖實錄)』 1권, 태조 1년(1392) 7월 20일, 상소문은 "응천혁명(應天革命) 초 등보위(初登寶位)"라는 말로 시작하고 있다. 혁명은 하늘의 뜻이었다.

때에 중국으로 들어왔습니다. 동방으로 전해져 떠받드는 일이 더욱 심해졌습니다. 절들이 웅장하게 마주보고, 가사를 두르고 머리를 깎은 자들이 안팎으로 가득 찼습니다.

그 법이 본래 깨끗하게 욕심을 줄이는 것을 으뜸으로 삼습니다. 그 무리들은 높이 바위 구멍에 숨어 풀이나 먹고 물이나 마시며 정신을 수련하는 게 옳습니다. 그런데 지금은 평민들과 섞여 살면서 혹은 미묘한 말을 고상하게 떠들며 선비들을 현혹하기도 하고, 혹은 죽고 사는 죄의 업보로 어리석은 백성들을 위협하기도 합니다. 그러다 시절의 속된 사람들로 하여금 헤매다 돌아올 줄을 잊게 만들고 맙니다. 심한 자들은 말을 타고 갖옷을 걸치며, 재물을 불리고 여색을 탐해 무슨 짓이건 못하는 게 없습니다. 나라를 좀먹고 백성을 병들게 하는 게 이보다 심한 것이 없습니다.

삼가 바라옵건대, 그 무리들을 모아 그 학문과 행동을 자세히 살피도록 해주십시오. 그 학문과 수행이 깊은 자들은 놓아두고, 나머지는 모두 머리를 길러 각자 자기 일을 하도록 해주십시오.•

바야흐로 혁명의 순간이다. 승니(僧尼), 불교의 출가 수행자를 남녀로 나누어 표현한 말이다. 태(汰)는 씻어낸다는 말이다. 필요 없는 것들을 없애버린다는 뜻이다. 쌀을 일어 밥을 짓던 시절, 쌀을 물에 담그면 쭉정이는 떠오르고 돌은 가라앉는다. 쭉정이는 흘려 버리고, 가라앉은 돌은 골라 버린다. 태(汰)가 이런 말이라면 굳이 나쁠 것도 없다. 쭉정이나 돌이야 먹을 수 있는 것도 아니고, 남은 쌀에 비해 양도 얼마

되지 않는다. 본래 뜻이야 그렇다지만 이 말, 아무래도 거칠고 드세다. 게다가 쭉정이나 돌이 아니다. 불교는 오랫동안 이 나라를 지탱하던 종교이자 사상이었다. 골라 버리겠다는 무리들은 불교의 수행자와 지도자들이다. 쭉정이나 돌은커녕 쌀통을 아예 비워버릴 태세다. 옳지도 않고 필요도 없는 것, 아예 씨를 말리겠다는 심산이다.

> 율령(律令)을 정하고, 경(經)에 밝은 이를 중용하며, 관제(官制)를 세우고, 균전(均田)과 조용조(租庸調)의 법을 정했다. 나아가 아악(雅樂)을 정비하고 승니를 도태시키는 것까지 모두가 정치의 핵심이었다.**

정도전은 당나라를 건국한 고조(高祖)의 업적을 이렇게 요약했다. 이런 것이 정도전이 꿈꾸고 준비했던 혁명 모델이었다. 그런데 그 사이에 끼어 있는 '태승니', 이런 것도 그렇게 긴요하고 시급한 정책이 될 수 있는 것일까? 승니는 그냥 수행자가 아니었다. 승니는 혁명의 적이었다. 혁명의 완성을 위하여 반드시 뿌리 뽑아야 할 이념이었고 권력이었다. 그래야 앞뒤가 맞는다. 정도전의 계획이 그랬고, 사대부의 여론이 그랬다. 태조의 의지가 그랬고 조선의 국책이 그랬다.

청정(淸淨)과 과욕(寡欲), 곧 깨끗하게 욕심을 줄이는 일, 이 말이 '태승니'의 선언을 이끄는 가장 분명한 명분이다. 이 말은 이후 선비들이 올리는 상소문에 주야장천 등장하는 유행어가 되었다. 이념과 사상 투쟁이라지만 그 논리는 놀라울 정도로 단순하다.

●● 정도전, 「경제문감별집(經濟文鑑別集)」 상, 『삼봉집(三峯集)』 권11.

불교의 종지는 깨끗하게 욕심을 줄이는 것이다.

현실의 승니는 깨끗하지도 않고 욕심을 줄이지도 않는다.

그러므로 승니를 깨끗하게 도태, 씻어내야 한다.

도태의 방법 또한 단순하다. 승니를 모두 모아 학행(學行)을 검사하겠다고 한다. 10개의 조목 가운데, '척환관'과 '태승니'는 대구처럼 붙어 있다. 간사하고 교활하다는 환관을 누르는 일이야 말처럼 쉬울 수도 있다. 어차피 나라의 제도와 왕실의 일이고 정부의 일이다. 심사를 하든 개혁을 하든 어려울 일도 없다. 승니의 경우라도 그런 정도로 균형을 맞췄다면 이 또한 불가능한 일도 아니다. 살진 말을 타고 가볍고 따뜻한 갖옷을 입고 사는 승니라면 씻어내야 한다. 출가 수행자가 아니더라도 지나치게 호사스런 삶은 부패의 상징이고 경계의 대상이 될 수 있다. 나쁜 놈들, 죄상을 밝히면 그만이다. 새로 만든 나라, 개혁도 할 수 있고 도태도 할 수 있다. 새로 법을 만들고 법대로 하면 된다.

하지만 조선의 혁명가들은 그 정도로 만족하지 않았다. 그들은 불교의 종지와 승니의 본성을 문제 삼았다. 말과 행동 사이의 본질적인 오류와 위선을 들고 나왔다. 종지에 따라 깊은 산에 숨어 풀이나 뜯어 먹고 산다면 모를까, 그렇지 않다면 나라를 좀먹고 백성을 병들게 한다고 선언했다. 하지만 청정과 과욕, 그 잣대부터가 너무 단순했다. 불교는 동아시아 한문 문화권은 물론, 아시아의 지식과 문화를 대표하는 보편 종교요 사상이었다. 더군다나 수만을 헤아리는 승니, 누가 뭘 어떻게 심사하고 결정하겠다는 말인가?

환관과 승니를 배척하고 도태하는 일은 이제 막 개국의 시작이라 갑자기 시행할 수는 없다. 그 밖의 일은 모두 시행하라.[*]

긴 상소문의 끝에 태조의 한 마디가 남아 있다. 이 일은 이렇게 일단락되었다. 태승니라는 혁명공약도 미완의 공약으로 남았다. 조선의 억불 또는 배불로 상징되는 태승니라는 혁명공약. 이로부터 두 개의 프로파간다가 탄생했다. 하나는 '청정과 과욕'이라는 말이다. 이후 불교에 관해 올리는 상소문에는 이 말이 빠지지 않고 등장한다. 이 한 마디면 족하다. 그 뒤의 이야기는 누구나 다 안다. 말과 행동이 다른 승니의 무리, 어리석은 백성은 물론이고 선비들도 현혹한다, 나라를 좀먹고 백성을 병들게 한다, 사악한 자들, 씨를 말려야 한다. 다른 하나는 '그래도 갑자기 시행할 수는 없다'는 명분이다. 태조가 던져준 이 명분 덕에, 불교와 승니를 배척하고 탄압하더라도 적정한 선에서 멈추고 만다. 현실적으로 불가능한 일이기도 했거니와, 지나치게 과격한 정책은 그들 자신에게도 이로울 게 없었기 때문이다. 그렇게 태승니는 내내, 꼭 해야 하지만 당장 할 수 없는 일이 되었다. 개국의 시작부터 모순의 프로파간다가 싹을 틔우기 시작했다는 말이다.

유생들이 하는 말에 이르기를,
"깨끗하게 욕심을 줄여 법(法)을 위해 몸을 버리고, 많이 듣고 잘 기억하여 뒤의 사람들을 이끌어주는 것이 불자(佛子)의 올바른 수행이다. 그러나 요즘 불교의 무리들은 이런 수행을 닦지 않고 도

---

[*] 『태조실록(太祖實錄)』 1권.

리어 스승의 법을 더럽히고 있다. 남들이 그 도(道)에 대하여 물으면 담벼락에 대고 묻는 듯 멍청히 섰을 뿐, 부처를 품 팔아 목숨을 부지한다. 따라서 그들의 집은 민가로 바꾸고, 사람은 사람답게 바꾸어, (사농공상) 네 백성의 숫자를 늘려 임금과 나라를 보필하게 해야 옳다."라고 한다.

그러나 공자의 문하에 제자 삼천이 있었지만 철인(哲人)이라 불린 이는 열 사람뿐이었고, 부처님 회상에 제일(第一)이라 불린 사람 또한 열 사람에 불과했다. 하물며 이제 성인들이 가신 지 오래되어 근기가 한참 떨어지는데, 어떻게 사람마다 가섭처럼 깨끗하게 수행하고, 아난처럼 많이 기억하도록 할 수 있겠는가? 공자와 안연(安然)으로부터 천 년이 흘렀지만, 안연이나 민자건(閔子騫) 같은 사람이 있다는 말을 또한 듣지 못했다. (중략)

명실상부한 사람이 되는 것은 참으로 어렵다. 숲에는 쓸모없는 나무도 있고, 밭에는 쭉정이도 있다. 비록 법대로 수행을 하지 못하는 자가 있더라도 심하게 탓해서는 안 된다. 일단 모습을 갖추고 점차 닦아 성품을 이루고 그 도를 잃지 않도록 해야지, 어떻게 잘못이 있다는 빌미로 그 법을 폐지할 수가 있는가?•

태승니라는 혁명공약은 처음부터 목표와 수단, 말과 명분 사이에서 스텝이 엉키고 균형을 잃었다. 함허는 이 점을 바로 짚고 들어간다. 쓸모없는 나무, 쭉정이가 문제라면 그놈만 골라내면 된다. 쭉정이는 불교에도 있지만 유교에도 있다. 사실 그놈을 골라내는 일도 함부로

•   함허, 『현정론(顯正論)』.

할 수 있는 일이 아니다. 하물며 쭉정이를 빌미로 그의 법 자체를 폐지할 수 있겠는가?

> 그 사람은 사람답게 만들고, 그 책은 태우고, 그 집은 민가로 만들고**

유생들의 말, 그 원조는 당나라의 한유(韓愈, 768~824)다. 백성에는 사농공상의 차별이 있다. 이것이 전통의 백성이다. 그런데 여기에 도사와 중이라는 특권을 가진 백성이 새로 생겨났다. 농공상, 이들이 일하고 생산하는 백성들이다. 사(士) 계급은 물론 유생을 가리킨다. 전통의 선비 계급에 중과 도사가 끼어들어, 일하지 않고 생산하지 않는 백성이 셋으로 늘었고, 그만큼 일하는 백성은 줄었다. 당연히 일은 늘고 나눌 것은 줄었다. 그러니 맨입으로 놀고먹는 자들, 특권 계급을 줄여야 한다는 주장이다. 놀고먹는 계급은 사(士) 하나로 충분하다는 것이다. 이런 게 한유 스타일의 이념투쟁이고 계급투쟁이다. 이념투쟁에서 이념이 약해지면 밥그릇 싸움만 남는다. 이념과 사상을 둘러쓴 권력과 금력의 투쟁이 되고 만다. 조선의 태승니가 딱 그랬다. 의욕은 넘쳐도 이념은 허술했다. 현실의 명분과 실천도 부족했다.

해묵은 싸움, 새삼 끼어들어 시비를 걸 일도 없다. 부처를 품 팔아 호사하던 절과 중, 편을 들 까닭도 없다. 당대의 불교, 도를 넘은 경우들이 분명 있었고 도태를 자초한 면도 없지 않았다. 스스로 고칠 수 없다면 밖으로부터의 비판도, 폭력적인 도태도 어쩔 도리가 없다. 어차

** 한유(韓愈), 「원도(原道)」. 원문은 '인기인(人其人), 화기서(火其書), 려기거(廬其居)'.

피 칼자루는 선비들이 쥐었다. 꼭 해야 하지만 당장은 할 수 없는 일. 모순과 위선의 묘한 균형이 싹트고 있었다.

이단의
시작

경연(經筵)에 나아가 『통감촬요(通鑑撮要)』를 읽었다. (중략)

전백영(全伯英)에 이르기를 "경들은 어째서 '불교를 좋아하는 것' [호불(好佛)]을 잘못됐다고 하는가?"라고 했다.

백영(伯英)이 "공자께서 이르시기를 '이단(異端)에 전념하면 해로울 뿐이다.'라고 하셨습니다. 성인의 도(道)는 인의(仁義)를 중시하지만, 불교는 아비도 없고, 임금도 없는 것을 으뜸으로 삼습니다. 그래서 신(臣) 등은 불교의 도(道)는 임금이 좋아할 것이 못 된다고 하는 것입니다. 예로부터 불교를 좋아했던 임금 중에 망하지 않은 자가 없었습니다."라고 했다.

상께서 "그렇다. 탐욕이 중보다 심한 게 없다. 주면 좋아하고, 주지 않으면 원망한다."고 했다.●

함께 읽는 책도 그렇고 대화의 주제도 그럴듯하다. 하지만 뭔가 하다가 말았다는 느낌이다. 다만 "이단에 전념하면 해로울 뿐", 이 구

● 『정종실록(定宗實錄)』 3권, 정종 2년(1400) 2월 25일.

절이 두드러질 뿐이다. 『논어』의 한 구절이다. 아하, 공자님도 이단을 해롭다고 하셨구나….

원문은 "공호이단(攻乎異端) 사해야이(斯害也已)". 정도전은 『불씨잡변』에서도 똑같이 인용한 다음, 바로 그 아래에 감개 어린 평을 달아 놓았다. "해(害)라는 한 글자, 읽으면 사람으로 하여금 늠연(凜然)하게 한다." 늠연, 이 말은 원래 춥고 차갑다는 뜻이다. 여기서 엄숙하고 정숙하고 뻣뻣하게 굳은 모습, 존경과 놀라움으로 숙연해진 모습이란 뜻이 연상되어 나왔다. 실제 정도전의 마음과 모습이 그랬을 것이다. '이 글자를 읽을 때마다 섬찟하고 두려워 몸과 마음이 숙연해진다. 이단은 해롭다.'

공(攻)이라는 글자, 때린다는 뜻이다. 치고 때리고, 그래서 공격(攻擊)이다. 그런데 주자는 이 글자를 '전치(專治)'라고 읽었다.* 전념을 다해 연구한다는 뜻이다. 이후로 『논어』의 이 글자를, 전치(專治) 또는 전공(專攻) 등으로 읽기 시작했다. 이단을 전공한다? 이단에 대해서 애써 공부하고 연구하면 해롭다는 해석이다. 하지만 성인의 말씀이 그렇다는 뜻이고, 연구나 전공은커녕 이단에 대해 알려는 마음도 내지 말라고 한다. 이단의 글은 보는 족족 태워 없애야 한다고 가르친다. 연구 가능성을 봉쇄하고 아예 씨를 말리자고 한다. 공(攻)이라는 글자, 뭔가 이상하다. 이런저런 까닭에 맹자와 주자를 성인으로 섬기는 이들 사이에서도 이 글자, 이 새김에 대해서는 의심과 논란이 끊이지 않았다.

이 장(章)의 공(攻)이라는 글자를 '힘으로 때린다'는 뜻으로 해석하게 되면, "사람이 어질지 못하다고 심하게 미워해도 혼란이 온다."는 구절과 뜻이 같소. 그런데 주자(朱子)가 굳이 전치(專治)라고 해석한 까닭은 무엇이오?**

똑똑한 임금 정조가 똑똑한 신하 서준보(徐俊輔, 1770~1856)와 『논어』를 함께 읽는다. 정조는 평소부터 이 구절이 마땅치 않았다. 주자의 『논어집주(論語集註)』에서 가장 의심스런 구절이라고도 했다.

이 장(章)의 뜻을 또 "이단은 참으로 공격할 수 있다. 그러나 공격한다는 말은 강력하게 때린다는 것이다. 만일 강력하게 때린다면 이단의 사람들도 반드시 맞서려고 할 것이니, 도리어 해가 될 것이다." 이런 식으로 새긴다면 부자(夫子)의 뜻에 어긋나는 것이오?***

똑똑한 임금의 야무진 질문, 똑똑한 신하의 대답은 짧고 단호하다.

주자의 장구(章句)를 어찌 감히 고치겠습니까?****

원문은 하감자황(何敢雌黄)이다. 자황(雌黄)은 유황 성분을 가진 광물로 노란 빛을 내는 안료로 쓰였다. 옛날에는 누런 종이를 써서 책을 만들었기 때문에, 오자를 발견하면 누런 먹을 바르고 그 위에 고쳐 썼

● 　주자, 「위정제이(爲政第二)」, 『논어집주(論語集註)』 권2.
●● 　정조(正祖), 「노론하전(魯論夏箋)」, 『홍재전서(弘齋全書)』 122권. 『논어』의 다른 구절을 들어 다른 해석의 가능성을 제시한 것. 정조의 답답함이 느껴진다.
●●● 　위와 같음.
●●●● 　위와 같음.

다고 한다. 워낙 감쪽같이 고치는 자들도 있어, 자황은 엉큼한 속임수를 가리키는 말이 되었다. 장바닥 장사치의 속임수라면 모를까, 주자의 장구를 속이고 고친다면 그런 자가 바로 사문난적(斯文亂賊)이다. 감히 꿈도 꾸지 말라는 말이다. 그런데 이 대화를 나눈 때가 정조 24년(1800)이다. 정조는 이해 6월 28일 승하했다. 저 임금은 죽을 때까지 저토록 치열하게 글을 읽었다. 의심하고 물었다. 감히 엉큼하게 고치는 자는 과연 누구일까?

> 부자(夫子)가 이르되 "이단을 공격하면 해가 될 뿐이다."라고 했다. 하필 다른 것에 집착하고 같은 것을 몰라, 다투어 시비(是非)를 짓겠는가?*

공자의 말씀은 간경도감에서 출간한 『원각경언해』에도 나온다. 당나라 종밀(宗密, 780~841)의 글이다. 뜻은 분명하다. '공(攻)'도 '이단'도 글자대로 읽는다. 이단은 서로 다른 저 끝, 저 극단이다. 불교에서는 유교니 불교니, 대상을 굳이 규정하지 않는다. 한 집안 안에도 극단은 있고, 불교 안에도 이단은 있다. 내 집 안의 이단이 다른 집의 주장보다 더 극단으로 멀어질 수도 있다. 아무튼 생각이 다르다고 공격할 것도 시비 걸 것도 없다는 말이다. 굳이 그러지 않겠다는 뜻이다. 대장경에도 공자의 이 말씀은 자주 등장한다. 주로 후대의 주석서에서 인용한다. 하지만 부처가 직접 설했다는 경전을 번역하면서 이 구절을 쓴 경우도 있다. 지혜를 가로막는 열 가지 장애를 설명하면서 그중의 하나로 공호이단(攻乎異端)을 꼽는다. 이단을 공격하는 일은 지혜를 속이고, 지혜를 가로막는 일이라고 한다.**

자기가 당면한 문제, 지혜는 그런 문제를 풀기 위한 것이다. 문제를 풀면 되는 것이지, 제 문제는 제쳐놓고 같니 다르니, 시시비비에 매달리지 말라는 가르침이다. 시비는 논점을 흐리고 문제에서 멀어지게 한다. 그래서 자기에게도 이단에게도 해로울 뿐이다. 이 경전을 번역한 반야(般若)는 북인도 계빈국(罽賓國) 사람이다. 계빈국은 카시미르 지방, 지금의 인도-파키스탄-중국의 접경에 있던 나라였다. 반야는 781년 당나라 장안으로 들어와 788년에 이 경전을 번역했다. 이때만 해도 공자의 저 구절, 보통은 저렇게 이해하고 저렇게 새겼다. 후대의 저술에서도 불교권의 해석은 한결같다. '이단을 공격하는 일은 해롭다.' 정조가 새기고 싶었던 바로 그런 뜻이다. 이렇게 새기면 공자도 부처도 안전하다. 이단도, 시비도, 공격도 없다.

공(攻)이라는 글자 하나, 주자의 관점과 해석에 따라 뜻이 정반대로 갈렸다. 이후로 공자의 저 구절은 이단을 배척하는 가장 큰 근거가 되었다. 주자는 이 구절에 의거하여 이단을, 불교를 배척하는 이념을 세웠다. 정도전은 그 구절, 그 글자에 늠연했다. 정도전은 그런 이념의 가장 충실한 후계자가 되었다.

도전(道傳)은 타고난 자질이 똑똑하고 재빨라 어려서부터 배우기를 좋아했다. 많은 책을 널리 읽어 의논이 광범하고 정통했다. 항상 후배를 가르치고, 이단을 배척하기를 자기의 임무로 삼았다.•••

• 　종밀(宗密), 「원각경약소초(圓覺經略疏鈔)」, 『원각경언해』.
•• 　반야(般若) 역, 『대승리취육바라밀경(大乘理趣六波羅蜜經)』.
••• 　『태조실록』 14권, 태조 7년(1398) 8월 26일.

글자 하나에 야단을 떨 거야 없겠다. 그래도 저 글자, 곰곰 씹어보면 조선의 역사, 나아가 우리 역사의 묘한 운명을 보는 것도 같다. 역사의 줄기를 바꾼 비밀이랄까…. 주자의 해석, 주자의 이념은 조선에서 유례가 없는 큰 성공을 거두었다. 고려는 세상에서 불교 책을 가장 많이 갖고 있던 나라였다. 그 많던 불교 책, 불과 한두 세기 만에 씨가 말랐다. 도태된 것은 승니가 아니라 책이었다.

조선은 임금이 현명하여 중국에 버금가는 나라입니다. 옛날 책을 보면, "처음 불교가 여러 나라에 퍼질 때, 조선은 중화(中華)가 될 뻔하였으나 나라가 작아 중화가 되지 못했다."고 했습니다.*

명나라 황실의 여수재(女秀才)가 했다는 말이다. 여자 수재(秀才)는 명나라의 관직이다. 똑똑한 여자를 뽑아 궁중에 들여 수재의 역할을 맡겼다. 이런 여인들을 여사(女史)라고 불렀다. 불교가 처음 대륙에 퍼지던 시대, 우리에게는 삼국시대가 되는 그 시대, 우리의 문화는 과연 화려했다. 중화라는 말은 지역을 의미하기도 하지만 문화를 가리키기도 한다. 세계를 이끄는 중심의 문화, 문화의 중심이다. 그 시대 조선의 문화는 과연 거의 중화였다. 그런 문화를 불교가 이끌었다. 그런 시대도 있었다. 명나라 여수재가 읽었다는 옛날 책, 그런 책은 어디로 갔을까? 이단의 딱지를 건 극단의 공격, 예나 지금이나 효과는 만점이다. 그러나 극단의 일에는 극단의 후유증이 남기 마련이다.

중국 역사에서 가장 강렬하게 이단을 배척했던 이들이 맹자와 한

● 『세종실록(世宗實錄)』 26권, 세종 6년(1424) 10월 17일.

유, 그리고 주자였다. 이들의 공통점 중의 하나가 이른바 도통(道統)에 대한 신념이다. 정통을 중시했다는 뜻이다. 도통이니 정통이니 필요하기도 하겠지만, 그 말 안에 이미 후유증을 안고 있다. 시비(是非)를 달고 살아야 하기 때문이다. 도통과 정통이 이어져야 하듯, 시비도 따라서 함께 이어지기 때문이다. 그래서 도통론이 강하면 강할수록 이단의 시비는 커지고 다툼도 격해진다. 주자의 이념과 정도전의 정책, 불교라는 이단을 배척하고 물리치는 데는 성공했을지 몰라도 이단의 후유증에서 벗어날 수는 없었다. 이단이 사라지면 새로운 이단을 찾아야 하고, 새로운 이단을 찾으면 새로운 시비가 생기기 때문이다. 한번 빠지면 벗어나기 힘든 이단의 질곡이자 함정이다.

맹자는 양주(楊朱)와 묵적(墨翟)을 배척하기를, 홍수나 맹수에 비겼다. 홍수는 사람을 빠뜨려 죽이고, 맹수는 사람을 잡아먹으니 없애버려야 했다. 또한 정자(程子)와 주자(朱子)에 이르러는 불씨(佛氏)와 노씨(老氏)를 배척하기를, 비계 기름이 더럽히듯 꺼렸다. 그 이치가 비슷한 것이 진리를 크게 어지럽히기 때문이었다.

성스러운 임금이 나지 않고, 세상이 이어 다스려지지 않으니, 백성들의 가난과 고생이 극에 달했다. 어진 사람과 군자라면 이를 구제할 방법을 모색하는 것이 눈앞에 닥친 급한 일이라 하겠다. 그 원인을 따져보면 모르긴 해도 이단의 탓은 아닌 것 같다. 한퇴지(韓退之)는 「원도(原道)」를 지어 불노(佛老)를 배척하였다. 그 말에 "농사짓는 집은 하나인데, 곡식을 먹는 집은 여섯이다. 공(工)과 상(商)도 다 그렇다."고 했으나 이는 지엽적인 문제인 것 같다.

세상은 시들고 정치는 어지러워지니 편안히 앉아 받아먹고, 겁을 주어 강탈하기도 한다. 들에서 일하는 사람들이 편히 쉬지도 못하고, 힘을 쓰지도 못하고, 또한 제 힘으로 얻은 것을 제가 먹지도 못하게 하는 것이 불노(佛老)와 무슨 상관이 있는가? 안타깝구나, 한퇴지의 말이 통론(通論)은 아니구나.*

임금도 신하도 처음부터 이런저런 의심은 있었다. 모든 문제의 원인을 이단에 덮어씌우고, 이단을 배척하고… 당연 정답은 아니다. 망할 놈의 고려, 문제야 물론 많았겠지만 그게 다 이단의 탓은 아니다. 이단을 배척한다고, 아예 씨를 말려버린다고, 문제가 없어질 리 없다. 정종도 의심했고 정조도 의심했다. 정종은 그냥 얼렁뚱땅 넘기고 말았지만, 정조는 딱 부러지게 논리를 대어 의심했다. 하지만 그럴 때마다 신하들은 '어디 감히 주자의 말씀을…' 운운하며 단순하고 완강하게 배격했다. 의심도 문제도 묵고 곯는다. 성호 이익(李翼, 1681~1763)의 의심은 실학의 의심으로 이어졌다. 하지만 때는 늦었고, 대세는 굳어졌다. 극단의 이단론이 판치던 나라, 사색당파의 피바람도 우연이 아니다.

● 이익(李翼), 「이단(異端)」, 『성호사설(星湖僿說)』 14권.

할 수 없는 일을
해낸 임금

사간원에서 상소하여 이르기를, (중략)

삼대(三代) 이전에는 불(佛)이란 것이 없었습니다. 한나라 명제(明帝) 때에 이르러 그 법이 퍼지기 시작했고, 양(梁)나라와 진(陳)나라 때에 점점 왕성해졌습니다. 그 가르침이란 것이 본래 청정(淸淨)과 적멸(寂滅)을 으뜸으로 삼으니, 천하의 국가에 속한 것이 아닙니다. (중략) 그 무리는 헛된 거짓말, 화복(禍福)의 응보설로 선(善)을 권장한다고 하면서 여염을 거리낌 없이 다니며, 어리석은 백성을 홀려 그 재물을 빼앗습니다. 심한 자들은 신도들이 시주한 재물을 그저 자기만을 위한 자산으로 삼습니다. 그 스승의 청정하고 적멸한 가르침은 어찌된 것이겠습니까? '이른바 한 사람이 밭을 갈아 열 사람이 먹고, 한 사람이 길쌈을 지어 열 사람이 입는다.' 는 것입니다. 어찌 백성이 배고프고 춥지 않겠습니까? 한유(韓愈)가 「원도(原道)」를 지어 (중략)

상(上)께서 윤허하지 않았다.**

•• 『세종실록』 12권, 세종 3년(1421) 7월 2일.

깨끗하고 고요한 가르침, 그러나 백성을 속이는 헛된 거짓말, 일하지 않으면서 부족한 밥과 옷을 빼앗아 호사하는 승니(僧尼), 이들을 배척하고 도태해야 하는 명분. 개국 초기의 혁명공약에 견주어 변한 것이 하나도 없다. 과거의 역사를 바라보는 눈도, 한유의 「원도」를 인용하는 것조차 똑같다. 세종의 시대만 해도 작은 빌미만 있어도 비슷한 상소문이 줄을 잇는다. 때가 다르고 빌미가 달라도 이들 상소문은 놀라울 정도로 똑 닮았다. 똑같은 역사, 똑같은 이념, 똑같은 비판을 반복한다. 장황하고 간절하다는 점도 똑같다.

상께서 기쁘게 받으며 윤회(尹淮) 등에게 이르셨다.

경들의 상소는 참으로 이치에 맞는다. 다만 불씨(佛氏)의 법이 들어온 지가 이미 오래되어 갑자기 모두 개혁하기는 어렵다. 경들은 매일 좌우에서 나를 도우니 다른 밖의 신하들과는 비교할 수가 없다. 정책의 잘잘못에 대하여 거리낌 없이 직언하여 내 뜻을 돕도록 하라.*

똑똑한 집현전의 학사들이 올린, 그러나 역시 똑 닮은 상소문, 그리고 똑똑한 임금 세종의 대답, 그의 명분 또한 똑같다. 꼭 해야 하지만 할 수 없었던 일, 승니를 도태하고 불교를 배척해야 한다는 약속. 세종은 아버지 태종으로부터 임금의 자리를 물려받으며 그런 약속도 함께 물려받았다. 이전 삼대에 걸쳐 하지 못했던 일, 세종은 그 일의 어려움을 잘 알고 있었다. 그 일을 마음속에 품은 채 기회를 기다리고

* 『세종실록』 12권, 세종 6년(1424) 3월 8일.

있었다.

　세종 6년 3월, 기다리던 때가 왔다. 집현전 제학(提學) 윤회(尹淮) 등이 올렸다는 위의 상소문, 이 상소문으로 드디어 발동이 걸렸다. '갑자기 모두 개혁하기 어려웠던 일', 세종은 이제 그 일을 실천할 준비가 되었다. 매일 좌우에서 세종을 모시던 집현전의 학사들, 그들에게 했다는 말은 여느 실록의 기록과는 차이가 있다. 거리낌 없이 직언하여 도와달라는 임금의 뜻, 원문은 여회(予懷)다. 세종이 마음속에 품고 있던 생각이고 일이었다. 며칠 뒤 3월 12일, 성균관의 생원 101명이 대궐에 모여 상소를 올렸다. 21일에는 예문봉교(藝文奉敎) 양봉래(梁鳳來) 등이 상소문을 올렸다. 집현전, 성균관, 예문관, 상소의 주역은 모두 젊고 패기발발한 당대의 엘리트들이었다. 실록에 남아 있는 임금의 하루, 그는 늘 하던 대로 경연에 나가 『대학』과 『논어』를 읽었다.

　그리고 4월 5일, 예조(禮曹)에서 불교 개혁을 위한 구체적인 방안을 담은 계(啓), 정식 보고서가 제출됐다. 일곱 개로 나뉜 불교의 종파를 선교(禪敎) 양종으로 통합하고, 수많은 전국의 절을 정리하여 선종과 교종에 각각 18개의 절, 모두 36개의 절만을 남기고 혁파하겠다는 내용이었다. 그리고 사찰의 규모를 따져 지급해야 할 땅의 규모와 절에 상주하는 승려의 숫자까지 임의로 정했다. 이 보고서의 내용은 참으로 흥미롭다. 요즘에도 남아 있는 절, 언뜻 보아도 개혁의 과격함을 짐작할 수 있다. 나라가 강제로 개혁하여 단 36개의 사찰이라니, 요즘으로 치자면 한 동네의 십자가 수보다 적다.

선종 소속 사찰 18곳, 전지(田地) 4,250결

사찰 명	기존 보유 전지	추가 지급	상주승의 수
1 홍천사	160결	90결	120명
2 숭효사	100결	100결	100명
3 연복사	100결	100결	100명
4 개성 관음굴	45결	105결＋100결	70명
5 경기 양주 승가사	60결	90결	70명
6 개경사	400결	·	200명
7 회암사	500결	·	250명
8 진관사	60결	90결＋100결	70명
9 고양 대자암	152결 96복(卜)	97결 4복	120명
10 공주 계룡사	100결	50결	70명
11 진주 단속사	100결	100결	100명
12 경주 기림사	100결	50결	70명
13 구례 화엄사	100결	50결	70명
14 태인 흥룡사	80결	70결	70명
15 고성 유점사	205결	95결	150명
16 원주 각림사	300결	·	150명
17 은률 정곡사	60결	90결	70명
18 안변 석왕사	200결	50결	120명

교종 소속 사찰 18곳, 전지 3,700결

사찰 명	기존 보유 전지	추가 지급	상주승의 수
1 흥덕사	250결	·	120명
2 광명사	100결	100결	100명
3 신암사	60결	90결	70명
4 개성 감로사	40결	160결	100명
5 해풍 연경사	300결	100결	200명
6 송림 영통사	200결	·	100명
7 양주 장의사	200결	50결	120명
8 소요사	150결	·	70명
9 보은 속리사	60결	140결	100명
10 충주 보련사	80결	70결	70명
11 거제 건암사	50결	100결	70명
12 합천 해인사	80결	120결	100명
13 창평 서봉사	60결	90결	70명
14 전주 경복사	100결	50결	70명
15 회양 표훈사	210결	90결	150명
16 문화현 월정사	100결	100결	100명
17 해주 신광사	200결	50결	120명
18 평양 영명사	100결	50결	70명

이 보고서의 끝에는 '종지(從之)', 단 두 글자가 기록되어 있다. 이 보고서에 대한 세종의 반응은 '이를 따랐다'라는 게 전부다. 과격한 개혁이라지만 임금의 일상은 변함없이 평온하다.

태조가 정도전의 경륜을 따라 내걸었던 혁명공약 '태승니', 그러나 차마 못하고 미뤄두었던 일. 보고서의 내용을 찬찬히 살펴보면 이 공약이 명실상부하게 실현되었다는 사실을 알 수 있다.

1. 무리들을 모았다. 종파를 선종과 교종으로 통합하여 무리를 짓게 하고 종파별로 도회소(都會所)를 두어 각 사찰을 관리하도록 했다.
2. 승니의 학문과 행동을 자세히 살필 수 있는 길을 열었다. 종파의 도회소에 지도자를 두어 사찰과 승려들의 일을 살피도록 했다.
3. 도태의 방법을 제도화했다. 절의 숫자와 상주하는 승려의 인원수를 극도로 제한하여 수만의 승려들을 돌려보내고, 이후 출가의 길을 제도적으로 막았다.
4. 양종의 종파를 국가의 관리 하에 제도화하여, 성리학 선비들이 불교의 승니를 제도적으로 장악할 수 있는 길을 열었다.

혁명이니, 혁파니, 개혁이니, 말이야 어떻든 이런 일은 동서고금에도 드문 일이다. 저 때 세종은 스물여덟 살이었다. 전쟁터를 누비며 혁명을 이뤄냈던 태조와 태종도 못했던 일, 젊은 임금의 단호한 일머리랄까. 놀랍다 못해 소름이 끼칠 지경이다.

철부지의 행패와
이단의 임금

세종 24년, 1442년 11월 26일, 서울의 서부와 중부 학당의 어린 학생 10여 명이 동소문 밖으로 나들이를 갔다. 모처럼 나들이에 술이라도 한잔 걸쳤을까, 인근의 절 보등사(寶燈寺)로 몰려가 중의 무리를 묶어놓고 불경과 면포를 빼앗았다.[*]

서울에 있었다는 네 군데, 또는 다섯 군데의 학당. 조선의 학당은 예닐곱 살 어린아이들부터 십대 소년들이 공부하던 학교였다. 철부지 유생들이 절에 가서 행패를 부리던 이야기는 유별날 것도 없다. 동네마다 늘 있던 일이었고, 조선 건국 초기부터 끊이지 않던 일이었다.[**]

예를 들어 『성종실록』에는 읽기에 민망할 정도로 자세한 기록도

- [*] 『세종실록』 98권, 세종 24년(1442) 11월 26일.
- [**] 『태조실록』 3권, 태조 2년(1393) 3월 20일, "상께서 동부학당의 교수관 이격(李格)에 게 '너는 어찌 미친 아이들이 멋대로 절을 더럽히고 부수게 놓아두었느냐?'고 꾸짖고, 곤장을 치려다 말았다. 그러고는 오부학당(五部學堂)에 명하여 절에 가지 못하도록 했다."

남아 있다. 유생들이 시내 원각사(圓覺寺)에 들어가 연못에서 목욕하고 불결한 물건을 버리다가 중들과 패싸움을 벌였다는 기록이다. 불결한 물건은 무엇일까? 며칠 뒤 의금부 조사에 따르면 연못가에서 방시(放屎), 곧 똥을 누었다고 한다. 서슬이 시퍼렇던 세조가 큰 뜻을 세워 건립한 원각사. 저 이팔청춘의 유생들은 역시 세조가 존경했던 고승 학조(學祖)에게도 폭행을 서슴지 않았다. 세조의 서슬에 억눌렸기 때문이었을까, 세조가 승하하고 성종이 즉위한 직후부터 서울 한복판의 원각사는 온갖 논란, 스캔들의 현장이 되었다. 이 사건이 굵직한 스캔들로 기록된 까닭도 이를 고발한 당사자가 바로 인수대비, 연속극의 주인공으로 널리 알려진 불심 깊던 여걸이었기 때문이다.*

성종의 명으로 의금부 옥에 갇혔던 다섯 명의 범인들은 어떤 처벌을 받았을까? 이들을 옥에 가둔 직후부터 이른바 구속 논란이 벌어졌다. 의금부 도사가 직접 나서 열다섯 살 나부랭이들을 구속할 것까지야 없다는 품계를 올린다. 임금의 특명도 아랑곳없다. 철없는 아이들이 폭행하고 똥을 누고… 행패가 좀 지나치긴 했지만, 이단을 물리치려는 결기까지 꺾어서는 안 된다는 게 당시 사대부의 여론이었다. 이른바 정상참작이다. 폭력을 주동하고 똥을 눈 주범은 곤장 100대, 나머지는 90대에 처하되, 매 값을 속바치는 것**으로 사건은 종결되었다. 매 값을 내면 그만이라니 하여간 돈이 있는 사람들은 몸 상하는 일도 없었겠다.

상(上)께서 승지 등에게 이르시기를,
앞서 유생들이 산사에 놀러 가서 중들을 때렸다고 하기에 내가 의금부에 가두고 조사하도록 했다. (그러자) 유생들이 모두 나를 가리켜 불교를 숭상한다고 했다. 내가 어찌 불교를 숭상하여 유생들에게 억울한 죄를 씌우겠는가? 나라의 임금이 사람이 죄를 지었다는 말을 들으면 마땅히 시비를 가려야 한다. 유생의 도리라면 마땅히 마음을 가다듬고 성품을 길러 사악한 소리들을 물리쳐야 한다. 어찌 중들을 때리는 일을 가지고 이단을 물리친다고 하는가? 교관 또한 잘 가르쳐 철저하게 금지하지 못했으니, 나는 그럴 의지가 없었다고 여긴다. 그대들은 이런 뜻으로 대신들을 설득하도록 하라.•••

　　우리에게 세종대왕은 성인에 버금가는 명군이다. 앞서 세종의 속마음이라는 표현을 썼다. 『세종실록』에 간간이 남아 전하는 세종의 면모, '노비도 백성인데…', '죄수도 백성인데…', '중도 백성인데…'. 당연한 듯싶기도 하지만 조선시대 어디에서도 이런 말, 이런 마음 쉽게 찾을 수 없다. 한 나라의 공식 문서에 남아 있는 임금의 말, 신하들이 올린 상소문은 길지만 임금의 말은 짧다. 기록이 그렇다. 그래서 그런지 유난히 애틋한 마음이 느껴진다. 힘들고 어려운 사람들을 배려하는 마음이다. 그들의 임금이라서 그랬을까? 세종이란 인물, 법령을 정비하고 법에 따라 나라를 다스리려고 애를 썼다. 요즘의 잣대로 따져보아도 놀라울 정도로 합리적인 인물임이 틀림없다. 그런데 그런 성군의 말씀을 학당의 철부지들도 겁내지 않는다. 멀리 갈 것도 없다. 바

• 　　『성종실록(成宗實錄)』141권, 성종 13년(1482) 5월 13일.
•• 　속바치다: 죄를 면하기 위하여 돈을 바치다.
••• 　『세종실록』98권, 세종 24년(1442) 11월 30일.

로 몇 달 전, 성균관과 학당의 학생 26명이 삼각산 암자에 들어가 패싸움을 벌였다. 그날의 기록에는 중들이 떼를 지어 학생들을 함정에 빠뜨려 폭행했다고 나와 있다.

> 그때 유계문(柳季聞)이 형조판서였는데, 그 아들이 덕방암(德方庵)의 중으로부터 배우고 있었다. 그래서 계문(季聞)이 분노했던 것이다. 사림(士林)이 잘못이라 여겼다.*

『세종실록』의 기록이 이렇다. 시시비비가 있을 법도 한 사건이지만, 이후의 기록을 보면 사림의 여론도 실록을 기록한 사람도 분명 치우쳐 있다. 세종 때만 해도 비슷한 사건이 줄곧 있었고, 세종 자신이 간곡하게 주의를 주었다. 그래도 아이들은 당당하다. 명분이 있고, 뒷배가 있고, 돈이 있기 때문이다. 임금의 말을 어겨도 어릴 적 행패는 오히려 훈장이 되었다.

중이 됐건 노비가 됐건 사람을 때리고 물건을 빼앗고, 600년 전이라고 다를 게 무얼까? 상식으로도 법으로도 인륜으로도 옳지 않은 일이고, 죄를 지었으면 법에 따라 벌을 주면 그만이다. 누차 타일러도 반복해서 행패를 부리는 아이들, 아이들을 감싸고돌며 폭력조차 영웅시하는 신하와 사림. 죄를 지은 자에게 벌을 주자니 불교를, 이단을 숭상한다고 아우성친다. 임금에게조차 이단을 명분으로 협박을 한다.

그 임금이 누구인가? 개국의 혁명공약, 이념과 사상투쟁으로 시

● 『세종실록』 98권, 세종 24년(1442) 7월 21일.

작한 태승니, 괄괄한 태조도 태종도 실천하지 못했던 개혁을 치러낸 세종이다. 혁명의 공약대로 성리학 선비들은 승니의 학행을 살펴 도태시킬 수 있는 제도를 갖게 되었다. 그래서 대부분의 절은 민가가 되었고, 대부분의 승니는 사람이 되었다. 이단의 불교는 이미 치명상을 입었고, 선비들이 바라던 선비들의 나라가 되었다. 세종은 그런 나라에 용의 눈알을 그려 넣은 임금이었다.

"유생들이 모두 나를 가리켜 불교를 숭상한다고 했다." 실록의 기록만 보아도 이른바 선비와 사림, 맹랑하다. 어찌 보면 단순한 폭행사건이다. 이미 나라를 장악한 선비들, 뭐 저렇게까지 호들갑을 떨까? 형조판서 유계문(柳季聞, 1383~1445)의 경우는 더욱 희한하다. 이단을 도태한 성리학의 나라에서 형조판서라면 최고위 공무원이다. 그런데 그의 아들이 이단의 중으로부터 뭔가를 배우고 있었다고 한다. 세상의 권력과 이념을 독점한 선비들, 사람도 아니라던 중으로부터 뭘 더 배울 것이 있었을까? 성리학의 나라라니 과연 손가락질을 받아도 마땅한 짓이겠다. 그런데 실록의 사관은 한 걸음 더 나아가 아이들의 폭행사건을 여기에 연결시킨다. 계문(季聞)이 분노하고, 사림이 손가락질하고, 사관은 이를 실록에 기록했다. 이 기록만 보자면 이미 이 나라, 뭔가 속으로 곪기 시작했다. 이단의 화살은 더 이상 불교가 아니다. 이단의 화살은 성리학 선비들 스스로를 향하고 있다. 이단을 심사하고 검증하는 일을 넘어, 자기검증을 요구하기 시작했다는 뜻이다.

내가 그대들의 말을 살펴보니 말뜻이 간절하다. 이렇게까지 조목조목 따지지 않더라도 내가 어찌 모르겠느냐? 그러나 사리각은 이미 수리를 마쳐 완성되었다. 어찌 제사를 지내지 않을 수 있겠느냐?

불법(佛法)이 천하에 두루 퍼졌고, 우리나라는 여뀌 잎처럼 작은데, 이 같은 불법을 깡그리 배척할 수는 없다.*

'여뀌 잎처럼 작은 나라', 원문은 소여료엽(小如蓼葉), 『삼국유사』에도 나오는 말이다.** 여뀌 잎은 손가락처럼 작고 가늘다. 우리나라는 그때나 지금이나 그렇게 작은 나라였다. 고구려나 발해, 대륙을 넘나들던 추억도 있었다지만, 어느새인가 우리 조상들의 생각이 그렇게 바뀌었다. 세종의 생각도 그랬다. '깡그리', 원문은 일절(一切)이다. 도태도 할 만큼 했고, 이만하면 됐다는 뜻이다.

그런데 집현전 부제학이었던 최만리는 이 말을 듣고, 분인(憤咽)과 경해(驚駭)라는 표현을 썼다. 분하고 원통하고, 그래서 목이 막히고 놀라 자빠지겠다는 말이다. 임금한테 들이대는 말이라기엔 과격하고 험악하다. 태승니라는 혁명공약은 이루어졌다. 성리학 이념은 조선을 장악했다. 사림은 그래도 만족할 수 없었다. 말 그대로 '일절(一切)', '깡그리'를 향한다. 형조판서도 임금도 예외는 없다. 벗어나는 자는 모두 이념의 적이고 혁명의 적이다. 이러한 근본주의, 이단은 거듭 이단을 부른다.

'일절(一切)', '깡그리' 이런 표현이야말로 이상이고 이념이다. 그런 것은 꿈이나 머릿속에서나 존재한다. 병균이 나쁘다지만, 병균을

● 　『세종실록』 94권, 세종 23년(1441) 윤11월 11일.
●● 　일연, 「가락국기」, 『삼국유사』 권2.

깡그리 죽여 없앨 수는 없다. 완벽한 멸균의 공간, 그럴 수도 없겠지만 그럴 필요도 없다. 멸균에는 부작용도 따른다. 우리 몸에 꼭 필요한 균도 있다. 열심히 공부하고 운동하고, 몸과 마음이 건강해지면 면역력도 따라서 길러진다.

위선과
불신으로
열린 언로

매년 연말 대시별감을 보내 절과 산천에서 복을 빌게 하였는데 이를 '연종환원(年終還願)'이라고 불렀다. 이때가 되어 예조에서 그 절차에 대해 아뢰었다. 상(上)께서 참찬 변계량(卞季良)에게 눈짓하여 일렀다.

"연종환원은 복을 비는 일이자 숭불(崇佛)의 원인이다. 요즘 부처 섬기는 일을 없애 거의 사라졌다. 다만 선왕(先王)과 선후(先后)의 기일에 올리는 재(齋)는 차마 없애지 못했지만, 번잡한 것을 줄이기는 했다. 연종환원은 과인의 복을 비는 일이다. 혹 복을 얻는 이치가 있다 하더라도 너절한 일이 될 텐데, 하물며 이치조차 없지 않은가? 이제부터 없애는 것이 어떻겠는가?"

계량이 묵묵히 대답하지 않았다. 원숙(元肅)이 대답하기를, "신들도 이치가 없다는 걸 잘 압니다만, 상(上)을 위해 드리는 기도여서 감히 말씀드리지 못했습니다."라고 했다. (중략)

상께서 곧 절에서 복을 비는 일은 폐지하고, 산과 바다, 강에서만 제사하도록 했다.[•]

실록이 그리는 스물다섯의 젊은 세종. 자잘한 에피소드일 수도 있겠지만, 이런 기록은 새롭고 재미있다. 이야기의 소재, 환원(還願)이란 말도 흥미롭다. 말대로 번역하면 '소원(所願)을 돌려주다'라는 뜻이다. 새해를 시작하며 빌었던 소원, 그해를 마치며 돌려준다는 말이다. 어디다 빌고 어디다 돌려준다는 말일까? 하늘일 수도, 부처일 수도 있고, 산천에 깃든 신령한 존재일 수도 있다. 환원은 말하자면 신령한 존재와의 약속이다. 삐딱하게 보자면 거래다. 소원에 대하여 값을 치르겠다는 것이다. 그래서 소원은 돌려주어야 완성된다. 그래야 또 다른 소원, 거래의 신뢰가 이어질 수 있다.

성리학의 조선, 불교만이 이단은 아니었다. 하늘과 땅과 바다, 산과 강에 깃든 온갖 신령한 존재들, 그들 또한 조선의 이단이었다. 오래전부터 나라의 제도로 정착한 이단. 이 또한 한 번에 모두 혁파할 수 없었다. 이런 모든 게 이단이라지만, 신령한 존재를 깡그리 혁파한다지만, 백성의 소원까지 깡그리 혁파할 수는 없다. 어리석은 백성만이 아니다. 똑똑한 선비들에게도, 성리학이라는 학문과 이념 안에도 소원은 있고, 신령한 존재는 있다.

의정부에서 계(啓)하였다.

"신들이 들자니, 흥천사에서 보공재(報供齋)를 지낸다고 합니다. 보공재는 예전에는 듣지도 못하던 것입니다. 멈추게 해주십시오."

"보새(報賽)는 이것만이 아니다. 다른 데서도 다 한다. 백성들 사이

● 『세종실록』14권, 세종 3년(1421) 12월 13일.

에서 하는 기도에도 또한 보답하고 감사하는 예를 많이 올린다. 이런 걸 한다고 무슨 해(害)가 될지, 못하게 한다고 무슨 이익이 있을지, 나는 정말 모르겠다."

허락하지 않았다.•

보공(報供)은 환원(還願)과 비슷한 뜻이다. 소원을 들어준 데 대하여 밥 한 그릇 대접하겠다는 뜻이다. 절에서 하는 환원은 공양, 곧 밥을 매개로 이뤄진다. 보새(報賽)는 『주례(周禮)』에도 나오는 오래된 풍습이다. 한 해의 농사를 감사하고 축하하는, 말하자면 동아시아의 추수감사다. 환원을 금지했던 스물다섯의 세종, 30년 가까운 세월에 이단도, 세종도 바뀌었다. 절에서는 환원이란 말을 바꿔 보공이란 이름으로 똑같은 재를 반복한다. 바뀐 것은 말뿐이다. 이제는 시큰둥한 세종, 누구나 어디서나 하는 시시한 일, 하거나 말거나 이제는 굳이 막을 필요조차도 느끼지 않는다. 이제는 늙어 전투 의욕이 떨어진 것일까?

"연종환원은 과인의 복을 비는 일이다. 혹 복을 얻는 이치가 있다 하더라도 너절한 일이 될 텐데, 하물며 이치조차 없지 않은가?" 너절한 일, 원문은 비루(鄙陋)다. 복을 받는다고 하더라도 자기 자신을 위하는 일은 하고 싶지 않다고 한다. 세종이라는 인물, 임금이니 지도자니 그런 걸 떠나 요즘 말로 '쿨한 사람'이란 생각도 든다. 그런 점에서 보자면 이십 대의 세종이나 오십 대의 세종, 크게 바뀐 것은 없다. 물려받은 나라의 정책을 일관되게 추진한다. 확신이 있더라도 거듭 묻고 확인한다. 그런 뒤에 스스로 판단하고 작은 것 하나라도 솔선수범 실

• 『세종실록』 124권, 세종 31년(1449) 6월 12일.

114

천한다. 할 말도 하고, 할 일도 한다.

그런데 세종과 이단의 일, 이 일에 자주 등장하는 인물이 있다. 변계량(卞季良, 1369~1430)이란 인물이다. 실록의 기록만 보자면 좀 만화 같은 캐릭터로 그려진다.

옛날 태종(太宗)을 모시고 잔치를 할 때 변계량(卞季良)도 있었다. 태종께서 (변계량에게) "경은 어째서 고기를 먹지 않는가?"라고 물었다. 계량은 얼굴빛이 바뀌었지만 끝내 실정을 고하지 않았다. 태종께서 "경이 나한(羅漢)에게 제사 지내려 한다는 것을 알고 있다."고 하시며 고기를 권하였다. 계량이 부처를 좋아한다는 사실을 모든 사람이 알고 있었다. 그런데도 굳이 감추는 것은 남들이 비난할까 두려웠기 때문이다.**

문형(文衡)이란 말이 있다. 요즘에는 법원 앞에 저울이 걸려 있다. 법관은 법을 저울질하는 자다. 조선에는 법에 앞서 글이 있었다. 문형은 글을 저울질하는 자다. 변계량은 조선 초 권근(權近, 1352~1409)과 하륜(河崙, 1347~1416)을 이어 20년 동안 문형을 담당했다. 권력으로 보나 명분으로 보나 정도전을 잇는 정통이었다. 성리학의 나라 조선, 문형은 지식과 사상을 상징하는 최고의 영예였고, 최고의 권위였다. 그는 세자 시절부터 세종의 스승이기도 했다. 그에 대한 세종의 신뢰, 의심의 여지가 없었다. 하지만 이단의 일만 나오면 그는 묵묵부답이다. 가타부타 말을 하지 않는다. 한 나라의 저울을 쥔 자, 글의 지존이 입을

●● 『세종실록』 111권, 세종 28년(1446) 3월 26일.

닫으면 어쩌란 말인가? 변계량은 옛날부터 그랬고, 본래부터 그랬다. 실록의 기록이 그렇다.

그러나 문장을 담당하는 대신으로 삶에 집착하고 죽기를 두려워하여 신(神)을 섬기고 부처를 섬겼다. 하늘에 제사 지내기까지 하지 않는 일이 없어 식자(識者)들이 비웃었다.*

뒤에 좀 더 자세히 살펴보겠지만 세종 28년 병인년은 숭불 문제로 임금과 사림이 격하게 대립하던 때였다. 세종은 신하와 사림의 비판이 옳지 않다고 생각했다. 그는 분명 외로웠다. 누구라도 편을 들어주길 바랐다. 하지만 편을 들어줄 만한 자들은 침묵하고 변명했다. 그래서 임금은 과거의 문형, 죽은 변계량을 기대어 비판했다. 말이 없는 까닭은 감춰야 할 게 있기 때문이고, 남들이 비난할까 두려워하기 때문이다.

무릇 정자(程子)와 주자(朱子)는 천하의 대현(大賢)으로 강력하게 이단을 배척했다. 오늘날 혹은 (이단의) 잘못을 절실하게 알아, 정자와 주자처럼 배척하는 사람도 있다. 혹은 선배 유학자들의 논리에 의지하여 (이단을) 미워하고 좋아하지 않는 자들도 있다. 혹은 자기는 속으로 아주 좋아하면서도, 거꾸로 남을 비난하는 자들도 있다. (앞의) 두 종류의 사람은 옳다. 그러나 자기는 좋아하면서도 남을 비난하는 자들, 나는 이런 자들이 정말로 밉다.**

* 『세종실록』 48권, 세종 12년(1430) 4월 24일.
** 『세종실록』 111권, 세종 28년(1446) 3월 26일.

이십 대의 세종은 스스로 판단했다. 그는 정자와 주자, 천하의 대현을 진심으로 믿었다. 그들의 이념을 따라 건국한 조선을 믿었다. 하지만 세종은 어느 때부터인가 느끼기 시작했다. 세종이 믿고 싶다던 사람들, 위선과 불신은 벌써부터 싹트고 있었다. 애꿎은 변계량, 그를 비웃었던 식자(識者)들은 누구였을까? 아무튼 그런 사람들이 주야장천 올리던 상소문, 그 안에 새로운 것은 하나도 없었다. 모두가 선배가 하던 소리, 앵무새처럼 반복할 뿐이었다. 30년을 들어온 똑같은 소리, 세종은 언제부터인가 진저리를 친다. 그러다 아예 입을 닫고 말았다. 임금과 신하, 조선의 언로(言路)는 21세기의 눈으로 보더라도 분명 탁월한 제도였다. 하지만 조선의 언로, 임금과 신하의 말길을 막은 것은 누구도 아닌 조선의 사림, 바로 그들이었다. 입으로는 정자와 주자, 천하의 대현을 외우면서도 감추고 두려워하던 선비들이었다. 그들의 소원, 그들의 환원은 어떤 것이었을까?

억불과
숭불 사이

태승니, 조선의 혁명공약을 실천했던 세종. 젊어서는 억불이나 배불의 상징과도 같았던 그가 어느 순간부터 자칭 타칭, 숭불의 임금, 이단의 임금으로 돌변했다. 돌변이라는 다소 거친 표현을 쓰는 까닭은 그 사이의 기록이 너무 단출하기 때문이다. 남은 기록에 비해 그 사이의 변화가 너무 극적이기 때문이다.

상께서 영응대군(永膺大君)의 집 동별궁(東別宮)에서 훙(薨)하셨다.
(중략)
성스러운 덕이 위대하여 사람들이 표현할 수조차 없었으니, 그때 해동의 요순(堯舜)이라 불렀다. 비록 혹 만년에 있었던 불사(佛事)를 들어 말하는 자들이 있지만, 향을 살라 예불한 적은 한 번도 없었다. 끝과 시작을 바르게 했다.●

● 『세종실록』 127권, 세종 32년(1450) 2월 17일. 훙(薨)은 제후의 죽음을 가리키는 표현이다. 천자의 죽음은 붕(崩)으로 표현한다.

『세종실록』의 맨 마지막 기사, 그리고 맨 마지막 구절이다. '해동의 요순과 만년의 불사', 대구가 참으로 절묘하게 걸렸다. 세상에 임금도 많다지만, 빈말이라도 요순에 비견되던 임금이 얼마나 될까? 게다가 요순의 가치를 종교로 믿고 따르던 나라 조선이니 더 이상의 찬탄이 없겠다. 그런 찬탄 뒤에 덧붙인 '만년의 불사'. 부처의 일, 이단의 일이다. 요순과 이단, 극단의 대구다.

세종이라는 한 임금, 한 인간의 만년, 온 나라 선비들이 그 임금, 그 인간에 맞서고 있었다. 고위 관료는 물론 사림의 상소문이 끊이지 않았고, 성균관과 전국의 어린 학생들도 동맹휴학으로 저항했다. 부처의 일, 이단의 일에 대한 저항이라고 했다. 세종 또한 고집스럽게 맞섰다. 이런 저항, 이런 고집, 500년 조선 역사에서도 흔한 일이 아니다.

종시이정(終始以正), '끝과 시작을 바르게 했다'는 사관의 마지막 말, 이게 아마도 세종에 대하여 사관의 견해가 개입할 수 있는 마지막 기회였을 것이다. 임금으로 32년, 짧지 않은 세월에 대한 마지막 총평이다. 그는 짐짓 '말하는 자들이 있지만…' 하고 에둘러 표현한다. 그도 역시 착잡하긴 했겠다. 읽기에 따라서는 객관적인 평가 같기도 하고, 변호를 하려는 듯도 싶다. 그래도 뭔가 불만과 원망의 어감이 느껴진다. 그의 말마따나 세종은 어쨌든 향 살라 예불한 적은 한 번도 없었다. 저 글을 적은 사관은 그러면 됐다고 생각했는지도 모르겠다. 과연 그럴까? 그렇다면 굳이 이런 말을 남길 필요까지 있었을까? '끝과 시작을 바르게 했다'에서 '바르다'는 말이 뜻하는 것은 무엇일까? 저 임금이 그렇게 끝까지 바른 길을 갔다면, 온 나라의 사림은 도대체 왜 그토록 집요하게 저항했던 것일까? 입까지 닫고 고집을 부리던 늙은 임금, 도대체 그의 속셈은 무엇이었단 말인가?

아무튼 이후로 세종이라는 임금을 알려고 하는 사람은 누구나 저 글을 읽어야 했고, '요순과 불사'라는 희한한 대구를 접해야 했다. 저 대구는 그렇게 세종을 상징하는 키워드가 되었다. 그렇게 세종은 억불의 임금에서 숭불의 임금이 되었다. 아니 억불의 임금과 숭불의 임금, 그 극단 사이에서 기묘하고 위태롭게 균형을 잡고 있다. 과연 세종의 불사, 사관은 어떤 뜻으로 저런 말을 쓰고 있는 것일까?

상께서 좌우에 물었다.
윤봉(尹鳳)이 최습(崔濕)에게 말하기를 "이 나라에서는 유학의 학설을 믿어 불사(佛事)를 좋아하지 않는다. 중국에서는 태조 황제 이래로 모두가 불사를 좋아했다. 홍희(洪熙) 황제가 제일 좋아하여 몸소 수륙재(水陸齋)를 열었다."라고 했다고 한다.
불교가 들어온 지도 오래인데, 중국이라고 어찌 선비가 없겠는가? 중국에서 부처를 좋아한다는 걸 정말 몰랐다는 말인가?
성달생, 서선, 권진, 안순 등이 아뢰기를 "신들도 호불(好佛)하는 일을 보았습니다." 안순이 다시 이르기를 "중국은 불교를 너무 심하게 좋아합니다. 중국 사람들은 이 때문에 나라의 운명이 길지 않다고 생각합니다."라고 했다.•

윤봉은 조선 출신으로 명나라의 태감을 지낸 환관이다. 최습은 조선의 환관이다. 명나라의 환관과 조선의 환관이 나누었던 이야기,

• 『세종실록』 50권, 세종 12년(1430) 11월 12일.

이 대화에도 조선의 혁명공약, 척환관과 태승니의 운명이 걸렸다. 명나라의 태감은 정4품 고위직이다. 일상의 수발이나 들던 조선 환관과는 격이 다르다. 명나라 환관 윤봉은 유력한 정치인이자 외교관이었다. 명나라의 사신으로 오가면서 조선의 외교와 정책에 적지 않은 영향을 끼쳤다. 바로 이날 임금의 친위대였던 별시위(別侍衛) 군인이 윤봉을 모욕하는 말을 했다고 곤장 100대의 중형에 처해지기도 했다. 명나라 사신 윤봉의 위세를 짐작할 수 있겠다.

이 이야기에서 호불(好佛)과 불사(佛事), 이게 무슨 뜻일까? 단서는 하나밖에 없다. 수륙재라는 불교 의식이다. 고려는 물론 조선에서도 틈틈이 행해지던 수륙재, 중국에서도 호불의 상징처럼 여겨지는 양무제(梁武帝, 464~549)가 시작했다는 불교의 대표적인 의식이다. 물과 육지의 온갖 중생들을 먹이고 위로하여 제도한다는 뜻을 갖고 있다. 이 의식에서 많은 사람들이 천하의 중생을 가엾게 여기는 마음으로, 함께 보시를 하고 정진을 한다. 그렇게 하면 천하가 평안해질 것이라는 믿음에서였다. 유력한 고승이나 임금이 참여하는 수륙재는 그 규모가 상상 이상으로 크고 화려하여 폐해 또한 적지 않았다. 두 나라 환관의 대화, 그들에게 불사는 곧 수륙재와 같은 거창한 행사였다. 그들에게 호불은 거창한 불사를 좋아하고 즐겨 하는 일이었다. 호불이 불사고 불사가 수륙재라면, 우리나라도 중국도 잦은 호불로 국고가 낭비되고 국론이 분열하여 나라가 위태로워지는 경우도 없지 않았다. 그런 불사와 호불은 역시 해롭다.

『세종실록』을 마무리하던 사관의 말 '만년의 불사', 이 말의 뜻도 비슷하다. 절을 짓는 일이었고 의식을 행하는 일이었다. 세종의 만년, 임금과 사림은 이런 불사, 이런 호불을 두고 격렬하게 맞섰다. 세종의 만년은 불행했다. 적어도 실록의 기록에 따르면 그렇다. 사랑하는 두 아들과 왕후가 줄줄이 세상을 떠났다. 건강도 빠르게 나빠졌다. 그래서 그런지 세종의 호불과 불사, 자연스럽게 그의 인간적인 불행을 연상하는 경우가 많았다. '저 임금이 대단한 분이지만 만년에는 좀…' 사관의 심사, 어감이 대체로 그렇다.

> 그 무리는 헛된 거짓말, 화복(禍福)의 응보설로 선(善)을 권장한다고 하면서 여염을 거리낌 없이 다니며, 어리석은 백성을 홀려 그 재물을 빼앗습니다.•

슬프고 아팠던 임금, 세종은 과연 요망한 중들의 저런 거짓말과 화복의 응보설에 홀려, 신비한 부처의 가피에 기대기 위해 불사를 했던 것일까? 신하와 사림은 그래서, 지나친 호불로 인해 국고가 낭비되고 국론이 분열하여 나라가 망할 거라고 걱정했던 것일까? 하지만 세종이 했다던 불사, 절을 짓고 의식을 했다 하더라도, 저 황제의 경우나 고려의 호사에는 비교조차 할 수 없는 초라한 규모였다. 작은 불사가 씨가 된다 걱정을 하지만, 단지 그게 정말 슬프고 아픈 임금을 그렇게도 매몰차게 비판하고 비난했던 이유였을까?

여기에 두 가지 풀리지 않는 의심이 남는다. 첫째, 슬프고 아팠다는 세종, 그는 정말로 화복응보설 따위의 거짓말에 홀려 무리하게 불사를 벌였던 걸까? 세종의 숭불, 만년의 불사가 그런 일이었고, 세종이란 인물이 그렇게 어리고 약한 사람이었다는 뜻일까? 둘째, 거꾸로

• 『태조실록』, 앞의 글.

정도전을 비롯하여 조선 건국을 이끌었던 성리학의 이론가들, 이들은 호불과 불사 이 정도의 명분으로 태승니를 주장했던 것일까?

윤봉과 최습의 대화를 두고 세종과 신하들이 나눈 대화의 기록을 읽다보면 '저 사람들 정말 바보 아니야?' 하는 생각도 든다. 유불도(儒佛道) 삼교(三敎)는 동아시아를 이끌었던 지식과 사상의 축이었다. 불교든 도교든 싫어하고 비판할 수야 있다. 성리학이라는 이념으로 건국하여 일종의 철인정치를 했다던 조선, 그중에서도 가장 똑똑하다는 임금과 신하, 불교가 아무리 배척해야 할 이단이었다고는 해도, 인간과 세계를 바라보는 눈이 저렇게 어둡고 저렇게 가벼웠을까?

업은 일이니 제 지은 일이 좋으면 좋은 데로 가고, 궂으면 궂은 데로 가느니라.[**]

화복(禍福)의 응보설, 불교에는 분명 그런 가르침이 있다. 업보(業報)의 가르침이다. 업은 사람이 짓는 일, 짓는 행위를 가리킨다. 모든 행위는 나와 남에게 영향을 끼친다. 원인이 있으면 결과가 있다. 좋은 일을 하면 좋은 결과가 생기고, 궂은 일을 하면 궂은 결과가 온다. 사람이 하는 행위의 원인과 결과, 인과론은 윤회론으로 이어진다. 좋은 일을 하면 좋은 곳으로 가고, 궂은 일을 하면 궂은 곳으로 간다. 고려로부터 물려받은 조선의 불교에도 분명 저 같은 유산이 있었다. 업보의 인과와 윤회론으로 어린 백성을 속이고 협박하는 일, 거창한 불사를 빌미로 재물을 빼앗는 일, 그렇게 빼앗은 재물로 호사를 누리는 절

[**]　함허, 『금강경삼가해언해』.

과 중, 고려 말의 엘리트 지식인은 그런 불교에 등을 돌렸다. 조선의 혁명정부는 그런 불교를 도태의 대상으로 지목했다.

"혹 복을 얻는 이치가 있다 하더라도 너절한 일이 될 텐데, 하물며 이치조차 없지 않은가?" 부처나 보살의 신비한 힘에 의지하여 화복을 비는 불사, 세종은 소원과 환원으로 거래를 하는 것처럼 비루하고 너절한 일이라고 했다. 이런 생각, 이런 판단 절대로 쉬운 일이 아니다. 그만큼 쉽게 바뀌지도 않는다. 세종은 너절한 불사, 이치도 없는 호불이 싫었고, 그래서 태승니라는 강력한 개혁을 단행했다. 태승니 정책 또한 정도전 작품이다. 그 바탕에는 물론『불씨잡변』이 있다. 주자의 저술을 따라 그의 주장을 반복한다. 그런데 불교에 대한 주자의 글, 주자의 비판만 보더라도 호불과 불사는 저 정도로 단순하지 않다. 주자 시절에도 물론 호불과 불사의 폐해는 있었다. 정치와 경제에 관한 관점이 섞이긴 해도, 주된 목적은 역시 법(法)과 도(道), 인간과 세계를 바라보는 이념과 사상이었다. 정도전은 물론, 주자의 저술을 밤낮으로 달달 외우던 조선의 똑똑한 선비들이 주자의 생각을 모를 리가 없었다.

> 모든 중생이 안에 종지(種智)를 머금어 부처와 다름이 없건만, 오직 모르고 거꾸로 뒤집혀 거즐게 나와 남을 헤아려, 제가 지은 일의 구덩이에 빠져 돌이켜 살필 줄을 모른다.*

> 법(法)에는 저와 이가 없거늘 봄이 나와 남을 일으킨다. 나와 남이 있음으로 인하여 업을 일으켜 죄를 짓고, 죄와 업이 서로 나타 보리의 길을 가린다.**

세종은 만년에 이런 함허의 글을 두 아들과 함께 읽었다고 한다. 업(業)의 구덩이는 중생의 현실이다. 임금이나 고관대작이 큰돈을 들여 치르던 불사와 호불, 그런 일은 화복(禍福)의 업보를 거래하는 일일 뿐이다. 부처나 보살, 하늘과 땅의 신령, 대상이 무엇이건 신비한 힘에 홀려 업보를 거래한다면, 이 또한 업 구덩이일 뿐이다. 그런 불교, 그런 일을 이끌고 가르치는 승니라면 혹세무민하는 사악한 거짓말쟁이일 뿐이다. 함허는 반성(反省), 돌이켜 살펴야 한다고 했다. 보아 살펴 사랑하는 일이다. 누구나 할 수 있고 알 수 있는 일, 보아 살피고 사랑할 수 있다면 너절한 불사와 호불을 하지 않아도 모두가 업 구덩이에서 빠져나올 수 있다. 고려와 조선의 불교, 업과 불사를 둘러싼 두 얼굴***이 공존한다. 억불과 숭불의 임금, 세종에게도 두 얼굴이 있다. 세종의 두 얼굴은 말하자면 불교의 두 얼굴이기도 했다.

상께서는 세자일 때부터 배우기를 좋아하여 지칠 줄도 모르고 손에서 책을 놓지 않았다. 몇 달 동안 몸이 아픈 적이 있었는데, 그때도 책 읽기를 멈추지 않았다. 태종이 걱정하여 책을 빼앗아 감추도록 했다. 그 사이 책 하나가 남아 날마다 외웠다. 대개 천성이

- 함허, 위의 글.
- 함허, 위의 글. '저와 이'는 피차(彼此)를 새긴 것이다. 견(見), 곧 본다는 행위로부터 나와 남을 가리는 일이 생겨난다는 뜻이다. 죄업의 뿌리는 보는 일이고 아는 일이다. 보는 행위, 아는 행위가 잘못되었기 때문에 나와 남이 생겨나고 죄업 구덩이에 빠지게 된다. 죄업이 상형(相形), 곧 원인과 결과가 서로 다시 원인이 되고 결과가 되어 끝없이 뻗어가는 모습을 '서로 나타'라고 표현했다. 그런 모습을 돌이켜 살피라는 뜻이다. 보아 살펴 사랑하면 누구나 알 수 있고, 죄업 구덩이에서 빠져나올 수 있다.
- '낯'이라는 뜻도 있겠지만, 언해불전의 '형질(形質)'을 따른 표현이다.

이와 같았다.*

　이 또한 널리 알려진 유명한 이야기다. 성리학의 나라, 그 나라의 세자, 그를 가르치던 스승들은 대개 나라의 문장을 장악한 최고의 학자들이었다. 20년간 문장의 저울을 쥐었다던 변계량도 세자의 스승이었다. 세종의 물음에 묵묵부답, 입을 닫았던 데도 다 숨은 사연이 있었을 것이다. 세자가 읽는 글, 물론 철저하게 관리했을 것이다. 세자도 임금도 이단의 책을 접할 기회는 거의 없었다. 그렇다 하더라도 지식과 사상, 숨기고 막는다고 사라지지 않는다. 저렇게 책을 널리 열심히 읽는 사람이라면 지식과 사상의 연원을 찾기 마련이고 의심을 품기 마련이다. 세상의 병균을 깡그리 죽일 수 없듯이, 똑똑한 세자를 멸균실 안에 완벽하게 가둘 수도 없다.

　태승니 공약은 '청정과 과욕'이라는 잣대와 명분을 내세웠다. 이 명분이 옳다 하더라도, 그런 명분은 누가 세우고 누가 지키는 것일까? 물론 조선 성리학의 선비들이다. 그렇다면 선비들의 그런 명분, 그런 자격은 어디서 오는 것일까? 선비들의 '청정과 과욕'에서 오는 것일까? 조선 선비들은 그런 명분과 자격을 성리(性理), 곧 이념과 사상에서 구했다. 이런 것은 말하자면 조선 성리학의 두 얼굴이다. 억불과 숭불, 요순과 불사, 이런 대구가 세종의 두 얼굴이라면, '청정과 과욕'은 고려 말 조선 초 불교의 두 얼굴이었고, 성리학의 두 얼굴이기도 했다.

　만년의 세종은 그런 두 얼굴 사이에 서 있었다. 거짓의 승니, 위선의 선비, 세종은 그런 얼굴이 싫었고 미웠다. 함허는 피차(彼此)와 아인

●　　『세종실록』 127권, 세종32년(1450) 2월 17일.

(我人), 저와 이, 그리고 나와 남을 구별하는 데서부터 '죄와 업이 서로 나톤다'고 했다. 그래서 보아 살피라고 했다. 불교와 성리학의 두 얼굴, 만년의 세종은 분명 그런 두 얼굴을 보았다. 그리고 이단을 배척해야 한다는 정자와 주자의 이념과 태승니의 개혁을 반성했다. 선배들의 이념과 논리를 앵무새처럼 외우며, 집단의 아집에 사로잡힌 선비들의 현실을 반성했다. 정자와 주자, 성리학의 이념에 옳은 얼굴이 있다면, 불교의 이념에도 옳은 얼굴이 있다. 불교와 성리학이 서로 이단이라면, 이단의 얼굴로 다퉈야 한다. 화복을 거래하는 불사가 너절한 일이라면, 애꿎은 승니들을 집단으로 폭행하는 아이들, 그런 아이들을 싸고도는 선비들도 너절하기는 마찬가지다.

저 임금, 억불의 이유가 있었다면 숭불에도 당연 이유가 있었을 것이다. 세종이란 인물을 저 정도의 너절한 호불과 불사, 이단의 틀 안에 가두는 일은 어리석다. 이런 것도 말하자면 조선의 역사, 민족의 역사를 왜곡하고 모욕하는 일이다. 조선 선비들, 방대한 주자의 저술을 달달 외울 정도로 몰두했던 사람들이다. 불교에 대한 주자의 비판만 하더라도 단지 호불과 불사를 겨냥하지는 않는다. 무엇보다 중요한 것은 이념과 사상이었다. 조선의 똑똑한 선비들이 그런 사실을 모를 리가 없었다. 그런데도 그들은 천편일률, '청정과 과욕, 백성을 홀리는 헛된 거짓말'만 반복한다.

만년의 세종, 그는 분명 슬프고 아팠다. 하지만 그는 바로 그 무렵 훈민정음을 만들어 반포했다. 나라의 음악을 정리하여 제도로 만들었고, 『동국정운(東國正韻)』을 펴내어 나라의 음운을 정했다. 세종은 요즘으로 치자면 '표준화'를 상징하는 임금이었다. 분야마다 세심한 연구를 거쳐 나라의 표준으로 제도화했다. 훈민정음에 얽힌 그의 일머리는 절대로 늙고 병든 자의 솜씨가 아니다. 그에게는 분명한 목표가 있었고, 목표를 향한 전략이 있었다. 기록도 근거도 부족하긴 하지만 세종의 훈민정음은 분명 '만년의 불사'와 직간접으로 연결되어 있다. 지식과 이념과 사상, 인간과 세계에 대한 통찰과 논란이 담겨 있다.

세종이란 인물은 조선의 억불과 숭불 사이에 존재한다. 이건 그냥 말장난이 아니다. 실록의 평가가 그렇다. 태승니의 가장 강력한 억불정책을 추진했던 세종이다. 그런 임금이 어느 순간 숭불의 이단이 되어버렸다. 수백 년 전 세종이란 인물이 무슨 생각을 했는지 알 길은 없다. 그 자신도 실록의 사관도, 그 누구도 자세한 기록을 남기지 않았다. 만고에 빛나는 실록이라지만, 세상에 완벽이란 것은 없다. 『세종실록』도 분명 치우친 기록이다. 억불도 숭불도 성리학의 이념, 선비들의 눈으로 해석된 것이다.

15세기 조선의 임금 세종, 다른 것은 다 제쳐두더라도 그의 훈민정음은 우리의 삶에 말 그대로 혁명이었다. 태승니라는 혁명 따위와는 비교할 수도 없는, 미래를 향한 인문 혁명이다. 그래서 억불도 숭불도 이제는 새로운 눈으로 새롭게 읽어야 한다. 선비들의 눈을 따라 주야장천 슬프고 아픈 임금으로 읽어야 할 까닭이 없다. 세종이 꿈꾸던 혁명의 바탕, 인간과 세계에 대한 이념과 통찰을 다시 읽어야 한다.

이단의
책을 읽는
임금

옛날 정통(正統) 무오년에 황고(皇考) 세종께서 『능엄경』을 보시고, 기사년에 번역하여 널리 펴고자 하여 나에게 명하여 깊이 연구하라고 하셨다. 중간에 어려운 일들이 끊이지 않아 바빴다고 한들 어찌 잊기야 했겠는가?*

세조 7년(1461) 『능엄경언해』를 간행하면서 세조가 손수 썼다는 발문의 한 구절이다. 무오년이면 세종 20년(1438)이고, 기사년은 세종 31년(1449)이다. 세종 20년, 세종이 마흔두 살 되던 해였다. 세종은 『능엄경』을 읽었다. 『능엄경』은 묘한 책이다. 한때 한자 문화권에서 책을 좋아하는 호학군자라면 놓쳐서는 안 될 필독서였다. 이단의 책이었다지만, 조선 선비들 사이에서도 막으면 막을수록 더욱 신비하게 여겨지던 책이었다. 10년 뒤, 세종은 『금강경(金剛經)』을 읽었고, 함허의 『금강경오가해설의(金剛經五家解說誼)』를 읽었다. 그리고 번역을 결심했다. '널

●　세조, 「어제발(御製跋)」, 『능엄경언해』.

리 펴기 위해서'라고 했다. 세종 20년과 30년, 이 연대는 의미심장하다. 해동의 요순 세종이 만년에 했다던 불사, 이단의 일은 그 사이 어느 때부터 싹트고 있었다. 세조의 추억에 따르면 그렇다. 세종이 믿고 의지하던 아들, 세조의 저 말이 옳다면 세종은 적어도 무오년, 저 때부터 변하고 있었다.

성리학 이념에 따라 건국한 조선, 임금은 이념의 정점이자 상징이었다. 이 나라의 세자는 그 상징에 걸맞은 교육을 받아야 했다. 이나라를 지탱하던 엘리트 선비들보다 훨씬 더 높은 수준의 지식과 엄격한 도덕을 요구받았다. 성리학을 학문이 아닌 종교라는 관점에서 바라보면, 조선은 임금을 정점으로 하는 신권국가와도 같았다. 이런 나라의 임금이 이단의 책을 읽기 시작했다는 사실, 아니 읽는 것은 둘째 치고 이단의 책이 궁궐 안으로 들어왔다는 사실 자체가 위험한 사건이 되던 시절이었다.

세종은 그런 책, 『능엄경』이라는 묘한 책 안에서 무엇을 읽었을까? 그런 책을 읽으며 무엇을 살피고 무엇을 사랑했을까? 남은 기록은 없다. 기록이 없으니 추리하고 상상할 수밖에. 억불과 숭불, 이런 것이 세종의 두 얼굴이라면 억불의 기록은 남았어도 숭불의 기록은 없다. 이런 것도 조선과 조선 성리학의 한 얼굴이다. 그래도 다행히 저런 단서는 남았다. 물론 피바람을 부르며 왕위에 올랐던 호불의 임금 세조, 그의 기억을 액면 그대로 읽을 수는 없다. 『세종실록』에 편향이 있다면, 세조의 기록에도 편향은 있을 것이기 때문이다.

그렇다 해도 훈민정음을 반포한 직후에 수양대군의 『석보상절』이 완성되었고, 『월인천강지곡(月印千江之曲)』과 『월인석보』가 이어졌다. 이 일에는 분명 세종의 숨결이 담겼다. 죽 이어지는 일, 이런 일을 그냥 우연이라고 보기는 어렵다. 특별한 목표와 의지를 엿볼 수 있다. 그리고 세조는 기어코 『능엄경언해』를 완성했다. 이 또한 분명한 사실이다.

　세종은 이단의 책을 어떻게 읽었을까? 기록이 없고 단서가 부족한 까닭에 『능엄경언해』라는 이단의 책은 더욱 특별하다. 만년의 불사, 숭불의 세종을 판단하기 위해서는 무엇보다 먼저 『능엄경언해』를 읽어야 한다. 『능엄경언해』는 한문으로 된 『능엄경』을 그저 훈민정음으로, 15세기 우리말로 번역한 책이 아니다. 거기에는 15세기 조선 지식인들의 읽기 방식, 읽기의 가이드라인이랄까, 조선 스타일이랄까, 그런 것이 담겨 있다. 조선 불교는 물론이고, 조선 성리학의 얼굴도 담겨 있다. 세종의 만년, 요순과 불사 사이, 억불과 숭불의 극단을 짐작할 수 있게 해주는 단서들이 담겨 있다.

아들의
추억

상께서 사정전에 나아가 종친과 재신, 여러 장군들과 이야기를 나누며 각각 술을 올리도록 했다. 영순군(永順君) 부(溥)에게 명하여, 기생 여덟에게 언문으로 된 가사를 주어 노래하도록 했다. 바로 세종께서 지으신 『월인천강지곡』이었다. 상께서는 세종이 그리워 잠자코 들으셨다. 호조판서 노사신(盧思愼. 1427~1498)을 불러 이야기를 나누었다. 한참을 말을 잃더니 눈물을 흘렸다. 사신(思愼)도 엎드려 눈물을 흘렸다. 좌우가 모두 얼굴색이 바뀌었다.•

세조는 『월인천강지곡』, 세종이 지었다는 언문(諺文) 노래를 들으며 아버지 세종의 만년을 추억했다. 그리고 넉 달 뒤, 그도 세상을 떠났다. 세종의 만년, 그리고 '만년의 불사'. 사람들은 보통 '내불당(內佛堂)'을 기억한다. 절을 짓고 불상과 사리를 모시고…, 그런 일을 두고 큰 분란이 일었기 때문이다. 하지만 그의 아들 세조는 아버지를 책으로 기억한다.

•　　『세조실록(世祖實錄)』 46권, 세조 14년(1468) 5월 12일.

세조 7년⁽¹⁴⁶¹⁾ 간경도감을 설치하고 불교 책을 본격적으로 번역하고 출간하기 시작했다. 그리고 책이 나올 때마다 세조는 아버지 세종을 추억했다. 아버지와 함께 읽었던 책, 아버지가 번역하라고 일렀던 책, 돌아가신 아버지의 유훈, 아버지와 아들이 마주 앉아 불교 책을 함께 읽는 일…, 불사라고 할 것도 없겠다. 하지만 번역하고 출판하는 일은 더 많은 사람과 함께 읽겠다는 뜻이다. 돈도 들고 힘도 든다. 불사도 이런 불사가 없다. 절이야 어디에나 있고, 절을 지은 임금도 어느 때나 있었다. 하지만 세종은 문자를 손수 만들었고, 그 문자를 가지고 불교 책을 우리말로 손수 번역했다. 희유한 일, 쉽지 못한 불사였다.

세존의 일 사뢰리니, 만 리 밖의 일이지만 눈에 보는가 여기소서
세존의 말 사뢰리니, 천 년 전의 말이지만 귀에 듣는가 여기소서^{••}

세존의 일, 부처의 일, 말 그대로 불사다. 말장난 같지만 말이란 게 본래 이런 것이다. 세종에게는 그의 불사가 따로 있었다. 세종은 부처의 일을 노래하고 기록하고 싶었다. 많은 사람과 함께 부르고 싶었다. 수라상을 받을 때도 양쪽으로 책을 폈고, 한 번 읽은 것은 잊지 않았다는 세종이었다. 그는 정말 책을 좋아했고, 열심히, 잘 읽었다. 그런 세종이 어느 때부터인가 불교 책을 읽기 시작했다. 오래도록 미워하고 꺼려 하던 이단의 책이었다. 그러는 사이에 훈민정음을 반포했

---

^{••} 세종, 『월인천강지곡』, 보물 제398호.
세世존尊ㅅ 일 술보리니 먼萬리里 외外ㅅ 일이시나 눈에 보논가 너기ᅀᆞᇦ쇼셔
세世존尊ㅅ 말 술보리니 천千재載 쌍上ㅅ 말이시나 귀예 듣논가 너기ᅀᆞᇦ쇼셔

다. 수양대군은『석보상절』을 지었고, 세종은 바로 저 노래,『월인천강지곡』을 지었다.『석보상절』은 석가모니의 일대기, 곧 전기다.『월인천강지곡』은 석가모니의 일과 말을 찬양하는 노래, 말하자면 찬불가다. 가사만 읽어도 간절하다.

세간에서 이르기를
부처는 가비라에서 나서
마갈타에서 성도(成道)하고
바라내에서 설법하며
구시라에서 적멸에 들었네
(중략)
오셔도 오신 바 없음은, 달이 즈믄 가람에 비춰옴이오
가셔도 가신 바 없음은, 허공이 여러 나라에 나뉨이로다.*

함허 또한『금강경오가해설의』를 시작하며 부처의 일생을 회고한다. 그리고 그 뒤에 부처의 삶을 달이 즈믄 가람에 비친다는 월인천강(月印千江)의 구절로 노래한다.

세종과 수양이 함께 만든『석보상절』,『월인천강지곡』,『월인석보』. 이 일은 부처의 삶을 생각하고 사랑하는 일이었다. 어린 백성, 모든 중생, 여기에 차별은 없다. 부처의 삶을 생각하고 사랑하면 누구나 부처를 이룰 수 있다. 즈믄 가람에 비치는 달, 세종과 수양의 불사에는 이런 염원이 담겼다. 세종은 이 염원을 함허의『금강경오가해설의』로

● 　함허,『금강경삼가해언해』.

부터 얻었다. 이 일은 환원(還願)이나 보공(報供)과는 차원이 다르다. '월인천강'은 먼저 죽은 아들에게 그저 명복이나 빌자는 것이 아니었다. 세종은 이미 명실상부 숭불의 임금이 되어 있었다.

하지만 세종이 읽었다는 책, 세종이 시켰다는 일, 세조의 추억을 빼면 남는 게 거의 없다. 만년의 불사, 『세종실록』에는 치열했던 저항과 논란이 생생하게 기록되어 있다. 그렇지만 그 안에도 세종이 이단의 책을 읽었다는 기록은 없다.

다음 쪽의 도표는 훈민정음을 반포한 이후 정음으로 번역하여 출간한 불교 책들이다. 도표야 단출해 보일지 몰라도 이게 분량으로만 따져도 작은 일이 아니다. 번역이나 편집의 질은 더욱 놀랍다. 이런 일, 이런 불사, 세조는 세종으로부터 이어진 연속된 일로 기억한다.

세종의 만년, 그는 동궁이었던 문종과 수양대군, 두 아들과 함께 저런 책을 읽고 함께 번역했다. 그 무렵 이 나라에 유통하던 불교 책 중에서도 어렵기로 손에 꼽던 책들이다. 선(禪)과 교(敎)에 두루 능통하지 않고서는 입을 떼기도 어렵다. 세조도 미처 끝낼 수가 없었던 건, 한마디로 어려웠기 때문이다. 세종의 읽기가 그만큼 진지했다는 뜻이기도 하다. 세조가 남긴 말, 세조의 추억을 직접 들어보자.

옛날 병인년에 소헌왕후께서 문득 돌아가시자 서럽고 슬퍼 어쩔 줄을 몰랐다. 세종께서 내게 이르시기를 "천도하는 데 전경(轉經)만 한 것이 없으니, 네가 석보(釋譜)를 만들어 번역하는 게 좋겠다."고 하셨다.

내가 명을 받고는 생각을 더욱 넓게 하여, 승우(僧祐)와 도선(道宣)이 각각 편집한 『석보』를 얻어 보았더니, 그 자세하고 간략한 것

간경도감본 언해불전

간경도감 이전	1443^(세종 25)년	『훈민정음^(訓民正音)』 창제

간경도감본 언해불전

간경도감 이전	1443^(세종 25)년	『훈민정음^(訓民正音)』 창제
	1446년	『훈민정음』 반포
	1447^(세종 29)년	『석보상절^(釋譜詳節)』 『월인천강지곡^(月印千江之曲)』 『월인석보^(月印釋譜)』
	1449년	『사리영응기^(舍利靈應記)』
	1459^(세조 5)년	『월인석보^(月印釋譜)』 『몽산법어언해^(蒙山法語諺解)』
간경도감본	1462^(세조 8)년	『능엄경언해^(楞嚴經諺解)』
	1463년	『법화경언해^(法華經諺解)』
	1464년	『선종영가집언해^(禪宗永嘉集諺解)』 『아미타경언해^(阿彌陀經諺解)』 『금강경언해^(金剛經諺解)』 『반야심경언해^(般若心經諺解)』
	1465년	『원각경언해^(圓覺經諺解)』
	1467년	『목우자수심결언해^(牧牛子修心訣諺解)』 『사법어언해^(四法語諺解)』
	1482^(성종 13)년	『금강경삼가해^(金剛經三家解)』 『남명집언해^(南明集諺解)』
간경도감 이후	1445년	『불정심경언해^(佛頂心經諺解)』
	1496년	『육조법보단경언해^(六祖法寶壇經諺解)』
	1522년	『법집별행록절요언해^(法集別行錄節要諺解)』
	1553년	『부모은중경언해^(父母恩重經諺解)』
	1567년	『몽산화상육도보설언해^(蒙山和尙六道普說諺解)』

푸른 색으로 처리한 9종의 불전이 간경도감본이다.
성종조에 완성된 2종은 언해의 연속성을 감안하여 임의로 포함시켰다.

이 같지 않았다. 두 글월을 어울러 『석보상절』을 만들고 정음으로 번역하여 사람마다 쉽게 알도록 하였다. (세종께) 진상하니 보아주시고, 곧 찬송(讚頌)을 지어 『월인천강』이라고 이름하였다. (중략) 생각하면 이 『월인석보』는 선고(先考)께서 지으신 것이니, 예나 지금이나 어버이를 생각하면 애가 타서 더욱 슬퍼한다. 우러러 (어버이를) 좇을 마음이라면, 모름지기 먼저 (어버이의) 일을 이어받아 마쳐야 한다. 임금의 일이 아무리 많더라도 어찌 겨를이 없겠는가? (중략)

옛 글월〔구권(舊卷)〕에 강론(講論)하고 가다듬어 철저하고 지극하게 하였으며, 새로 만드는 글월〔신편(新編)〕에 고치고 다시 더하여 (이하 생략)●

세조의 추억, 요약하면 다음과 같다.

1. 병인년 소헌왕후가 돌아가셨다. 왕후의 천도●●를 위해 세종이 직접 『석보』의 편찬과 번역을 명했다. 그래서 만든 책이 『석보상절』이다.
2. 세종이 『석보상절』을 보고, 찬송가를 지어 『월인천강』이라고 불렀다.

● 　세조,「어제월인석보서(御製月印釋譜序)」,『월인석보』, (보물 제745-1).
●● 　천도: 추천(追薦). 역시 세조가 지은『석보상절』의 서문에 "추천을 위하여 불사(佛事)를 하여 좋은 땅에 가 나게 하는 것"이라는 주석이 달려 있다. '좋은 땅'은 깨끗한 땅, 정토 (淨土)를 가리킨다. 서방정토 극락세계로 보내 드리기 위해 전경(轉經) 불사를 하기로 했다는 뜻이다.

3. 『월인석보』는 세종께서 지으신 책이다.

4. 구권(舊卷)이 있었지만 완전하지 않아, 이어받아 완전하게 하는 것이 어버이의 뜻을 계승하는 것이라고 생각했다.

5. 구권을 강론하고 교정하였으며, 고치고 더하여 신편『월인석보』를 만들어 간행했다.

세조가 주목하는 시점은 병인년 소헌왕후가 돌아가신 때였다. 불교 책을 번역하겠다는 말, 이때가 처음이다. 세조는 이때를 불전 번역의 시점으로 제시하며 세종의 뜻이 그랬다고 증언한다. 이와 달리 실록에서는 '아이들의 뜻'이라고 했다.

세종은 이때 본격적으로 불전을 읽고 번역하겠다고 결심했다. 명분은 왕후의 천도였고, 전경(轉經)이었다. 전경은 불교의 오랜 전통이다. 경전을 펼치는 일이고, 읽고 사랑하는 일이다. 불교는 가르침이다. 문자가 없고 책이 없다면 머리로 생각하고 입으로 전해야 한다. 그래서 불교 경전은 대개 노래 형식을 띠고 있다. 부르고 생각하기 쉽기 때문이다. 이런 전통이 불교 의식에 채용되어 다양한 형식으로 정착했다. 티베트에서는 경전이 담긴 통을 돌린다. 말 그대로 돌릴 전(轉), 전경이다. 우리나라 절에서 재를 지내며 경전을 독송하는 것도 전경이다.

전경(轉經)

조선의 고려시대에 성행했던 불교 법회의 하나. 그 진행 방법은 먼저 가마 위에 작은 황금 불상을 안치하고, 광대들이 가마의 앞뒤에서 걸어가며 음악을 연주한다. 승려 몇 명이 좌우를 지키며

향을 들고 독경을 한다. 앞에서 깃발과 일산(日傘)을 든 사람이 행렬을 인도하고 행렬은 이를 따라 시가(市街)를 도는데, 작은 승려 하나가 차 위에서 북을 친다. 독경이 그치면 음악을 연주하고, 음악이 그치면 다시 독경을 한다. 혹 이런 행사는 본래 서역(西域) 지방의 유풍(遺風)이라고도 한다.•

대만에서 출간한 사전에 나오는 뜻풀이다. 설명이 제법 자세하다. 그만큼 국제적으로 널리 알려졌던 우리나라 고유의 전통이었다는 뜻이다. 『고려사(高麗史)』에도 전경이나 경행(經行)에 관한 기록이 남아 있다. 형식은 대개 비슷하다. 경건함도 있었겠지만 시내가 떠들썩했던 놀이나 축제가 연상된다. 장식한 가마를 메고 시가를 도는 풍습 또한 인도와 서역에서 유래했다. 우리 민속에 산대놀이라는 게 있다. 산대(山臺)는 화려하게 장식한 가마나 차(車)를 가리킨다. 이 또한 불교와 함께 들어와 성행했던 풍습이지만, 조선에 와서는 산대놀이나 나례(儺禮)처럼 놀이와 축제 형식으로 바뀌었다. 우리나라에서는 거의 사라졌지만, 일본 전통축제에는 지금도 산대를 메고 끌고 시가를 도는 풍습이 남아 있다. 이 또한 불교문화로 서역의 유풍이다.

도성 안에서의 경행(經行)을 폐지했다. 고려조로부터 매년 봄가을의 가운데 달에 각 종파의 승려들이 모여 『대반야경(大般若經)』을 함께 외웠다. 나발을 불고 깃발과 양산을 바쳤는데, 향불이 앞에서 이끌어 시내를 돌며 질병과 재난이 물러가도록 빌었다. 2품(二

•   대만, 『불광대사전(佛光大辭典)』.

品) 이상의 관리가 명을 받아 향을 피우고, 감찰(監察)로 하여금 살
피도록 했다. 모두가 걸어서 행렬을 따라가니 이를 경행(經行)이라
고 했다. 이제 상께서 특별히 명을 내려 폐지한 것이다.*

전경이든, 경행이든 묘사는 비슷하다. 신앙의 힘을 빌려 재난을
피해보겠다는 것도 어찌 보면 인지상정이다. 봄·가을 좋은 때를 기다
려 함께 모여 먹고 노는 즐거움, 탓할 일도 아니다. 제도나 전통, 폐지
할 수도 다시 살릴 수도 있다. 전통이 있고 멋이 있다면 자랑스런 문화
가 되기도 한다. 젊어서 스스로 폐지했던 고려의 유풍, 슬픈 세종은 자
신의 왕후를 위해 전경을 선택하고 불전을 선택했다. 그런데 세조의
기억이든 실록의 기록이든, 전경을 위해 불전을 번역하게 했다는 발
상, 그게 누구의 발상이든 기발하고 희한하다. 서역에서 고려로 이어
진 전경의 유풍을 이제 새로 만든 훈민정음, 곧 우리글 우리말로 잇겠
다는 발상이기 때문이다. 훈민정음을 만든 일도 희한한 일이지만, 이
런 발상이 있으니 더더욱 빛이 난다. 음악에도 자질이 뛰어났다던 세
종과 세조, 그들이라면 자연스럽다.

중간에 끊이지 않았다던 어려운 일, 세조는 비둔(否屯)이라고 표현
했다. 그리고 언해본은 그 아래 '비(否)와 둔(屯)은 주역 괘의 이름이다.
비(否)는 통하지 못한다는 뜻이고, 둔(屯)은 어렵다는 뜻'이라고 주석을
달아 설명하고 있다.** 말이야 고상해서 비둔이라지만, 그사이 세조는
입시하는 대신들을 보이는 대로 쇠몽둥이로 때려죽였다. 사랑하는 동

● 　『세종실록』 15권. 세종 4년(1422) 2월 19일.
●● 　세조, 「어제발」, 『능엄경언해』.

생도 죽였고 어린 임금마저 죽였다. 아버지 세종이 믿었던 조선의 희망, 집현전의 젊은 학자들도 다 잡아 죽였다. 끔찍했던 비둔, 그런데 이제 와서 세조는 아버지 세종의 뜻을 이루겠다고 한다.

세조의 추억, 의도는 분명하다. 『석보상절』, 『월인천강지곡』, 『월인석보』, 그리고 간경도감을 설치하고 정음으로 번역했던 불전들, 모두가 세종의 명령이었고, 세종의 유언이었고, 세종의 일이었다. 그런데 세조는 세종이 지은 『월인석보』를 수정, 보완하여 출간하면서 그 맨 앞에 훈민정음을 배치했다. 세조가 훈민정음의 창제와 반포로부터, 이를 전후하여 이뤄진 불전의 번역과 유통, 그 모든 일을 '하나의 일관된 사건'으로 추억했고, 기록했다는 뜻이다. 의미심장하다.

『월인석보』의 편집 구조

1. 훈민정음 언해본
2. 팔상도
3. 석보상절 서문
4. 월인석보 서문
5. 월인석보
   1) 세종이 만든 구권(舊卷)
      ① 월인천강지곡
      ② 석보상절
      ③ 추가 주석
   2) 세조가 만든 신편(新編)
교정과 추가 주석

글을 시작하며 인용했던 『금강경삼가해』의 발문, 한계희의 기록을 따르면, "『야보송』과 『종경제강』의 두 가지 해석과 『득통설의』는 초고가 이미 완성되었지만 교정을 할 겨를이 없었다."고 했다. 세종의 만년에 이미 이 책 번역을 마쳤다는 뜻이다. 그는 이런 책을 서둘러 번역하여 『월인석보』에 넣고자 했다. 『금강경삼가해』, 이런 글은 그냥 너절한 불사가 아니다. 세종에게는 뭔가 사연도 의지도 있었을 것이다. 억불의 임금, 숭불의 임금, 시비도 논란도 있을 수 있다. 하지만 시비가 있다면 저편의 말, 곧 이단의 말도 들어는 봐야 한다. 세종이라는 사람, 남은 기록이 부족하니 『금강경삼가해』야말로 가장 분명한 이단의 증거가 될 수 있다. 저 사람을 알려면, 저 사람을 평가하려면 적어도 『금강경삼가해』 정도는 반드시 읽어야 한다. 평가는 그다음에 해도 늦지 않다.

막힌 말문,
곯는 마음

대장경은 이단의 책입니다.

비록 태워버린다 해도 옳은 일입니다.*

언문의 노래 『월인천강지곡』, 세조와 함께 그 노래를 들으며 함께 눈물을 흘리고 함께 세종을 추억했다던 노사신, 그는 성종 앞에서 저렇게 주장했다. 세조의 추억에 담긴 세종의 명령, 『금강경삼가해』와 『증도가남명계송』이 마지막으로 출간된 지 불과 3년 뒤였다. 세조가 아니었다면 저런 자리에 앉아 있지도 못했을 노사신, 그는 세종의 유업을 잇고자 했던 세조의 일에 처음부터 끝까지 함께했던 당사자이기도 했다. 이제 세조도 갔고, 이만하면 됐다고 생각했을까? 세종의 만년이 극단으로 바뀌었다지만, 극단으로 바뀐 것은 세종만이 아니었다.

세조가 추억했던 병인년, 세종 28년(1446) 3월 24일에 소헌왕후가 별세했다. 누구도 아닌 바로 수양대군의 집에서였다. 『석보상절』, 『월

●　　『성종실록』 183권, 성종 16년(1485) 9월 16일.

143

인천강지곡』, 『월인석보』, 그리고 간경도감을 설치하고 정음으로 번역했던 불전들. 세조의 추억에 따르면 그 모든 일이 이날을 계기로 시작됐다. 세종의 유업, 세종의 일이었다. 과연 그런가?

이른바 불온서적, 읽기는커녕 책꽂이에 꽂혀 있기만 해도 죄가 되던 시절도 있었다. 이단의 책, 무서운 말이다. 정도전은 이단을 난신적자(亂臣賊子), 곧 법의 판결을 기다릴 필요도 없이 걸리면 누구나 잡아 죽여야 하는 역도에 비유하기도 했다. 그런 시대에 성군 세종이 과연 이단의 책을 그렇게 읽었고, 그렇게 번역했고, 그렇게 찬불가를 지었을까? 그럴 리가 없다. 향을 살라 예불한 적은 한 번도 없고, 끝과 시작을 바르게 했다던 세종. 왕후가 별세한 지 이틀 뒤인 3월 26일, 실록에는 세종과 승정원 승지들 사이에 있었던 '희한한 일' 하나가 기록되어 있다.

상께서 승정원에 이르셨다.

맹자가 이르기를 '묵자(墨子)는 (장례를) 간소하게 치르는 것을 도(道)라고 하면서도, 어버이의 친상은 후하게 치른다.'고 했다. 무엇보다 신하의 도리는 정직으로 임금을 섬겨야 한다는 것이다. 거짓은 용납할 수 없다. 그런데 세상 사람들은 집안에서는 부처를 받들고, 귀신을 모신다. 어딜 가도 그러지 않는 자가 없다. 그런데도, 남을 대할 때는 거꾸로 귀신과 부처가 그릇되었다고 한다. 나는 정말 이런 게 싫다.

옛날 태종을 모시고 잔치를 할 때 변계량도 있었다. 태종께서 (변계량에게) "경은 어째서 고기를 먹지 않는가?"라고 물었다. 계량은 얼굴빛이 바뀌었지만 끝내 실정을 고하지 않았다. 태종께서 "경이 나한(羅漢)에게 제사 지내려 한다는 것을 알고 있다."고 하시며 고기를 권하였다. 계량이 부처를 좋아한다는 사실을 모든 사람이 알고 있었다. 그런데도 굳이 감추는 것은 남들이 비난할까 두려웠기 때문이다.

무릇 정자와 주자는 천하의 대현으로 강력하게 이단을 배척했다. 오늘날 혹은 (이단의) 잘못을 절실하게 알아, 정자와 주자처럼 배척하는 사람도 있다. 혹은 선배 유학자들의 논리에 의지하여 (이단을) 미워하고 좋아하지 않는 자들도 있다. 혹은 자기는 속으로 아주 좋아하면서도, 거꾸로 남은 비난하는 자들도 있다. (앞의) 두 종류의 사람은 옳다. 그러나 자기는 좋아하면서도 남은 비난하는 자들, 나는 이런 자들이 정말로 밉다.

이제 중궁이 세상을 뜨니, 아이들이 (중궁을 위해) 불경을 조성하겠다고 하여 내가 허락했다. 의정부에 의논하니 모두가 괜찮다고 했다. 내가 생각해보니 우리나라가 해마다 흉년이 들어 먹고살기도 어려운 지경이라, 일을 공적으로 추진할 수 없었다. 그래서 아이들의 저축과 본궁(本宮)의 저축으로 추진하고자 했다. 또한 동궁(東宮)의 책임이 무거우니, 대군(大君)에게 감독하도록 했다.

일을 하지 않으면 그만이겠지만, 일을 해야 한다면 마땅히 일을 맡아 할 사람을 찾아 일을 맡겨야 할 것이다. 내가 듣자니 정효강(鄭孝康)이 불교를 좋아하고 재주도 행실도 갖추었다고 한다. 그의 문학(文學)은 어떠한가?•

• 『세종실록』 111권, 세종 28년(1446) 3월 26일.

145

세종이 인용했던 맹자의 말씀, 여기서 묵자는 이지(夷之)라는 인물을 가리킨다. 그는 묵자의 가르침을 따르던 묵자의 제자였다. 그런데도 그는 친상(親喪)을 당해 스승의 가르침과 평소의 신념을 어기고 아비의 장례를 후하게 치렀다고 한다. 그래서 맹자는 그의 거짓과 위선을 저렇게 비난했다. 맹자는 말하자면 정자와 주자, 그리고 조선 이단론의 원조요 뿌리라고 할 수 있다. 맹자에게 이단은 양주(楊朱)와 묵자였다. 맹자는 이단에 맞서 유학의 정통을 세웠다. 그 정통이 정자와 주자를 거쳐 조선의 건국이념이 되었다. 맹자의 말씀이라면 의심할 여지가 없다.

상황은 똑같다. 친상, 가장 가까운 사람의 죽음이다. 묵자 이지도, 임금 세종도, 누구도 피할 수 없는 극단의 상황이다. 슬픔을 딛고 장례를 치러야 한다. 초상이 났다. 그것도 국상이다. 조정의 원로대신들을 중심으로 국장도감(國葬都監)을 설치한 게 하루 전이었다. 세종은 이태 전 다섯째 아들 광평대군을 잃었다. 이듬해에는 일곱째 평원대군을 잃었다. 그의 나이 열아홉이었다. 세종은 그때 곡기를 끊었다. 두 아들을 줄줄이 먼저 보내며, 하늘이 돌보지 않는다고 한탄했다. 임금 자리를 세자에게 넘기겠다고도 했다. 이번에는 왕후였다. 건강도 좋지 않았다. 그의 심정, 무슨 말이 더 필요할까?

정말로 싫고, 정말로 밉고… 말은 거칠고 감정은 격하다. 맹자와 묵자, 정자와 주자, 장례의 예법과 신하의 도리, 이단을 배척하는 이론과 역사, 게다가 오래전에 세상을 떠난 애꿎은 변계량의 일화까지, 거친 말, 격한 감정 사이로 언뜻 읽어서는 종잡을 수도 없는 이야기가 하염없이 이어진다. 맹자의 입으로 신하들의 위선과 거짓을 탓하는 것도 같다. 정자와 주자의 눈으로 이단을 극렬하게 배척하는 것도 같다.

그러다 문득 이지의 처지가 되어 이단의 책을 펴낼 수밖에 없는 상황을 변명한다. 아이들 탓을 하기도 한다.

이 일을 기록했던 사관, 담담하고 냉정하게 세종의 말을 기록했다. 적어도 겉으로는 그렇게 읽힌다. 하지만 이 기록, 읽으면 읽을수록 묘하다. 그래서 갖가지 의심과 상상이 떠돈다. 왕후가 세상을 떠난 지 겨우 이틀, 임금은 왜 저렇게 격해졌을까? 그사이에 뭔가 대단히 심각한 일이 있었던 것이 분명하다. 그런데 이 기록에는 앞뒤가 없다. 남은 것은 그저 임금의 입에서 나왔다는 장황한 말뿐이다. 혼자 탓하고, 혼자 분노하고, 혼자 변명하다가 뜬금없이 묻는다. 정효강이라는 인물은 어때?

기록의 형식이나 순서도 이상하다. 임금이 꼬였든, 일이 꼬였든, 아니면 사관의 기록이 꼬였든 뭔가 심하게 꼬이고 비틀렸다. 기록의 형식은 임금이 승정원 승지들에게 하문하는 형식이다. 정효강이라는 인물의 됨됨이를 묻는 것이다. 형식만 보자면 빤한 일, 임금이 사람의 됨됨이를 물었으니 신하들은 그 사람의 됨됨이를 따져 아뢰면 그만이다. 하지만 이어지는 대답도, 사관의 기록도 그런 자, 됨됨이 따위에는 관심이 없다.

일의 순서도 그렇다. 왕후가 죽고, 슬픈 아이들이 어머니의 천도를 위해 불경을 조성하고자 했다. 임금이 듣고 허락을 했고, 미심쩍어서 의정부 대신들과 논의를 했다. 모두가 찬성했다. 일머리를 정해주고 마지막으로 일을 맡아 할 인물을 찾고 있었다. 국장을 준비하던 경황 중의 일이었다. 일이 여기서 끝났다면 이런 기록이 나왔을 리가 만무하다. 이단의 책, 이단의 일, 누군가 심각하게 반대했다. 의정부에서 '옳다'고 찬성했던 자들은 모른 척했다. 그래서 임금과 아이들은 이단의 일을 두고 누군가의 어떤 논란에 맞서야 했다. 세종의 장황한 이야기는 본래 독백이 아니었다. 주장하고 반박하고, 누군가와의 그런 논란 속에서 나왔던 말들이었다. 이렇게 읽어야 앞뒤가 맞는다.

첫째, 신념과 위선에 관한 논란이다. 사랑하는 사람이 죽으면 신념에도 위기가 온다. 후하게 장례를 치르는 것이 인지상정이겠지만, 신념을 거스르는 위선이 될 수도 있다. 맹자는 그래서 이지의 위선을 비난했다. 겉 다르고 속 다르면 나쁘고 해롭다. 이단을 배척하는 조선의 왕실에서 불경을 만들고 불사를 한다면 위선이 된다. 그런 비판이 있었을 것이다. 임금도 그런 원칙에 동의했다. 하지만 당시 조선의 신하와 선비, 입으로는 이단을 배척한다 했지만 대부분은 친상에 닥쳐 불사를 했다. 또 다른 위선이다. 임금은 그래서 동의할 수 없었다. 이미 위선의 기준이 흔들리고 있었다.

둘째, 거짓에 관한 논란이다. 위선을 저지르면서도 비난이 두려워 숨기고 감추는 거짓이다. 신념에 따라 이단을 배척한다면 상관없다. 하지만 임금과 아이들을 비판하는 자들, 그들은 위선을 저지르고도 비난이 두려워 숨기고 거짓말을 했다. 나아가 자기의 위선은 감추고 남의 위선을 거칠게 비난하기도 했다.

셋째, 신하가 임금을 속이는 일에 관한 논란이다. 이런 일은 말하자면 법을 어기는 범죄다. 용납할 수도, 용서할 수도 없다. 임금과 신하는 사적인 관계가 아니기 때문이다.

이런 논란, 임금은 분노했고, 결심했다. 위선과 거짓과 범죄, 더 이상 참을 수 없다. 고칠 것은 고쳐야 하고 벌을 줄 것은 주어야 한다. 그래야 나라의 이념도 도덕도 법률도 명분이 선다. 그래서 어떤 반대가 있더라도 이 일을 꼭 하고야 말겠다고 결심했다. 일머리를 잡기 위

148

해선 먼저 일을 맡을 사람을 찾아야 했다. 누군가 정효강이라는 인물을 추천했을 것이다. 세종은 승정원 승지들을 불러 하문했다. 이래야 아귀가 맞는다.

이단을 배척하는 일, 맹자와 정자와 주자의 전통, 조선을 개국한 이래 언제나 나라의 근본이었다. 왕비가 별세한 바로 다음 날부터 임금과 신하 사이에 벌어졌던 논란, 말 그대로 나라의 근본이 흔들릴 만한 사건이었다. 그런데 이상한 것은 사건과 논란, 변명과 반박, 그 모든 것이 임금 한 사람의 입을 통해 나왔다는 것이다. 이 기록이 그렇다. 그것도, 관심도 없고 상관도 없는 하교라는 형식을 통해서였다. 의정부에서 '옳다'고 했던 자들, 그들에 대한 기록은 없다. 반대를 했던 자들, 그들의 기록도 없다. 임금의 하교에도 대답은 없다. 그저 슬프고 아픈 임금, 세종의 독백, 장황한 변명과 분노만이 남아 있다. 명색이 한 나라의 실록이다. 기록을 하는 데에도 당연히 원칙이 있었을 터인데… 과연 묘하고 희한하다.

기록은 계속된다. 임금의 질문이 있었으니 승정원 승지들이 답할 차례다. 임금의 질문은 길고, 절실하고, 장황했지만 승지들의 대답은 한결같이 짧고 선명하다. '하지 마옵소서.'

상께서 이르셨다.

그대들이 불경 조성하는 일을 그르다고 하는데, 선친을 위해 불사를 하지 않는 자가 있다면 일러 보라.

우부승지 이사철(李思哲)이 아뢰었다.

이전에 부친상에 불사를 했다면, 이후로는 절대로 하지 않을 것입니다. 전하께서는 사람들이 보고 본받을 수 있으니 해서는 안

됩니다.•

우부승지라는 인물의 대답이 참 고약하다. 임금의 물음에는 답도 하지 않는다. 신하의 일, 지나간 일, 언급할 필요조차 없다. 그저 임금은 임금이니까 안 된다고 한다. 임금의 변명은 계속되지만 승지들은 요지부동이다. 누가 임금이고 누가 신하인가? 누가 묻고 누가 대답하는가? 누가 명령하고 누가 부탁하는가? 조선의 언로(言路)가 대단하다고들 하지만, 이 기록을 보자면 조선의 언로는 임금을 향해 일방적으로 열린 신하들의 언로였다는 생각도 든다. 고집을 부리는 것은 임금이 아니다. 고집을 부리는 것은 이사철로 대표되는 조정의 신하들이다. 요즘 상식으로 보자면 이런 논란, 이런 기록은 측은함을 넘어 잔인하다는 생각까지 든다. 아내가 죽은 지 겨우 이틀인데, 국상을 앞두고 의논하고 처리해야 할 일도 쌓였는데, 기록마저 이렇게 냉정하고 맹랑했다.

그리고 이틀 뒤, 이번엔 집현전에서 올린 반대의 글이 실록에 남아 있다. 이 기록에 따르면 세종은 왕비를 위해 불경을 조성하겠다는 뜻을 바로 사헌부와 사간원, 그리고 집현전 등에 알려 공식화했다고 한다. 집현전 학사들 또한 임금의 비통하고 절박한 심정을 언급한다. 하지만 불경 한 권으로 인해 죽었던 불교가 다시 살아날 것이라고 한다. 명령을 거두어달라고 거듭 요청한다.

상께서 이르셨다.

• 『세종실록』 111권, 세종 28년(1446) 3월 26일.

너희들은 고금(古今)에 통달하여 석씨(釋氏)를 배척하니 현명한 신하라고 할 수 있겠다. 나는 의리(義理)도 알지 못하고, 불법을 숭상하니 무지한 임금이라고 할 수 있겠다. 너희들이 귀찮게 우기지만, 현명한 신하의 말이 무지한 임금에게 먹힐 리도 없고, 무지한 임금의 말이 현명한 신하의 귀에 찰 리도 없다. 하물며 나야 요즘 병이 많아, 궁중에 앉아 죽을 날만 기다리고 있다. 너희들이 나를 따른 지 오래되었으니 내가 부처를 믿는지 여부를 알 것이다. 너희들이 고집스럽게 거듭 청하지만 나는 만나지 않을 것이니, 논란을 벌여 가리기 어려울 것이다. 너희들이 혹 상소를 올리더라도 내가 보지 않을 것이니, 너희들의 뜻을 환하게 알기 어려울 것이다. 귀찮게 자꾸 청하지 말라.**

무지한 임금, 숭불의 임금. 임금은 이렇게 말문을 아예 닫아버렸다. "내가 부처를 믿는지 여부를 알 것이다." 이건 또 무슨 뜻일까? 긍정일까, 부정일까? 집현전의 똑똑한 신하들은 정말로 알았을까? 임금의 말을 이렇게 기록한 사관은 또 어땠을까? 기록의 어감은 부정에 가까워 보인다. 믿거나 말거나, 말문을 끊은 자는 임금이다. 논란을 끝낸 자도 임금이다. 사관은 이런 뜻을 남기고 싶었을까? 하여간 저 임금의 마음은 아플 대로 아팠고, 상할 대로 상했다. 그것만큼은 틀림이 없다.

이듬해 무신년 봄, 사방에서 학자들이 모여드니, 학자들이 경전을 나누어 가르쳤다. 매일 강의가 끝나면, 의심스러운 뜻을 두

** 『세종실록』 111권, 세종 28년(1446) 3월 28일.

고 서로 논란하여 각각 끝까지 의심을 풀었다. 공께서는 즐거이 중심에 서서, 가려 분석하고 조정하셨으며, 반드시 정자와 주자의 뜻에 부합하도록 애를 쓰셨으니 늦도록 피곤한 줄을 몰랐다. 이렇게 동방 성리(性理)의 학문이 크게 일어나, 학자들은 경전이나 외우고 시문이나 짓는 습관을 버리고, 몸과 마음의 성명(性命)의 이치를 지극하게 연구하여, 유교의 도를 으뜸으로 알아 이단에 혹하지 않게 되었으며, 의리(義理)를 바르게 하되, 공리(功利)를 꾀하려 하지 않았다. 선비의 기풍과 학술이 환하게 새로워졌으니 모두가 선생께서 가르치고 깨우친 힘 때문이었다.•

경전을 함께 읽고, 의심스러운 데가 있으면 끝까지 논란하고, 이것이 고려 말 난리통에 폐교되었던 성균관을 새로 세우고, 새로 시작했던 목은 이색의 학풍이었다. 포은(圃隱) 정몽주(鄭夢周, 1337~1392)도 도은(陶隱) 이숭인(李崇仁, 1347~1392)도 저 자리에 있었다. 우리 역사에 번듯했던 한 장면이다. 의리를 좇되 공리를 꾀하지 않는 이런 학풍은 고려 말 성리학의 정통을 이끌었고, 조선 건국으로 이어졌다. 임금과 신하, 논란은 필수불가결한 조건이었다. 조선이라는 나라의 이념과 정책에서 보자면 더욱 각별했다. 왕자와 세자, 우수한 신하들과 함께 책을 읽으면서 성장해야 했고, 임금이 되어서도 함께 책을 읽으며 지식과 경륜을 넓혀야 했다. 임금과 신하가 책을 함께 읽고, 함께 사랑하고, 함께 따지고, 그리고 현실의 문제를 함께 풀어가는 것. 나라를 세운 이후로 제도로 굳어진 조선의 정체성이라고 할 수 있다. 그런 전통과 제도,

• 　권근(權近), 「목은선생 이문정공 행장」, 『동문선(東文選)』 권116.

정체성의 중심에 세종이라는 성군이 있었다. 그런데 바로 저 자리, 망가졌던 성균관의 전통을 다시 세우는 데는 고려 말의 요망한 중 신돈(辛旽. ?~1371)의 덕이 제일 컸다. 이런 것도 역사의 아이러니랄까, 아무튼 고려 말 조선 초 우리 역사의 한 단면이다.

'말문이 끊어지고 논란은 끝나고…' 이건 그래서 더욱 심각하다. 조선의 강점이 작동하지 않는다. 정체성이 흔들린다. 그래도 더 이상 남은 기록은 없다. 논란이라고는 했지만, 실록의 기록만 따지자면 사실 논란이랄 것도 없다. 임금은 거짓말이라고 위선이라고 주장하지만 신하들은 변변히 대꾸도 하지 않는다. 일방적인 주장뿐 소통은 없다. 반대를 한다지만 논리랄 것도 없다. 그저 '아니 되옵니다, 하지 마옵소서', 한결같다. 사관은 이도 저도 다 빼버리고, 비통하고 절박했던 임금의 일방적인 말만 기록했다. 혼자서 떠들고 고집부리다가 제풀에 입을 닫고 억지로 논란을 막았던 임금. 망령이라도 들었다는 뜻일까?

병인년, 소헌왕후의 별세로 시작된 논란은 이렇게 끝이 났고 이후로 이 문제에 대해서는 더 이상 남은 기록이 없다. 그사이 불경을 조성하는 일이 차근차근 진행되었다. 정효강은 임금의 뜻대로 담당자로 임명되었고, 양녕과 효령 두 대군의 지휘 아래 수양과 안평의 주동으로 일을 추진하기 시작했다. 그리고 왕후를 천도하기 위한 사십구재도 이어졌다. 실록에는 짧지만 묘한 기록 두 개가 더 남아 있다. 말문을 닫고 논란이 끝나고, 이게 왜 심각한 상황이었는지, 신하와 사관의 심정이 어땠는지, 짐작이라도 해볼 수 있는 기록이다.

계묘일, 이재(二齋)를 진관사에서 지냈다. 이때 흥덕사 주지 일운(一雲)은 병을 구완하는 의식으로부터 재를 지내는 데까지 설법의 법주가 되어 재물을 많이 얻었다. 하루는 면포 여러 필을 성균관의 학관과 학생들에게 나누어 보냈는데, 이때 시를 끼워 보냈다.

공자와 맹자, 우리 부처 만난다면
반드시 찾아와, 마당에 꿇으리

학관은 받았으나 학생들은 돌려보냈다. 학관이 쫓아가 빼앗아 술을 사서 학생들을 먹였다. 학생들은 알지 못했다.[•]

삼재(三齋)를 대자암에서 지냈다. 좌부승지 박이창(朴以昌)이 예조참판 윤형(尹炯)에게 이르기를, "재를 지내는 저녁에 중들이 왕비의 영여(靈轝)를 불전에서 맞은 뒤에 영실(靈室)에 모셨습니다. 그 하는 짓을 보니 줄곧 선어(仙馭)를 굽혀 귀의하는 모습을 취했습니다. 참으로 마음이 아팠습니다."라고 했다. 윤형이 이르기를 "그대의 말이 늦었구려, 전하께서 서명을 하신 기도문에는 '보살계제자(菩薩戒弟子)'라고 했는데, 마음 아플 게 어디 있겠소?"라고 했다.[••]

이런 기록을 어떻게 읽어야 할까? 왕실에 우환이 끊이지 않았고, 임금도 왕후도 끊임없이 병에 시달렸다. 그런 사이 왕실에 드나들며 기도를 드리고 재를 올렸던 승려들. 성균관이라면 조선의 심장이다. 조선의 이념과 지식, 사상과 문화의 상징이다. 성균관 학생들은 조선

[•] 『세종실록』 112권, 세종 28년(1446) 4월 6일. 시의 원문은 '孔孟若遭吾佛氏 必然來謁跪於庭.'
[••] 『세종실록』 112권, 세종 28년(1446) 4월 13일.

최고의 엘리트, 조선의 미래다. 국장 기간에, 그것도 왕후의 천도재 법주를 맡았다는 승려가, 천하의 성균관을 찾아와 저런 무례, 저런 막말을 했다니⋯. 성균관 학생이야 수틀리면 절에 쳐들어가 중들을 묶어놓고 두들겨 패던 자들이고, 그런 짓을 호쾌하게 용인하던 시절이었다. 어느새 시절이 바뀌기라도 했단 말인가? 고려 말의 신돈은 공자를 문선왕(文宣王)이라고 부르며 영원한 스승이라고 찬탄했다. 공자와 맹자가 부처 앞에 무릎을 꿇다니, 조선이니 이단이니 모든 시비를 떠나, 이런 말, 이런 기록은 피차 부끄러운 망발일 뿐이다.

둘째 일화는 대자암(大慈菴)에서 재를 지내는 장면이다. 왕비의 위패를 가마에 담아 옮기는 모습, 선비의 눈에는 낯설고 착잡하다. 기록은 그래도 점잖은 편이지만, 첫째 일화 못지않은 서릿발이 담겼다. 요는 왕후의 천도를 위한 기도문에 임금이 직접 '보살계를 받은 제자'라는 글을 쓰고 서명을 했다는 것이다. 언로가 막혔으니 말도 할 수 없고, 답답해하고 불평해봐야 소용없다는 자책이요 핀잔이다. 하지만 이런 불평은 오해에 가깝다. 한 번에 도태할 수 없었던 이단의 풍속, 조선조에서도 고려의 전통을 이어 천도재나 기신재가 계속 이어졌고, 재를 위한 소문(疏文)도 정해진 규칙에 따라 지어 올렸다. '보살계제자'라는 것도, 임금의 서명도 정해진 규칙을 따랐던 것뿐이다. 고려 때부터 이어온 시시한 규칙, 세종이 진짜로 보살계를 받았다는 뜻은 아니다. 그래도 그렇다. 말문이 막히고 논란이 끊긴 사이, 임금도 신하도 저렇게 함께 곯고 있었다.

병인년의 기억,
세종의 아이들

중들이 대자암(大慈菴)에서 대회를 열고 전경(轉經)을 했다. 먼저 집
현전 수찬 이영서(李永瑞), 돈녕부 주부 강희안(姜希顔)에게 명하여
성녕대군(誠寧大君)의 집에서 금가루로 사경(寫經)을 하도록 했다.
수양과 안평 두 대군이 오고 가며 감독을 하니 수십 일이 지나 완
성되었다. 이에 크게 법회를 열었으니 대군(大君)과 군(君)들이 모
두 참석하였고, 모인 중은 2,000명이 넘었다. 7일 만에 마치니,
허투루 쓴 비용은 헤아릴 수조차 없었다.

소윤 정효강(鄭孝康)도 참석하였는데, 효강은 성품이 교활하여, 겉
으로는 깨끗한 척하지만 속으로는 탐욕스러웠다. 여러 불사(佛事)
를 열심히 치러 상(上)으로부터 총애를 받고자 했다. 늘 간사한 중
신미(信眉)를 칭찬하기를 "우리 화상(和尙)을 묘당(廟堂)에 두더라도
부족할 게 뭐가 있겠는가?"라고 했다.*

세종이 말문을 닫은 뒤로 실록에도 별다른 기록은 없다. 왕비의

* 『세종실록』 112권, 세종 28년(1446) 5월 27일.

사십구재를 치르고 국상을 준비하는 일밖에 별다를 게 없는 일상이었다. 그사이 임금의 아이들은 금가루로 불경을 쓰고 전경을 준비했다. 그렇게 준비한 전경회, 중만 해도 2,000명이 넘게 모였다니, 과연 전례를 찾아보기 힘든 오랜만의 장관이었겠다. '허투루 쓴 비용', 실록의 기록은 역시 싸늘하다. 얼마간 이해가 간다.

어머니를 위한 전경, 이 일은 이렇게 아이들의 일이었다. 아이들이 원한 일이었고, 아이들이 주장하고 감독하여 추진한 일이었다. 실록 속의 세종, 그는 끝까지 아이들 이야기를 한다. 실록의 관점도 여기에 대해서는 이견이 없다. 이것은 나라의 일이 아니고 왕실의 일, 아이들의 일이었다. 세종은 과연 향을 살라 예불한 적은 한 번도 없었고, 끝과 시작을 바르게 했다. 하여간 어려운 불사를 일사천리로 치러내는 수양과 안평, 두 대군의 위세는 등등하다. 그 아이들의 주변에는 벌써 교활한 신하들도, 간사한 중들도 모여들고 있었다. 불편한 심사도 싸늘한 기록도 그래봐야 소용없다. 세조가 기록한 것은 병인년의 순간이었지만 실록만 보아도 아이들의 등장이 우연이 아니었다는 사실을 알 수 있다.

상께서 진양대군 유(琈)를 시켜 신개(申槩), 하연(河演), 권제(權踶), 김종서(金宗瑞) 등에게 전지(傳旨)했다.

내선(內禪)의 일은 요순 이후 수천 년 사이에 불과 십여 임금에 지나지 않았다. 혹은 세력이 부득이해서 한 적도 있고, 혹은 편안히 지내기 위해 한 적도 있지만 모두가 좋은 일은 아니었다. 우리나라에서 무인년, 경진년, 무술년의 일도 모두 변고(變故)가 있어서 그렇게 한 것이었다. 근년에 홍수와 가뭄이 이어지고, 또 나는 오

랜 병으로 시달리는 데다, 두 아들을 잇따라 잃으니 하늘이 돕지 않는 게 분명하다. (중략)

세자로 하여금 즉위하여 일을 다스리게 하고 나는 일에서 물러나려고 한다. 국방에 관한 중대한 일은 내가 직접 결정할 것이니, 이전의 내선에 비교할 것이 아니다. 경들은 그리 알라.•

내선(內禪)은 살아 있는 임금이 임금의 자리를 넘겨주는 일을 가리킨다. 절대권력의 왕조시대, 내선은 정상적인 일이 아니다. 임금이 타고난 수명을 누리고, 죽어서 맏아들에게 물려주고, 이런 것이 정상이다. 조선은 건국 이래 그래 본 적이 없었다. 무인년 태조는 정종에게 내선을 했다. 경진년 정종은 태종에게 내선하고, 무술년 태종은 세종에게 내선했다. 세종은 이 모두가 변고(變故)라고 표현했다. 그런데도 그는 다시 내선을 하겠다고 한다. 사정이 다르다고는 하지만 내선은 내선이다. 세종이 신임하는 의정부의 대신들, 죽어도 받아들일 수 없다고 반대했다. 그런데 이 일을 의정부의 대신들에게 전한 인물이 바로 수양대군이었다.

세종은 양녕을 대신하여 내선을 받은 사실을 안타깝게 여겼다. 그때도 피바람이 있었다. 세종은 나라의 변고, 집안의 변고를 불행하게 여겼고, 변고를 반복하지 않기 위해 노심초사했다. 세자를 책봉한 뒤로는 삼시 세 때를 세자와 함께했고, 식후에는 대군들과 손수 글을 읽고 토론했다. 세종과 아이들, 그 관계에는 각별한 데가 있었다. 그만큼 세자는 물론이고 수양과 안평에 대한 신뢰도 컸다.

• 『세종실록』 107권, 세종 27년(1445), 1월 18일.

그해 2월, 진양대군을 수양대군으로 호칭을 고치고 일부 인사를 개편했다. 그리고 5월 1일, 의정부의 대신과 수양대군 등을 불러 내선을 강행했다. 병이 중하다는 이유에다. 국방에 관한 중요한 일은 직접 결정하겠다는 것, 자리를 물려주는 것이 아니라 세자가 대신 다스리는 것이라는 명분을 내걸었다. 내선은 아니라는 명분이지만, 결과적으로는 태종이 세종에게 했던 것과 크게 다를 것 없는 실질적인 내선이었다. 이유야 어떻든 국가 권력에 큰 변화가 생겼다는 뜻이다. 이전에도 수양은 외교 문제 등 일부 나랏일에 참여하고 있었지만, 이 일을 계기로 세종의 의중을 전하고 실천하는, 요즘으로 치면 비서실장에 가까운, 조금 더 중요한 역할을 맡는다. 실록의 기록만 보더라도 수양이 임금의 뜻, 전지(傳旨)를 대신하는 장면이 자주 등장한다. 젊고 괄괄한 수양, 반대가 있더라도 언제나 단호하다. 임금을 대신하여 정치 일선에 나선 세자, 그리고 수양과 안평, 세종의 젊고 똑똑한 아이들이 정치의 전면에 등장했다.

　잠깐 앞의 전경(轉經) 장면으로 돌아가보자. 이 자리에 신미(信眉)라는 간사한 중이 등장한다. 실록의 기록만으로 보면 신미는 톱스타급의 유명인사다. 그만큼 등장하는 횟수도 많고 관심도 크다. 다만 철저하게 비판적이고 공격적이다. 그 시작이 간승(奸僧), 곧 간사한 중이다. 엉큼하고, 교활하고, 이기적이고…, 간(奸)이라는 글자에는 상상할 수 있는 온갖 더러운 뜻이 다 담겼다. 욕 치고도 제일 지저분한 욕이다. 하지만 이런 욕도 이제 시작에 불과하다. 신미라는 이름으로 실록을 검색해보면 세종조부터 연산군까지 모두 68건의 기록이 나온다. 승려의 이름치고는 이례적인 숫자다. 그런데 전부가 욕이다. 대개는 지저분한 스캔들이다. 긍정적인 기록은 단 하나도 없다. 그런데 정효강의 말이 묘하다. 묘당(廟堂)이라면 조정을 가리킨다. 정치와 권력의 중심이다. 화상을 묘당에 둔다니, 억불의 조선에서 이건 또 무슨 소린가?

의심스런 곳이 있거든 모름지기 널리 물어

물은 사람은 혜각존자(慧覺尊者) 신미(信眉)와 판선종사(判禪宗師) 수미(守眉)와 판교종사(判教宗師) 설준(雪峻)과 홍준(弘濬)과 전 회암사 주지 효운(曉雲)과 전 대자암 주지 지해(智海)와 전 소요사 주지 해초(海超)와 대선사 사지(斯智)와 학열(學悅)과 학조(學祖)와 가정대부 동지중추원사 김수온(金守溫)이다.•

『석보상절』 서문에서 따온 구절. 이 서문의 끝에는 '정통(正統) 12년 7월 25일'이라는 날짜가 달려 있다. 세종 29년(1447)이다. 소헌왕후가 1446년 3월에 돌아가셨으니, 전경을 위해 『석보상절』을 지어 번역하기로 결정한 뒤로 1년 4개월 만에 완성했다는 뜻이다. 일의 성격이나 규모를 보아도 상당히 빠르고 효율적인 일머리였다. 그리고 그 일의 중심에 신미가 있었다.

불교가 선교 양종으로 통폐합된 상황에서 판선종사 수미와 판교종사 설준은 당대 불교의 조직을 대표하는 최고위의 고승이다. 그 앞에 신미의 이름이 있다. 김수온(金守溫, 1410~1481)은 신미의 친동생이고, 학열과 학조는 신미의 수족 같은 제자들이다. 게다가 회암사와 대자

• 　세조,「석보상절 서(釋譜詳節 序)」.

암은 대표적인 왕실의 원찰이다. 말하자면 이들은 모두가 신미의 사람들이다. 선교 양종의 조선 불교, 속이야 어떻든 형식적으로는 모두가 신미의 영향 아래 재편되었다는 뜻이고, 신미를 중심으로 불교 엘리트들이 대거 이 일에 참여했다는 뜻이다. 당시 불교 또는 불교 엘리트의 영향력이 어느 정도였는지는 몰라도, 아무튼 이들이 수양대군의 권력, 그 한 축을 담당하고 있었다는 사실에는 변함이 없다. 세조는 뒤에 이 일이 세종의 뜻이었다고 했다. 세종이 원하던 게 어떤 것이었는지는 몰라도, 세종이 신미와 불교 엘리트, 그들의 존재를 잘 알고 있었다는 사실 또한 분명하다.

이달에 『훈민정음』이 완성됐다. 어제(御製)에 이르기를
나라의 말씀이 중국과 달라 (중략)

예조판서 정인지 서(序) (중략)
계해년 겨울 우리 전하께서 정음(正音) 28자를 창제(創制)하시어, 간략히 「예의(例義)」를 지어 보여주시고, 이름하여 훈민정음이라 하셨다. (중략)
마침내 명령을 내려 자세하게 해석을 붙여 모든 사람이 알도록 하라고 하셨다. 이에 신(臣)과 집현전 응교 최항, 부교리 박팽년, 신숙주, 수찬 성삼문, 돈녕부 주부 강희안, 행집현전 부수찬 이개, 이선로 등과 함께 삼가 하나하나 「해례(解例)」를 짓고 줄거리를 서술하였다. 보는 사람으로 하여금 스승이 없어도 스스로 알 수 있게 해주려는 것이었다. 그 연원과 정교한 의미의 미묘함에 대해서는 신 등이 할 수 있는 일이 아니었다. 삼가 우리 전하께서는 하

늘이 내리신 성인이시다. 제도와 정치는 모든 임금을 초월하시고, 정음을 만드신 것은 본받은 것도 없이 자연스럽게 만들어내셨다. 참으로 그 지극한 이치는 미치지 않는 곳이 없으니, 인위적으로 사사로이 한 것이 아니다. 무릇 동방에 나라가 생긴 지 오래되지 않은 것은 아니지만, 만물을 열어 일을 다스리고 완성하는 큰 지혜*는 과연 오늘을 기다리고 있었던 것이다.**

세종 25년(1443) 계해년에 창제했다는 훈민정음은 정음 28자를 가리킨다. 여기서 『훈민정음』은 새로 완성한 책을 가리킨다. 어제 서문과 역시 어제 「예의(例義)」, 신하들이 편집한 「해례(解例)」, 그리고 정인지(鄭麟趾, 1396~1478)의 서문을 합하여 편집한 책이다. 보통 『훈민정음해례본(訓民正音解例本)』으로 불린다. 세조가 지목했던 병인년, 이해에는 이런 일도 있었다.

"하늘이 내리신 성인", 정인지의 찬탄은 지극하다. 하지만 읽는 마음은 도리 없이 착잡하다. 저렇게 위대한 일을 해낸, 저렇게 지혜롭고 위대한 임금…, 정인지는 정말로 그렇게 생각했을까? 이걸 기록한 사관의 기분은 어땠을까? 누가 알겠는가? 하지만 600년이 지나 우리들은 안다. 훈민정음이 없었다면 지금 우리의 삶, 우리의 존재가 어떻게 되었을까? 상상만으로도 끔찍하다. 그래도 당시 실록의 기록은 야박하기 짝이 없다. 훈민정음에 대한 공식 기록이라곤 계해년에 '상께

---

* '만물을 열어…', 원문은 開物成務. 『주역 계사전』의 구절을 인용한 것이다. 만물을 열어 성취시켜주는 역(易)의 이치를 묘사한 것. 말하자면 하늘의 이치를 통달하여 만물을 다스리고 완성시킨다는 뜻으로 최상의 찬사다.
** 『세종실록』 113권, 세종 28년(1446) 9월 29일.

서 친히 언문 28자를 지었다'는 짤막하고 건조한 기록, 그리고 병인년의 이 기록이 전부다. 오히려 언문을 두고 신하들과 다투는 장면이 훨씬 많다. 기록이 없다는 것은 그냥 싫다는 뜻이다. 기록할 거리도 없고, 기록할 가치도 없다는 것이다.

"현명한 신하의 말이 무지한 임금에게 먹힐 리도 없고, 무지한 임금의 말이 현명한 신하의 귀에 찰 리도 없다. 하물며 나야 요즘 병이 많아, 궁중에 앉아 죽을 날만 기다리고 있다." 이게 불과 몇 달 전 일이었다. 저 위대한 임금은 조선 천지의 선비들과 저렇게 맞서고 있었다. 위선의 신하들이 정말로 싫고, 정말로 밉다던 임금, 죽을 날만 기다린다던 임금, 그렇게 억지로 막아두었던 조선의 언로, 저 임금은 저 사이 저런 일을 다시 해냈다.

하지만 틀어지고 삐친 것은 임금만이 아니었다. 아직도 국상 중이다. 속은 상해도 다들 묵묵히 참고 있었을 뿐이다.『훈민정음』이 완성되었다는 날로부터 나흘 뒤인 10월 4일, 참고 참았던 불만이 다시 터져 나왔다. 우참찬 정갑손(鄭甲孫, 1396~1451)이 앞장섰다. 실록은 세종과 정갑손 사이에 있었던 긴 토론을 상세하게 기록하고 있다. 주제는 역시 이단. 이달 15일 대자사에서 전경회가 예정되어 있었기 때문이다. 5월에 했던 전경을 10월에 다시 하겠다는 것이다. 이를 위해 세종과 아들들은 머리를 맞대고 불교 책을 읽고, 번역하고 있었다. 세조의 추억에 따르면 그렇다. 그러는 사이『훈민정음』을 다듬어『해례본』출간을 준비하고 있었다. 청렴하고 강직했다는 정갑손, 그는 저런 속내를 알았을까?

갑손(甲孫)이 아뢰었다.

"금상께서 불법을 받들어 믿으시니, 아래 백성들은 임금이 이러시는 것을 빌미로 다투어 본받으려고 합니다. 이렇게 퍼진다면 통제할 수가 없습니다. 상께서는 비록 대군들이 하는 일이라 하시지만, 나라의 사람들은 상을 지목하고 있습니다. 대군들이 하는 일이란 걸 어찌 알겠습니까?"

상께서 수양대군에게 명하여 질책하도록 했다.

"'우리 임금은 할 수 없다'고 한다면 이를 역적이라고 부른다. 당초 사경(寫經)을 할 때에 세 차례 불사를 하기로 계획이 이미 정해져 있었다. 이제 일이 마무리되어 가는데 갑자기 '옳지 않다'고 하니 무슨 헛소리를 이렇게 하는가? 지금 이 말은 경이 혼자 와서 하는 말인가? 아니면 여럿이 의논을 한 것인가?"●

이 기록에도 좀 수상한 부분이 있다. 정갑손이 임금과 나누는 대화, 그 사이에 불쑥 수양대군이 끼어든다. 그럴 수도 있겠다. 그런데 표현이 묘하다. 상께서 수양대군에게 명령을 했다고 한다. 그 말이 거칠다. 역적 같은 놈이란 질책이다. 괄괄한 수양대군, 그럴 수도 있었겠다. 임금이 정말로 그렇게 시켰을까? 아니면 말이 험악하다 보니, 기록하던 사관이 수양대군에게 슬쩍 떠넘기려고 했던 것일까? 대화는 다시 갑손과 임금의 대화로 돌아간다. 갑손이 완강하다지만, 임금 또한 화가 단단히 났다. 감정도 말도 거칠다. 이미 몇 달 전에 의정부에서 결정한 일, 전경회가 며칠이나 남았다고 이제 와서 딴소리를 하고 책임을 임금에게만 돌리려고 한다. 절대로 물러설 임금이 아니다. 그

● 『세종실록』 114권, 세종 28년(1446) 10월 4일.

래도 아직 대화는 이어진다. 이튿날에는 의정부, 그 이튿날은 다시 사헌부, 그 이튿날은 다시 사간원에서 입을 모아 반대한다. '하지 마옵소서.' 정갑손이 깃발을 들자, 권력의 핵심들이 조직적으로 움직인다.

너희들의 착한 말을 내가 들어주지 못하니, 이것은 나의 부끄러움이다. 그러나 (너희들이) 다른 사람이 하는 짓을 보고 본떠서 따라한다니, 내가 참으로 너희들 대신에 부끄러워한다. 너희들의 생각에 대하여는 올봄 이미 대간(臺諫)을 통해 설명했다. 나는 다시 무슨 말을 해야 할지 모르겠다.**

불교를 배척하는 이념과 명분에는 세종도 동의한다. 그렇다고 절을 다 불사르고 중을 몽땅 없앨 수는 없지 않은가? 이것은 태조도 태종도 했던 말이다. 한 번에 다 할 수 없으니, 원칙을 따르되 사안에 따라 유연하게 해결해가야 한다고 했다. 세종만큼 충실하게 불교를 배척하고 도태했던 임금도 없지 않은가. 하지만 이번에는 사안이 다르다. 가족이 아파 기도를 드리고, 가족이 죽어 천도를 하는데 이런 정도는 선왕들도 했고, 신하들도 다 하고 있는 일 아닌가. 10월 9일에는 다시 사헌부 정창손(鄭昌孫, 1402~1487)의 상소문이 올라온다. 정갑손의 친동생이고, 훈민정음 반포를 강하게 반대했던 인물이다. 실록에 남아 있는 상소문, 그 형에 그 아우, 명분도 스타일도 빼다 박았다.

실제로 억불이요 배불이라 했지만, 절이나 중들, 쓸모도 적지 않았다. 예를 들어, 중들에게 주던 도첩(度牒)은 중들을 통제하는 수단이

●● 『세종실록』 114권, 세종 28년(1446) 10월 7일.

기도 했지만, 중들의 노동력을 공짜로 써먹을 수 있는 합법적인 수단이기도 했다. 건축이나 토목 사업에 도첩을 대가로 중들을 거저 부려먹을 수 있었다. 나라도 왕실도 고관대작들도 모두 누리던 혜택이었다. 도첩이 늘어나고 중이 늘어나는 까닭에는 그런 이해관계도 얽혀 있었다. 노비제도 또한 마찬가지다. 이익도 있지만 모순도 있다. 문제가 누적되어 사단이 벌어져야 혁파니 뭐니 법석을 떤다. 이런 사실도 누구나 다 안다. 그래도 일이 닥치면 똑같은 이야기만 나온다. 맹자가 어떻고 양무제가 어떻고, 한유와 구양수가 어떻고, 임금이 이러면 나라가 망한다 등등. 똑똑한 임금도 어쩔 도리가 없다. 불교라는 이단, 이렇게 쉽고 편리한 명분이었다.

> 좌부승지 이사철이 사옥(死獄)에 대해 아뢰었다. 상께서 "내가 불사를 위해 재계(齋戒)하고 있으니 나중에 다시 아뢰어라."고 했다.•

불사는 물론 열흘 뒤에 가질 전경(轉經)이다. 죄수를 사형시키는 일, 이런 일은 뒤로 미루겠다는 뜻이다. 재계(齋戒)라는 말은 조선의 임금이 대놓고 쓰던 말이 아니었다. 마음이 없다면 할 필요도 없고, 해서도 안 될 말이었다. 숭불의 임금, 이단의 임금, 세종의 본색이 이 한 마디에 모두 담겼다. 하지만 이 또한 뒤집어 보면, 본색을 드러낸 것은 임금이라기보다 이를 기록한 사관이었다고 할 수도 있다. 끝까지 바르게 했다는 조선의 사관, 명분을 지키기 위해서는 임금의 허물도 감

•   『세종실록』 114권, 세종 28년(1446) 10월 5일.

싸줄 것은 감싸주어야 한다. 그런데 이젠 감출 것도 감싸줄 것도 없다고 생각했는지 모르겠다.

상께서 대간(臺諫)의 죄를 나열하여 언문으로 써서 환관 김득상에게 명하여 의금부와 승정원의 여러 신하들에게 보도록 했다.**

대간(臺諫)은 사헌부와 사간원을 가리킨다. 조선의 언로를 상징하는 권력의 중추다. 세종의 일은 말하자면 양수겸장이다. 답답한 김에 변명도 하고 분풀이도 하겠지만, 겸하여 훈민정음 홍보도 하고 교육도 시켜야겠다는 뜻이다. 앞으로 훈민정음을 이런 식으로 활용하겠다는 의지의 표명이기도 하다.

임금이 이 정도 노력도 하고 성의를 표하면, 신하라면 적어도 비슷한 시늉이라도 해야 한다. 반대를 하더라도 노력도 필요하고 나름의 스타일도 보여줘야 한다. 하지만 신하들은 변하지 않는다. 정갑손 같은 고집쟁이는 똑같은 소리만 앵무새처럼 반복하고, 나머지 신하들은 그 뒤에 숨어 눈치만 본다. 그래서 임금은 답답하고 분하다. 그러는 사이 세종은 또 다른 프로젝트, 집현전의 학자들과 함께 『용비어천가(龍飛御天歌)』를 다듬고 있었다. 『고려사』를 교정하고 조상들에 관한 설화들을 정리하고 있었다.

중의 무리들이 대자암에 크게 모여 전경회를 열었다. 7일 만에 마치니 모인 중이 대략 1,000명이 넘었다. 일을 치르는 관리들이 바

•• 『세종실록』 114권, 세종 28년(1446) 10월 10일.

쁘게 대접하여 밤낮으로 쉬지 않았다. 떡과 밥, 과일과 음식이 산처럼 쌓였다. 처음 상께서 왕비를 위해 주부 강희안, 수찬 이영서에게 명하여 금과 은으로 사경(寫經)을 하도록 했다. 경전의 껍데기는 모두 황금을 써서 용을 그렸다. 또 구슬과 옥으로 등롱(燈籠)을 만드니 지극히 정교했다. 이렇게 다시 법회를 열고 전경을 했다. 소윤(少尹) 정효강(鄭孝康)은 늘 집에 있으면서도 청정하게 살기를 중처럼 하였다. 또 안평대군 부인의 종형으로 상의 눈에 띄어, 뜻을 받들어 흥천사에 늘 머물면서 사경에 관한 일들을 모두 주관했다. 강희안(姜希顔)과 이영서(李永瑞)는 다 상투를 드러내고 불상에 절을 했는데, 혹 조정의 관리들이 보고는 무안하여 절하지 않았다.•

이렇게 병인년의 전경회는 끝이 났다. 실록의 기록, 제법 자세한 듯도 하지만, 어감에는 역시 불편함이 묻어난다. 정효강이야 이미 교활하다고 낙인찍혔지만, 이제 다시 강희안과 이영서가 상투를 드러내고 그 무리에 참여했다. 모인 스님들만 1,000명이 넘었다니 장엄했던 모습이 그려진다. 전경회는 몇 달간 흥천사에서 사경했던 불전들을 펼쳐 읽는 것으로 진행되었다. 세조가 추억했던 것과 같은 우리말 번역, 우리말 전경에 대한 언급은 없다. 밤낮없이 7일이나 이어진 대회, 경전이야 미처 번역할 수 없었을 테니 기대하기 어렵지만, 그래도『월인천강지곡』정도는 부를 수도 있지 않았을까?

그리고 얼마 뒤 11월 8일에 '언문청(諺文廳)'이라는 기관의 이름이

• 『세종실록』114권, 세종 28년(1446) 10월 15일.

실록에 처음으로 등장한다.

『태조실록』을 내전(內殿)으로 들여오도록 명하였다. 곧 언문청을
설치하고 역사의 자취를 찾아 용비시(龍飛詩)를 보완하게 하였다.
춘추관(春秋館)에서 아뢰었다. "실록은 사관(史官)이 아니라면 볼 수
없습니다. 게다가 언문청은 천로(淺露)하고 외인(外人)의 출입이 무
상(無常)합니다. 신 등은 매우 옳지 못하다고 생각합니다."
상께서 곧 내전으로 가져온 것을 돌려주라 명하고, 춘추관의 기
주관(記注官) 어효첨(魚孝瞻)과 기사관(記事官) 양성지(梁誠之)에게 초록
(抄錄)하여 바치도록 하였다.**

이 기록에 따르면 언문청은 용비시(龍飛詩), 『용비어천가』 가사의
내용을 보충하고 완성하기 위해 새로 설치한 기관이다. 춘추관 사관
이 밝힌 뜻은 세 가지다. 하나는, 실록은 춘추관의 사관만 볼 수 있는
법인데 언문청을 따로 만들어 사관이 아닌 자들에게 실록을 보게 하
는 것은 잘못이라는 지적이다. 둘은, 언문청은 천로하다는 우려다. 천
로(淺露)는 '물이 얕아서 훤히 들여다보인다'는 뜻이다. 언문청이라는
새로 만든 기관이 천로하다니, 이건 무슨 뜻일까? 기관의 급이 낮다는
뜻일까? 거기에 속한 사람들이 시원찮다는 뜻일까? 셋은, 외부 사람
이 무시로 드나들어 아무나 실록을 볼 수 있다는 불만이다. 요는 실록
을 다루는 것은 춘추관의 일인데 왜 언문청을 따로 만들어 실록을 맡
기느냐는 것이다. 그래서 세종은 춘추관의 불만을 받아들였다. 실록

●● 『세종실록』 114권, 세종 28년(1446) 11월 8일.

169

을 사관에게 돌려주고, 필요한 기록을 뽑아서 바치도록 했다.

상께서 (중략) 여러 나라에 나라 소리로 적는 글자가 있어, 이를 가지고 나라 말을 적었으나, 오직 우리나라만 없어 친히 언문 자모 28자를 지으셨다. 금중(禁中)에 국(局)을 설치하고 문신(文臣)을 뽑아 찬정(撰定)하도록 했다.*

세종이 언문청을 설치하고 신고령(申高靈)과 성삼문(成三問) 등에 명하여 언문(諺文)을 짓게 했다.**

내전(內殿)이나 금중(禁中), 임금이 머무는 자리, 가장 안에 있고, 가장 접근하기 어려운 자리라는 뜻이겠다. 강희맹(姜希孟, 1424~1483)이 가리킨 국(局)이 성현이 가리킨 언문청인지 알 도리는 없다. 아무튼 그런 기관이나 사람들이 그렇게 어려운 자리에 있었다. 그리고 그런 자리에서 언문, 훈민정음이 만들어졌다. 임금의 자리, 그런 자리를 천로하다고 할 수는 없다. 그런데 춘추관 사관들은 천로하다고 한다. 내전이건 금중이건, 그런 자리를 드나드는 사람들을 외인(外人)이라고도 했다. 춘추관의 불만, 언문이건 『용비어천가』이건 임금이 안에서 하는 일이야 모르겠지만, 실록만큼은 건드리지 말아달라는 뜻이다. 말이야 옳은 말이지만, 같은 사관의 입장이어서 그랬을까, 불만의 표현이 조금 지나치다는 느낌도 들고, 글도 뜻도 뭔가 꼬인 듯 모호하다.

이제 전하께서는 성스러운 성품이 너그럽고 어질지만, 은혜가 백성에게 미치지는 못합니다. 백성들이 이미 힘에 벅찬데도 큰 규

170

모의 건축 사업이 끊이지 않습니다. 아뢰는 말이 간절했지만, 아뢰는 말을 참으로 따르신 경우는 없었습니다. 대신들은 영합하여 당장의 편안함만을 좇아 임시방편의 정책만을 펴고 있습니다. 좌우의 세력이 커져 (임금을) 가리우고, (관작의) 제수(除授)가 외람되어 간알(干謁)하려는 조짐이 있습니다.***

세월은 흘러 세종이 승하하고 문종이 즉위한 지 몇 달, 언문청은 정음청(正音廳)이라는 이름으로 다시 실록에 등장한다. 그사이 언문청에 어떤 일이 있었는지 분명하지는 않지만, 심각한 일이 다시 벌어졌다. 대사헌 안완경(安完慶), 집의(執義) 어효첨(魚孝瞻), 장령(掌令) 신숙주(申叔舟), 하위지(河緯地), 지평(持平) 이영구(李英耈), 윤면(尹沔) 등이 갑자기 상소문을 올리고 사직했다. 말하자면 사헌부의 집단행동. 서슬이 퍼렇다. 실록의 기록만으로는 뭔가 불안하게 꼬인 듯싶었던 일이 드디어 터졌다.

간알(干謁)은 속셈을 가지고 임금님을 뵙는 일이다. 나라의 인사에는 명분도 법도도 있어야 한다. 임금을 만나 속닥속닥, 관작이 오간다면 그것이야말로 나라의 망조다. 젊은 임금에 당당하게 맞서 일어난 사헌부의 집단행동, 겉으로 보기엔 멋지고 신나는 장면이다. 함께 화살을 맞은 의정부 대신들도 책임을 진다며 사직하고 집으로 돌아갔

● 　　강희맹(姜希孟), 「문충공행장(文忠公行狀)」, 『보한재집(保閑齋集)』 부록.
　　　문충공 신숙주에 대한 행장.
●● 　성현(成俔), 『용재총화(慵齋叢話)』 제7권. 신고령(申高靈)은 신숙주(申叔舟).
●●● 『문종실록(文宗實錄)』 4권, 문종 즉위년(1450) 10월 27일.

다. 나라가 발칵 뒤집혔다. '좌우의 세력이 커졌다'고 한 것은 무슨 뜻인가?

> 정음청(正音廳)을 별도로 설치하고 환관이 장악하도록 하였습니다. (중략)
> 이렇게 세력이 커진다면 임금을 가리게 된다는 것을 알 수 있습니다.*

당황한 문종은 이튿날 당사자들을 불러 상소문을 구절구절 함께 읽으며 내용을 확인한다. 아버지를 닮아 총명하고 합리적인 문종, 일 머리가 새삼스럽다. 우리는 세종이라는 이름을 들으면 대개는 집현전을 떠올린다. 집현전의 젊고 똑똑하고 정의롭고 충성스런 학사들을 연상한다. 세종은 조선이라는 나라의 기틀을 만들고 다진 임금이다. 조선의 제도와 문화, 다양한 개혁을 강력하게 이끌었다. 집현전 학사들에 대한 긍정적인 이미지는 세종이라는 유능한 지도자의 강력한 리더십과 조화를 이루고 있다.

> 경들은 매일 좌우에서 나를 도우니 다른 밖의 신하들과는 비교할 수가 없다. 정책의 잘잘못에 대하여 거리낌 없이 직언하여 내 뜻을 돕도록 하라.**

집현전 학사들에 대한 세종의 뜻이 저러했다. 한 나라의 제도와 문물을 정비하고 개혁하는 일은 우리가 연상하듯 그렇게 긍정적이고 아름다운 것만은 아니다. 개혁과 변화에는 반대도 부작용도 따라온다. 개혁으로 피해를 보는 이들이 있기 마련이고, 불만과 저항으로 번지기 마련이다. 세종이 품었다는 '내 뜻', 물론 개혁의 의지였다. 문종과 그의 형제들은 아버지 세종의 유업을 추진하고 있었다. 세종의 개혁을 완성하는 일이었다. 집현전 학사들은, 말하자면 개혁을 향한 세종의 전위대였다. 세월이 흘러 세종의 학사들은 권력의 중추로 성장했다. 저 사단을 이끈 주역들, 모두가 집현전 출신 엘리트다. 한때는 세종의 전위대로 개혁을 이끌었던 그들이 이제 세종의 아들, 문종에게 저항한다. 그들이 올린 상소문의 내용은 세종의 개혁에 저항하던 보수세력의 불만을 똑 닮았다. 그들이 걱정하는 '좌우의 세력'은 누구일까? 임금을 가리고 엉큼하게 간알하던 자들은 누구일까? 집현전 출신 고관들은 이제 정음청을 지목한다. 입장이 바뀌면 관점도 바뀐다.

> 사헌부의 말은 모두 절을 지은 일과, 나아가 절을 짓고 불사를 한 사람에게 관작을 제수한 일을 들어 말한 것이다.***

문종의 예측은 맞았다. 구절구절 따지는 사이에 글 뒤에 숨어 있는 인물과 사실들이 드러나기 시작한다. 원흉은 역시 이단이었고, 그 중심에 대군들과 신미가 있었다. 이제 사헌부도 문종도 정음청을 가리켜 불교 책을 만들기 위해 만든 기관이라고 한다. 세종의 아이들, 대군과 내시들이 장악한 기관, 좌우로 세력이 커지고, 임금을 가리고, 대

- 『문종실록』 4권, 문종 즉위년(1450) 10월 28일.
- ● ● 『세종실록』 12권, 세종 6년(1424) 3월 8일.
- ● ● ● 『문종실록』 4권, 문종 즉위년(1450) 10월 28일의 다른 기사.

신들은 영합하고…. 내전에 두었던 언문청, 훈민정음을 위해 만들었던 기관은 어느새 불교 책을 위한 기관이 되었다. 물론 훈민정음과 불교 책은 언해(諺解)를 가리키는 말이다. 세종의 승하를 전후해 이미 언해의 방향은 정해졌다는 뜻이고, 그 일의 중심에 대군들과 신미가 있었다는 뜻이다.

『용비어천가』의 경우에서 보듯이 훈민정음으로 책을 만들고 찍어내는 일은 이전에는 없던 새로운 일이다. 나라의 새로운 일, 새로운 일머리가 필요하다. 기존의 사람, 기존의 기관이 할 수 없다면 새로운 사람, 새로운 기관이 필요하다. 이 또한 개혁이다. 불만과 모순이 없을 수 없다. 하물며 이단의 책, 이단의 일이다. 기존의 기관, 기존의 일꾼들이 반길 리 없다. 일이 커지고 많아지면 자연 좌우로 세력도 자란다. 왕실과 세종의 아이들, 영합하는 대신들로 정음청은 이단의 소굴이 되었다. 그래서 사헌부가 나섰고, 사간원도 동참했다. 대신들은 물러나겠다고만 한다. 문종은 대관(臺官)을 달래는 한편, 대신들도 달래야 했다. 대관도 대신도 사표를 던지고 집으로 돌아갔다지만, 저 임금은 사표를 던질 곳도, 대궐을 떠나 돌아갈 집도 없다.

따지고 보면 집현전도 정음청도 똑같이 '좌우의 세력'이었다. 임금의 좌우에서 임금을 도와 정책의 잘잘못에 거리낌 없이 직언하며 임금의 뜻을 돕던 세력이었다. 그런 집현전의 세력이 그런 정음청의 세력을 탄핵했다. 개혁적인 임금과 보수적인 관료, 개혁 정책을 두고 왕권과 신권이 맞서던 장면이다. 개혁에 명분이 있다면 보수에도 명분이 있다. 제도와 문물을 개혁하는 까닭에는 부딪치는 명분을 합리와 합법의 틀 안에서 해결하자는 목적도 있다. 조선이 자랑하는 조선의 언로 또한 그런 제도이자 문화였다. 언문이 되었건 정음이 되었건,

세종이 시작하고 아이들이 이어받은 개혁이었다. 세종에게 명분이 있었다면 신하들에게도 명분이 있었을 것이다. 명분이 부딪친다면 조선의 언로, 합리와 합법의 틀 안에서 명분을 다투면 된다. 그런데 그 사이로 이단론이 끼어들었다. 대군과 신미, 환관들이 끼어들었다. 개혁의 의제는 이단의 의제로 가려졌다. 그렇게 언로는 막혔고 개혁은 사라졌다. 공호이단(攻乎異端), 관점이야 다를 수 있지만 이단을 공격하는 일은 이렇게 해롭다.

귀천이 없이 함께
부처 앞에 들어

문소전(文昭殿)은 태조가 신의왕후 한씨를 위해 세운 사당이다. 태종이 창덕궁 밖 북쪽에 새로 사당을 지어 모셨는데, 그 동쪽에 작은 불당을 지어 승려 일곱을 두어 지키도록 했다. 왕비를 위한 작은 원찰이었다. 세종 14년(1432), 경복궁에 사당을 새로 짓고 태종과 왕후의 위패를 함께 모셨다. 문소전 동편의 절은 자연히 폐사되고 말았다.

세종 30년(1448) 7월, 임금은 느닷없이 전례에 따라 경복궁으로 옮긴 문소전 밖에 불당을 새로 짓겠다고 선언했다. 돌아가신 부모님을 위한 불당, 폐허가 된 꼴을 좌시하고 살았으니 부끄럽다고 했다. "나는 견딜 수가 없다."고 했다. 법당 1간, 동서채 각 3간, 문 3간, 부엌 3간. 절이랄 것도 없는 조그만 불당이다. 그런데 이 작은 불당이 극단의 파국을 불러왔다. 이른바 내불당 사건이다. 세종은 이 불당이 궁궐 밖에 있기 때문에 상관이 없다고 강변했다. 그래서 당시에는 그냥 불당이라고 불렀다. 하지만 신하들의 속마음은 달랐던 모양이다. 세종이 승하하자마자 실록은 이 불당을 내불당이라고 기록하기 시작했다. 임금의 말이 떨어지기가 무섭게 반론들이 쏟아졌다. 병인년의 불사 이후로 참고 참았던 불만이 폭발했다. 말 그대로 온 나라의 선비들이 들고 일어섰다.

이단이 기세가 맹렬해지고 우리의 도(道)는 쇠약해지니 헛되이 참고 있을 수가 없다. 성인께 예를 올려 하직하고 떠난다.[*]

성균관 학생들, 요즘으로 치면 대자보를 붙여놓고 각자 집으로 돌아갔다. 동맹휴학 같은 것이겠지만, 파급 효과는 요즘에 비할 바가 아니다. 성균관 학생이라면 나라를 대표하는 엘리트다. 이들이 고향으로 돌아가면, 반대 여론은 조정과 서울을 벗어나 전국으로 확산된다.

내가 어리석고 고집스럽다는 사실은 경들도 알 것이다. 내가 우매하여 불교를 철저하게 혁파하지 못했다. 그렇다면 조종(祖宗)을 위하여 절을 짓는 것도 오히려 괜찮을 것이다. 게다가 옛것을 회복하자는 것 아닌가? 내가 이렇게 마음먹었으니 돌이킬 수가 없다. 내가 이렇게 똑같은 말로 반복하여 대답하고 있자니 마치 어린아이가 천자문을 외워 익히는 것 같다. 이후로는 다시는 대답하지 않겠다.[**]

똑똑한 신하에 어리석은 임금. 말도 거듭하면 버릇이 된다. 하지만 이번에는 상황이 좀 다르다. 병인년에야 줄초상에 아픈 임금 앞에서 똑똑한 신하들도 염치가 있었을 터였다. 이번엔 그럴 필요도 없고,

●   『세종실록』 121권, 세종 30년(1448) 7월 23일.
●●   위의 글.

물러설 자리도 없다. 조선 선비들은 정말로 위기감을 느꼈다. 승니를 도태하는 것의 명분도 실리도, 모든 것을 잃을 수도 있었다. 임금은 스스로 어리석고 고집스럽다고 했지만 그사이 누구도 할 수 없는 일들을 하나하나 해내고 있었다. 훈민정음을 완성하고 불경을 번역하여 보급하는 일, 『고려사』를 정리하고 『용비어천가』를 지어 나라의 이념과 정통을 세우는 일, 악기를 만들고 노래와 춤을 지어 제도로 안정시키는 일, 도량형과 조세제도를 정비하는 일…. 아프고 슬프고 어리석기는커녕, 세상 어디에도 빠지지 않을 왕성하고 용의주도한 리더십을 보이지 않았던가. 게다가 똑똑하고 성실한 세자에다 괄괄하고 거침없는 수양과 안평, 세종의 아이들이 전면으로 부상하고 있지 않은가. 조촐한 불당 하나가 문제는 아니었다. 그사이에 있었던 일들, 실록의 기록만 보아도 어느 것 하나 환영할 만한 일들이 아니었다. 임금은 고집 부리고, 아이들은 설치고, 늙고 우유부단한 대신들은 할 말이 없고, 신하들의 눈으로 보면 나라의 미래가 온통 예측할 수 없는 혼돈 속으로 말려들고 있었는지도 모르겠다.

대간(臺諫)이 불당(佛堂) 짓는 일을 멈추라고 거듭 청하였으나 끝내 대답이 없었다. 상께서 만년에 병으로 대신들과 접견할 수 없었다. 광평(廣平)과 평원(平原) 두 대군께서 잇따라 돌아가시고, 소헌왕후 또한 승하하시니 상께서 마음으로 의지할 곳이 없었다. 그러자 수양대군과 안평대군이 사악한 말에 혹하여 아버지의 뜻을 오도하여 궁궐 가까이에 불당을 세웠다. 온 나라의 신하들이 강하게 반대하지 않은 사람이 없었지만, 상의 뜻을 돌이킬 수 없었다. 상의 성덕(聖德)에 누를 끼쳤으니, 이는 실제로는 두 대군이 오도한 잘못이다.*

요순과도 같은 성군 세종, 성군의 명예에 누를 끼친 자는 수양과 안평이다. 사악한 말에 혹하고, 불순한 사상에 물든 아이들이다. 불당에 얽힌 소동은 이렇게 아이들의 잘못으로 일단락되었다. 실록의 기록이 그랬다.

불당이 완성되어 경찬회(慶讚會)를 열어 닷새 만에 파했다. (중략) 관현악을 위하여 음악을 새로 작곡하고, 악기도 모두 새로 만들도록 했다. 50명의 악사와 10명의 무동(舞童)을 미리 익히도록 하여 부처에게 공양하니, '음성공양'이라고 불렀다. 편종과 편경, 범패, 현악기와 관악기의 소리가 대궐까지 들렸다. 정분(鄭苯), 민신(閔伸), 이사철(李思哲), 박연(朴堧), 김수온(金守溫) 등이 중의 무리에 섞여 밤낮으로 뛰고 도니, 온몸이 땀으로 젖어도 지친 빛이 없었다.**

그사이 세종은 여러 편의 음악을 작곡했다. 노래의 가사는 신미와 김수온이 맡았다. 안평대군은 불당 건축을 감독했다. 임영대군은 불상 조성을 감독했고, 금성대군은 단청을 감독했다. 수양대군은 노래와 춤을 준비하고 지휘했다. 세종의 아이들이 팔을 걷고 나섰다. 말하자면 세종은 기획자요 설계자였고, 수양은 이벤트의 총감독이었다.

●　『세종실록』 121권, 세종 30년(1448) 8월 5일.
●●　『세종실록』 122권, 세종 30년(1448) 12월 5일.

실록의 기록만 보더라도 저것이 아주 잘 설계되고 준비된 이벤트였다는 느낌이 든다.

악기는 물론, 춤과 노래를 정비하여 크고 작은 행사에 쓸 수 있도록 제도화하려는 것이 세종의 뜻이었다. 세조가 추억한 병인년의 기억, 불전을 번역하여 전경에 쓰겠다는 세종의 뜻, 이 장면은 그래서 의미심장하다. 실록의 기록은 역시 싸늘하지만 밤낮으로 뛰고 돌아도 지친 빛이 없었다는 저들에게 이 장면은 정말 신나는 절정이었겠다는 생각도 든다. 그만큼 오랜 꿈이었고 오랜 준비를 거쳤다. 말하자면 이제야 비로소 우리 악기와 음악, 우리 노래와 춤으로 우리 감정을 표현하게 된 것이다.

병인년을 전후로 이때에 이르기까지, 세종의 일에는 뚜렷한 일관성이 보인다. 이것은 실록의 기록처럼 숭불과 같은 특정한 종교나 신앙에 관한 일은 아니었다. 조선은 이미 성리학의 나라였다. 불교는 이미 충분히 억압당하고 있었다. 절 하나 더 짓는다고 세상이 바뀌진 않는다. 하지만 훈민정음이나 우리 노래는 완전히 다른 영역의 문제다. 세종이 불교 책을 번역하고 불교 노래를 지었다지만, 그는 유교의 책도 숱하게 정리하고 출간했다. 건국이념에 따라 『용비어천가』도 짓고 작곡했다. 종묘에서 연주하는 음악이 있었고, 조정에서 연주하는 음악이 따로 있었다. 군대 음악도 있었고, 놀이 음악도 있었다. 여뀌 잎처럼 작은 나라, 없앤다고 없어지지도 않을 불교, 어차피 남겨두어야 할 거라면 불교 의식도 우리말, 우리 노래로 바꾼들 탓할 것도 없다. 우리글로 읽고, 우리글로 생각하고 사랑하고 소통하고, 요즘엔 이런 걸 지식과 문화의 혁명이라고 부른다. 사사건건 반대와 난관이 있었지만, 세종과 아이들은 당당하게 헤쳐 나왔다. 세월이 흘러 오늘의 우리는 그 덕으로 산다. 기록은 계속된다.

막 정근(精勤)을 할 때에 문을 나서 보니 사리가 빛을 뿜는데, 그 빛이 불꽃과 같았다. 그 안에 흰 기운이 있었는데 엉겨서 뚝뚝 떨어지는 것이 진주알 같았다.*

저 장면에는 이런 일도 있었다. 그래서 나온 책이 『사리영응기(舍利靈應記)』다. 세종의 명에 따라 김수온이 지었다. 제목으로도 짐작할 수 있듯이 신비한 사리에 관한 이야기다. '야단법석'이란 말이 있다. 넓은 들에 단을 세우고 불교 법회를 연다는 뜻이다. 이 장면, 이 책, 딱 이 말에 어울린다. 50명의 관현악단에, 갖가지 꽃을 들고 춤을 추는 댄스그룹에, 그 소리가 대궐까지 들렸다니 과연 모처럼의 소란스런 야단법석이었다. 양종을 대표하는 고승이 다 모였고, 대군을 비롯하여 왕실의 친족, 직간접의 고관들도 숱하게 모였다. 한편으로는 가무를 공연하고, 한편으로는 입을 모아 경을 외우고 염불을 한다. 세종도 간곡히 부탁을 했다고 한다. 간절하게 기도하고 정근하여 불보살의 감응을 받도록 하라. 그 자리에 모인 대중, 귀천을 막론하고 모두 261명이 법당에 들어가 연비하고 참회를 했다고 한다. 그래서 사리탑이 빛을 발하고, 흰 기운이 엉기고, 사리를 나토고, 사리가 분신(分身)을 하고, 그래서 사리 4과를 새로 얻었다고 한다.** 믿거나 말거나 신비한 이야기지만, 아무튼 그 덕에 좀 더 자세한 기록이 남을 수

* 위의 글.
** 김수온, 『사리영응기』.

있었다.

그 자리에 성임(成任)도 함께 있었는데 수양대군이 "너는 공자의 도를 말하는데, 석가와 비교하면 누가 우월한가?"라고 물었다. 성임은 "공자의 도에 대하여는 제가 일찍부터 그 글을 읽어서 거칠게나마 뜻을 압니다만, 석씨에 대하여는 그 글을 본 적이 없으니 감히 안다고 할 수 없습니다."라고 대답했다. 대군은 "석씨의 도가 공자보다 뛰어나니, 하늘과 땅의 차이보다 훨씬 크다. 옛 선비가 이르기를 '비록 저미고 지지고 찧고 갈려고 해도 그럴 몸이 없다.'라고 했지만, 이는 그 이치를 모르고 헛소리를 한 것이다."라고 했다.•

몸을 저미고 지지고 찧고 갈고, 이 가혹한 형벌을 뜻하는 말 좌소용마(挫燒舂磨), 『불씨잡변』에 나오는 말이다. 정도전은 이를 주자의 『근사록집해(近思錄集解)』에서 따왔다. 송나라의 사마광(司馬光, 1019~1086)이 했다는 말이다. 수양은 이 말을 다시 『불씨잡변』에서 읽었다.

옛 선비가 불교의 지옥설을 비판하여 이르기를 (중략)
'부처를 공양하지 않고 중을 먹이지 않으면, 반드시 지옥에 떨어져 저미고 지지고 찧고 갈고, 온갖 고초를 받는다.'고 하지만, 죽은 자의 형체는 썩어 문드러지고 정신은 흩어져 비록 저미고 지지고 찧고 갈더라도 받을 몸이 없다는 사실을 모르기 때문이

• 『세종실록』 122권, 세종 30년(1448) 12월 5일.

다.**

　부처나 중을 먹이지 않는다고 지옥에 떨어뜨리고, 저미고 태우고 찢고 간다면 그런 게 무슨 가르침인가? 무지막지한 폭력, 그뿐이다. 부처가 됐건 중이 됐건 얻어먹자고 그런 소리로 멀쩡한 사람들을 속이고 겁준다면 거지도 그런 천한 거지가 없다. 주자도 사마광도, 그리고 정도전도 불교의 지옥설이 허무맹랑한 거짓이라고 했다. 그러나 이런 정도의 지옥설은 불교에서도 말류(末類)에 속한다. 오계나 십계, 계율을 통해 착한 일을 권하지만 중을 먹이지 않으면 지옥에 떨어진다는 협박을 하지는 않는다. 어쨌거나 불교에서는 분명 지옥을 가르친다. 그리고 어떤 시대였건 얻어먹자고 지옥 따위를 이용하는 말류들도 있다. 시절이 어수선할수록 천한 거지들도 늘어난다. 더럽고 악랄한 세상, 오탁악세(五濁惡世)라는 말도 그래서 생겨났다.

　수양의 좌소용마, 말도 악랄하지만 말에 담긴 의도는 더욱 섬찟하다. 수양의 말은 정도전을 곧바로 겨냥하고 있다. 정도전이야말로 지옥에 떨어져 좌소용마, 최악의 고통을 맛보고 있을 것이라는 악담이 될 수도 있다. 세종의 아이들이 주도했다는 불당과 경찬회, 이단을 둘러싼 일촉즉발의 대립이 이처럼 심각했다. 말문은 이미 막혔다. 속이 곪고 타는 사람들, 피차 제 갈 길을 간다.

　사헌부에서 아뢰었다. "신(臣)들이 듣자오니 지난번 불당의 경찬회를 할 때에, 대군으로부터 노비와 악공(樂工)까지 경찬회에 모인

●●　정도전, 『불씨잡변』.

자들이 계(契)를 맺었다고 합니다. 설사 계를 맺은 자들이 모두 보통 사람이라고 해도 오히려 옳지 않은데, 하물며 종놈들의 무리와 계를 맺는 일이겠습니까? 바라옵건대 금지해주십시오."

상께서 이르셨다. "계를 맺는 일이야 진실한 마음이 있으면 귀의(歸依)할 것이고, 진실한 마음이 없다면 그만일 것이다. 이런 일이 어찌 대관(臺官)이 알아야 할 일인가?" 윤허하지 않았다.

처음, 경찬회 저녁에 부처가 빛을 뿜었다고 선언하자, 정랑(正郞) 김수온이 글을 지어 부처의 공덕이 왕성하고 이날의 귀의가 지극하다는 것을 과장하여 적었다. 대군과 제군(諸君), 좌참찬 정분(鄭苯), 판서 민신(閔伸), 부윤 박연(朴堧), 도승지 이사철(李思哲) 등으로부터 아래로 내시와 일꾼에 이르기까지 분향하고 함께 계를 맺기를 부처에게 맹세하였다. 그래서 사헌부에서 말을 한 것이었다.*

불당을 세우고 경찬회를 열고, 해를 넘겨 다섯 달이 지났다. 아마도 김수온의 글 『사리영응기』를 계기로 되살아난 기억이었을 것이다. 사실 『사리영응기』는 기록으로서도 흥미 있는 글이다. 불상과 사리탑이 빛을 뿜고, 빛이 엉겨 사리를 분신하고, 이런 기록 외에도 불당이 만들어진 사연, 경찬회 장면 등, 다른 데서 찾을 수 없는 귀한 기록들을 담고 있다. 그중에서도 가장 흥미 있는 장면은 바로 저 계를 맺는 장면이다. 김수온은 열렬했던 정근(精勤) 장면을 생생하게 묘사한 뒤에, 수양대군의 제안으로 법당에 들어와 정근에 참여했던 모두가 계를 맺는 장면을 기록하고 있다. 그리고 그 뒤에는 계를 맺은 261명의

● 『세종실록』 124권, 세종 31년(1449) 5월 21일.

이름을 낱낱이 기록했다. 그중 상당수가 똥구디, 오마디, 막동, 수세, 아가지, 곰쇠 같은 이름이 훈민정음으로 적혀 있다.

위에 인용한 사헌부 대관의 말 가운데 '보통 사람', 원문은 착할 선(善)이다. 착한 자들에 대비된 자들은 종놈들, 복예(僕隷)다. 착한 자들은 물론 종놈들에 상대되는 자들, 계급이 다른 자들이다. 종놈들은 하여간 좋은 자도 착한 자도 아니라는 뜻이다. 저 대관에게는 두 가지 불만이 있었다. 하나는 부처 앞에서 떼거리로 계를 맺은 일이고, 다른 하나는 대군과 대신이 천한 자들과 동등하게 계를 맺었다는 사실이다. 이단과 계급, 어떤 쪽의 불만이 더 컸을까?

대관의 불만에는 분명 정치공학의 측면이 있다. 억지로 판을 그려보자면 임금과 아이들이 한편에 있고, 성리학 선비들이 반대편에 있다. 계급의 근본이 군신(君臣)이라지만, 사대부들은 임금의 일거수일투족에 시비를 걸만큼 견제할 힘을 갖고 있다. 하지만 임금과 아이들은 답답하고 불안했다. 세종의 말년은 뭔가 비밀의 장막에 가려 있다. 세종은 이것저것 변명하고 명분을 대며, 세자를 앞세우고 일선에서 물러나겠다고 고집을 부렸다. 하지만 그러는 사이 세종은 역사에 남을 만한 여러 가지 일을 추진했다. 과학과 기술, 출판과 예술, 폭넓은 업적은 눈이 부실 지경이다. 만년의 세종, 그는 자신이 하고 싶었던 일, 꼭 필요한 일조차 대놓고 할 수 없었다는 뜻이다.

동아시아의 불교는 군신의 계급을 부정하지는 않는다. 조선의 불교 또한 군신의 계급을 인정한다. 이런 것은 일종의 타협이다. 어쨌거나 조선의 불교는 일승(一乘)의 불교였다. 모든 중생, 살아 있는 모든 생명의 차별을 부정한다. 누구나 불성을 가지고 있고, 누구나 부처가 될 수 있다. 『사리영응기』는 '귀천이 없이 함께 부처 앞에 들어'라고 묘사했다. 이런 것이 이단의 정체였다. 성리학자들은 하늘이 준 성품이라 하지만, 이단은 하나의 불성(佛性)만을 인정했다. 그리고 수양대군은 분명 그 같은 계급 조건을 이용했다. 정치공학이었을까? 내시와 기술자, 종놈들까지 적극적으로 품어 안았다. 실제로 『사리영응기』에 실려 있는 이름들, 훈민정음으로 기록할 수밖에 없었던 '선(善)하지 않은 자들'의 이름, 그중에는 수양의 충성스러운 우군으로 피바람을 함께 넘어 공신 지위에 오른 자도 여럿 있다. 정치로 치자면 왕권과 신권의 새로운 균형이었다.

수양은 좌소용마의 악담을 퍼부었다. 이런 것도 뒤집힌 자들의 업 구덩이라 하겠다. 어쨌거나 이단도 계급도, 대관의 불만도 그냥 우연은 아니었다. 그런 점에서 보면 세종의 대꾸는 얄밉도록 냉정하다. 그는 그냥 아프고 슬픈 노인네가 아니다. 진실한 마음. 세종은 성심(誠心)이라고 했다. 선비들이 좋아하는 말을 골라 썼지만, 그는 이미 길을 정했다. 일승(一乘)의 길이다. 수양의 기록과 언해불전에 비추어 보면 그렇다는 말이다.

3부

정도전,
이색,
함허

"매일 강의가 끝나면,
의심스러운 뜻을
두고 서로 논란하여
각각 끝까지 의심을
풀었다."던 이색의
학풍. 정몽주도
정도전도, 출가하기 전
성균관의 함허도, 그런
학풍에서 길러진 성리학
엘리트였다. 의심이
풀릴 때까지 끝까지 함께
읽으며, 함께 논란하던
읽기의 전통이 있었다.

정몽주와
정도전

세종은 만년에 불교 책을 열심히 읽었다. 이단의 책이었다. '승니를 도태하라', 조선의 혁명공약이었다. 세종은 혁명의 전위였고 이념의 수호자였다. 그에게도 불교는 저 끝의 이단이었다. 그런 그가 어느 순간 이단의 책을 읽기 시작했다. 이단을, 이단의 책을 읽는 일, 여기에도 전통이 있다. 스타일이 있다.

'태승니'라는 혁명공약은 삼봉 정도전의 작품이었다. 도태를 하건 배척을 하건 뭔가는 알아야 했고, 그러려면 읽어야 했다. 당연 삼봉도 이단을 읽었다. 이단을 읽는 삼봉, 그에게는 선명한 스타일이 있었다.

이단은 날로 성해지고, 우리의 도는 날로 쇠약해져, 백성을 금수의 영역으로 몰아넣고, 백성을 도탄의 가운데로 빠뜨렸습니다. 사해(四海)는 도도하여 한계가 없는데, 아 슬퍼라, 그 누가 바르게 하겠습니까? 반드시 학술이 바르고, 덕과 지위가 현달(顯達)하여, 사람들이 믿고 복종하는 사람이 있은 뒤에야 바르게 할 수 있을 것입니다. 아래의 백성들은 미련하고 어리석어, 취해야 할 것과 버려야 할 것을 구분하지 못합니다. 참으로 한 시대의 현달한 사람이 있어, 배척하면 물리치고, 북돋으면 따르게 됩니다. 이는 다만 현달한 사람에게 믿고 복종할 줄만 알고, 도에 사악하고 바른 것이 있다는 사실을 모르기 때문입니다.*

정도전이 정몽주에게 보낸 편지의 일부분이다. 정도전의 스타일을 엿볼 수 있는 글이다. 정도전의 글은 분명하다. 혁명가의 스타일이랄까, 분명한 만큼 설득의 힘도 강하다. 우리의 길과 이단의 길, 정(正)과 사(邪), 위와 아래, 현달한 자와 어리석은 백성, 덕에 현달한 자와 지위에 현달한 자, 가져야 할 것과 버려야 할 것, 배척하고 북돋고…, 처음부터 끝까지 대구를 지킨다. 전형적인 이분법이다. 그래서 쉽다. 대구만 따라가면 된다. 오해의 여지도 별로 없다.

이단은 물론 불교다. 우리의 도는 물론 유교다. 이단의 불교는 사악한 길이고, 우리의 유교는 바른 길이다. 어리석은 백성을 이끄는 자, 이들을 복종시키는 시대의 현달(顯達)한 자, 정도전은 이 또한 대구로 나눈다. 덕달(德達), 덕(德)이 뛰어난 자와, 위달(位達), 지위가 높은 자. 그리고 이 대구를 가지고 역사를 평가한다. 맹자는 덕에 현달한 자다. 지위는 낮았지만 양주(楊朱)와 묵자(墨子)라는 이단을 배척하고 공자의 도를 받들자 천하가 복종했다. 이에 반해 양무제는 지위가 현달한 자다. 그는 멍청하고 무식했지만 지위가 높아, 불교를 일으키자 천하가 복종했다. 그리고 이런 잣대를 가지고 다시 미래를 바라보았다. 이단이 설치는 사악한 시대, 누가 과연 바르게 할 수 있을까?

나의 벗, 달가(達可)가 바로 그 사람입니다. 달가는 비록 지위는 없지만, 달가의 학문은 학자들이 그 바름에 복종합니다. 달가의 덕은 학자들이 그 현달함에 복종합니다. 제가 미련하고 어리석지만 비웃음을 무릅쓰고 단호하게 이단을 배척하는 데 뜻을 두는 것도 또한 달가에게 의지하기 때문입니다. 하늘이 달가를 낳았으니 참으로 우리의 도로서는 복입니다.

요즘 오가는 말을 듣자니, '달가가 『능엄경』을 보는데, 불교에 빠진 것 같다.'라고 합니다. 나는 '『능엄경』을 보지 않는다면, 그 말이 사악한지 어찌 알겠는가? 달가가 『능엄경』을 보는 것은 그 병을 찾아 처방을 하려는 것이지, 그 도를 좋아하여 연구하자는 것이 아니다.'라고 했습니다. 그리고 속으로 '달가가 불교에 빠진 것이 아니라는 걸 내가 보장한다.'고 했습니다.**

『세종실록』의 사관이 세종을 요순에 비겼다면, 정도전은 달가를 맹자에 비겼다. 지위는 없지만, 학문과 덕으로 사악한 이단을 꺾고 천하를 복종시킬 바로 그 사람이라고 했다. 달가는 과연 누구인가? 앞에서 고려 말 목은 이색이 성균관을 새로 짓고 사방에서 모여든 학생들과 함께 글을 읽고 논란하던 일화를 소개했다. 달가도 학관 자격으로 그 자리에 참여했다. 달가의 강의와 논란, 대사성 이색은 "달가의 논리는 가로로 세로로 이치에 맞지 않는 것이 없다."***고 극찬하며 '동

●   정도전, 「달가(達可)에게 올리는 편지」, 『동문선』. 달가(達可)는 정몽주의 자(字).

●●   정도전, 위의 글.

●●●   원문은 횡설수설(橫說竪說). 종횡으로 자유자재한 부처의 언변을 찬탄하는 불교의 표현이다. 정도전이 달가를 맹자에 비겼다면, 이색은 달가를 부처에 비겼던 셈이다.

방 이학(理學)의 조종(祖宗)'이라고까지 높였다고 한다.* 하지만 이렇게 빛나던 장면은 비극으로 끝맺음을 한다. 선죽교에서 쇠망치에 맞아 죽었다는 정몽주, 그가 바로 달가다.

정몽주는 이른바 충절의 상징이다. 망조가 든 나라에 목숨을 걸었다. 하지만 이런 평가는 정몽주라는 인물에게도 우리 역사에도 공평하지도 이롭지도 않을 것 같다. 충절이란 말 자체가 권력을 둔 승부와 경쟁의 논리에서 나온 것이기 때문이다. 정도전의 절절한 칭찬도 그렇거니와, '동방 이학의 조종', 이런 말이 어디 아무나 들을 수 있는 흔한 말인가? 세월은 흘러 동방의 조선은 과연 이학의 나라가 되었다. 정몽주 같은 인물에게 경륜을 펼 기회가 주어졌다면 어찌 변했을까? 역사에는 가정이 없다지만, 그래도 달가의 밝은 면모를 재조명해볼 기회는 있어야 할 것 같다.

그러나 창려(昌黎)가 태전(太顚)과 한 번 말을 섞은 뒤로 후세에 곧 구실이 되고 말았습니다. 달가는 남들이 모두 믿고 복종하고 있습니다. 그 행위에 우리 도의 흥망이 걸려 있습니다. 자중하지 않을 수 없습니다. 아래 백성은 미련하고 어리석어, 쉽게 혹하지만 깨우치기는 어렵습니다. 달가는 생각해보시길 바랍니다.**

정도전의 길고 간곡한 편지, 목적은 이 얘기를 하려는 것이었다. 창려(昌黎)는 한유의 고향이다. 한유는 헌종이 부처님 사리를 궁중에

* 「포은선생집 연보고이(圃隱先生集 年譜攷異)」, 『포은집(圃隱集)』.
** 정도전, 위의 글.

맞아 공양을 하려고 하자, 이른바 불골표(佛骨表)를 올려 강력히 반대했다. 헌종이 분노하여 한유를 극형에 처하고자 했으나, 주위의 만류로 남방 조주(潮州) 자사로 좌천되었다. 그곳에서 태전 선사를 만나 가깝게 교류했다. 이를 두고 한유가 태전 선사에게 감복해 불교를 믿게 되었다는 설을 포함하여 다양한 이야깃거리가 생겨났고, 이로 인해 비판을 받기도 했다.

달가가, 구실(口實)이 되고 소문이 날 정도로 『능엄경』을 열심히 읽었다는 뜻이고, 그러니 자중해야 한다는 걱정이고 경고다. 하늘이 낳은 동방 이학의 조종이라는 달가, 그는 왜 군이 이단의 책 『능엄경』을 읽었을까? 하필 왜 『능엄경』이었을까? 그는 과연 어떤 판본을 어떻게 읽었을까? 확인할 도리는 없다. 이렇게 정몽주도 정도전도 『능엄경』을 읽었다. 불교에 빠졌다는 구실, 손가락질을 받고 탄핵까지도 받을 수 있던 시절이었다.

나는 소싯적부터 옛날의 문장가들을 사모하여 책이라면 훑어보지 않은 게 없었다. 그 아름답고 기이하며, 웅장하고 화려한 광경 또한 풍부하였다. 그러다 소동파(蘇東坡)가 『능엄경』을 읽은 뒤로 그 나라의 문장이 지극히 높고 묘해졌으며, 근세의 왕양명(王陽明)과 당순지(唐順之)의 문장도 모두 불전으로 인하여 각성한 바가 있었다는 말을 듣고는 은근히 부러웠다. 그래서 자주 승려들을 따라다니며 부처가 설했다는 경전들을 구하여 읽었다. 그 빼어난 견해는 과연 골짜기가 무너지고 강물이 넘쳐나는 것 같았다. 뜻을 풀어내고 말을 다루는 것은 용이 구름을 탄 것 같아, 멀고 아득하여 윤곽조차 종잡을 수가 없었다. 참으로 귀신같은 문장이었다.* 우울할 때 읽으면 즐거워지고, 지루할 때 읽으면 정신이 났다. 스스로 이걸 읽지 않았다면 이생을 허송할 뻔했다고 여겨, 해를 넘기기도 전에 백 상자를 읽어치웠다.**

허균(許筠, 1569~1618)의 글이다. 시절도 한참 뒤의 일이고, 재주나 기질에 비추어 보아도 좀 극단적인 사례일 수는 있다. 그래도 『능엄경』이라는 책에 대해 우리나라는 물론 동아시아의 젊은 선비들이 품었던 감회를 단적으로 보여준다.

문성공(文成公) 이이(李珥)는 타고난 자질이 지극히 높아, 겨우 대여섯 살에 이미 학문하는 방법을 알았습니다. 열 살이 되어서는 경서를 모두 통달하고서 "성인(聖人)의 도가 겨우 이게 다란 말인가?"라고 했습니다. 그래서 부처와 노자의 여러 책을 열람하였는데, 그 가운데 『능엄경』 한 책을 제일 좋아했습니다. 대개 그 내용은 안으로는 심성설(心性說)을 설하고 있는데 정교하고 미묘하기가 완벽합니다. 밖으로는 하늘을 따지고 땅을 헤아리는데, 극도로 크고 넓습니다. 만일 이이와 같은 고명함이 아니었다면, 그렇게 어린 나이에 어떻게 알고 어떻게 맛볼 수 있었겠습니까? 이것이 바로 스스로를 비판하는 소(疏)에서 "더벅머리 시절 도를 구하다가 불교에 빠졌었다."고 했던 상황이었습니다.***

'타고난 자질이 지극히 높아', 원문은 천자극고(天資極高)다. 이이(李珥, 1536~1584)가 자초한 구실, 이를 감싸고도는 송시열(宋時烈, 1607~1689). 그래서 그런지 수식하는 말이 사뭇 과장되어 보인다. '이렇게 어렵고 이렇게 심오한 글을, 이렇게 어린아이가 이렇게 똑똑히 읽어냈다니, 그것만 해도 기특하지 않은가.' 극고(極高)의 이이, 덕분에 『능엄경』도 '극도로 굉활(宏闊)한' 책이 되었다.

　　『능엄경』, 정몽주와 정도전, 이이와 송시열, 게다가 허균까지, 이름만으로도 타의 추종을 불허하는 명실상부한 거물들이 읽은 책이다. 불시에 암살을 당한 정몽주라면 몰라도, 정도전은 얼마간이라도 그 흔적을 남겼다. 물론 『불씨잡변』에서다.

　　●　명나라 왕세정(王世貞, 1526～1590)이 지은 『엄주사부고(弇州四部稿)』의 「예원치언(藝苑卮言)」에서 인용한 것. "『장자』와 『열자』, 『능엄경』과 『유마힐경』은 귀신같은 문장이어라. 그 빼어난 견해는 골짜기가 무너지고 강물이 넘치는 것 같다. 아득히 변화무쌍하여 그 윤곽조차 알 수 없다."

　　●●　허균, 「이나옹(李懶翁)을 전송하며」, 『성소부부고(惺所覆瓿藁)』.

　　●●●　송시열(宋時烈), 『송자대전(宋子大全)』 권19.

정도전의
읽기

『불씨잡변』은 정도전의 문집『삼봉집(三峯集)』에도 실려 있지만, 성종 9년(1478)에 편집한『동문선(東文選)』에도 실려 있다. 『동문선』에서는 변(辨)을 문장의 한 형태로 분류한다. 변(辨)이라는 글자, 가리고 따진다는 뜻이다. 참과 거짓, 옳고 그름을 가려 따지는 일이다. 점잖은 동양의 정서상 이런 종류의 글은 흔치 않다. 형식으로만 보아도 이 글은 우리나라를 대표하는 논리적인 비판 글이다. 아무튼『불씨잡변』은 극단적이라고나 할까. 말하자면 뭔가 전투적인 분위기 속에서 나왔다. 그래서 그런지 오늘날까지도 평가가 극단으로 엇갈린다. 간결한 설명을 위해『불씨잡변』의 논증 구조를 도표로 정리했다.*

● 　정도전, 『불씨잡변』, 『삼봉집』 권9. 정도전의 지(識)에 따르면 불씨잡변 15편과 전대사실 4편을 지었다고 한다. 윤기견(尹起畎)의 발문에는 세조 2년(1456) 교정, 편집하여 출간했다고 한다.

『불씨잡변』의 논증 구조

『불씨잡변』

1 불씨윤회지변(佛氏輪廻之辨)	불교의 윤회설에 대한 비판
2 불씨인과지변(佛氏因果之辨)	인과설에 대한 비판
3 불씨심성지변(佛氏心性之辨)	심성설에 대한 비판
4 불씨작용시성지변(佛氏作用是性之辨)	'작용(作用)이 성(性)'이라는 주장에 대한 비판
5 불씨심적지변(佛氏心跡之辨)	마음의 자취에 대한 비판
6 불씨매어도기지변(佛氏昧於道器之辨)	도(道)와 기(器)를 모르는 것에 대한 비판
7 불씨훼기인륜지변(佛氏毁棄人倫之辨)	인륜을 훼손하는 데 대한 비판
8 불씨자비지변(佛氏慈悲之辨)	자비에 대한 비판
9 불씨진가지변(佛氏眞假之辨)	진(眞)과 가(假)에 대한 비판
10 불씨지옥지변(佛氏地獄之辨)	지옥에 대한 비판
11 불씨화복지변(佛氏禍福之辨)	화복(禍福)에 대한 비판
12 불씨걸식지변(佛氏乞食之辨)	걸식에 대한 비판
13 불씨선교지변(佛氏禪敎之辨)	선(禪)과 교(敎)에 대한 비판
14 유석동이지변(儒釋同異之辨)	유불의 같고 다름에 대한 비판

전대(前代)의 사실(事實)

15 불법입중국(佛法入中國)	불교가 중국에 들어옴
16 사불득화(事佛得禍)	불교를 숭배하여 화를 얻음
17 사천도이담불과(舍天道而談佛果)	천도(天道)를 버리고 불과(佛果)를 말함
18 사불심근(事佛甚謹) 연대우촉(年代尤促)	부처를 극진히 섬길수록 나라의 수명은 단축됨

19 벽이단지변(闢異端之辨)	이단을 배척하는 변(辨)

20 지(識)	정도전의 지(識)
21 서(序)	권근(權近)의 서(序)
22 발(跋)	윤기견(尹起畎)의 발(跋)

『불씨잡변』 중 「윤회에 대한 변(辨)」의 구조

1. 사람과 물건이 생기는 이치

2. 불교의 윤회설

3. 윤회설의 오류

　　1) 주역을 인용하여 이치를 밝힘

　　　　① 인용

　　　　② 해석

　　2) 오류의 변증

　　　　① 내 몸을 관찰하여 변증

　　　　② 외물(外物)을 관찰하여 변증

　　　　　　ㄱ. 총론

　　　　　　ㄴ. 우물물의 사례

　　　　　　ㄷ. 곡식의 사례

　　3) 결론

　　　　① 윤회설의 오류

　　　　② 사람과 물건이 생기는 이치

　　　　③ 윤회설의 오류를 변증하고 이치를 밝히는 까닭

4. 반론에 대한 반박

　　1) 물음

　　2) 대답

정도전의 논증은 형식적으로 완벽해 보인다. 다른 논증들도 비슷한 형식과 구조를 갖고 있다. 짜임새도 있고, 읽기도 쉽다. 성리학의 익숙한 언어와 주제를 중심으로 거침없이 논증을 끌어간다. 그만큼 논증 효과도 선명하고 강력하다. 과연 정도전이다.

혼란스러웠던 시절, 당시 불교계가 자초했던 비난과 비판, 윤회나 인과응보를 앞세워 세상을 홀리고 백성을 속였다. 홀리고 속이는 일은 나쁜 일이니, 거짓을 밝히고 잘못을 고발할 필요가 있다. 그런데 정도전은 여기서 멈추지 않는다. 거짓과 잘못의 원인과 바탕을 논증하려고 한다. 과거에 불교가 저질렀던 거짓과 잘못의 역사, 정도전은 19가지 다양한 논증을 통해 거짓과 잘못이 불교 자체의 본성이라는 점을 밝히려고 한다. 본래부터 잘못된 것을 바탕부터 논증하고 통째로 걷어내겠다는 욕망이다. 말하자면 근본주의나 원리주의의 논증이다.

불법(佛法)이 천하에 두루 퍼졌고, 우리나라는 여뀌 잎처럼 작은데, 이 같은 불법을 깡그리 배척할 수는 없다.•

세종의 판단은 이랬다. 정도전 개인의 취향을 떠나 불교는 동아시아의 지식을 지탱하던 한 축이었다. 당연히 글깨나 읽는 지식인이라면 불교 책을 읽어야 했고 알아야 했다. 고려와 조선의 선비들이 추종하던 송나라와 명나라, 이른바 중화(中華)에서도 『능엄경』은 필독서였다. 성리학의 논리로 『능엄경』의 논리를 비판하고 뒤집을 수 있다면 천하의 지식을 평정했다는 뜻이 된다. 동아시아 한자 문화권에

• 『세종실록』 94권, 세종 23년(1441) 윤11월 11일.

『불씨잡변』 중 「심성에 대한 변(辨)」의 구조

---

1. 심성(心性)
    1) 심성의 의의
    2) 심성의 차이
    3) 심성의 분변(分辨)
2. 불교의 심성론
    1) 총론
    2) 불설을 인용하여 평함
        ① 능엄경
            ㄱ. 인용
            ㄴ. 평
            ㄷ. 안(按)
        ② 보조(普照) 수심결(修心訣)
            ㄱ. 인용
            ㄴ. 평
        ③ 총평
3. 불교는 허(虛)하고 유교는 실(實)함을 대(對)하여 변증
    1) 심성의 분변(分辨)
        ① 유교의 설
        ② 불교의 설
        ③ 불교에서 심과 성을 혼동하는 오류
        ④ 결론
            ㄱ. 유교의 설
            ㄴ. 유교 이론의 완전함
    2) 불교에서 마음의 성품을 모르는 오류
        ① 불설의 인용, 도서(都序)
        ② 마음의 이치를 모르는 오류
        ③ 심성의 차이를 모르는 오류
    3) 결론

서는 언제든 슈퍼스타로 등극할 수 있는 도전이었다. 그 일에 정도전
이 나섰다.

송시열은 『능엄경』을 심성설(心性說)이라는 한마디로 요약했다. 정
교하고 미묘하기가 완벽할 정도라고도 했다. 『능엄경』의 심성설만 깰
수 있다면, 『능엄경』도 불교도 한 번에 무너뜨릴 수 있다. 윤회설이나
인과응보설 따위는 굳이 앞세워 건드릴 필요조차 없다. 이것 하나만
으로도 충분하다.

왼쪽의 논증 구조 또한 형식이 매끈하고 아름답다. 내용은 간결
하다.

1. 성리학의 전통에 따라 심(心)과 성(性)을 정의하고, 심과 성이 다
   르다는 사실을 논증한다.
2. 『능엄경』과 고려 지눌(知訥)의 『수심결(修心訣)』을 인용하여, 심
   과 성에 대한 불교의 정의를 대비시킨다.
3. 양편의 정의를 비교하여 불교에서는 심과 성을 혼동하고 있다
   는 결론을 내린다. 그 까닭은
   1) 첫째, 마음의 이치를 모르기 때문이고,
   2) 둘째, 심과 성의 차이를 모르기 때문이다.
4. 결론: 그러므로 "석씨(釋氏)는 허(虛)하고 우리 유교(儒敎)는 실
   (實)하다. 석씨는 둘이고 우리 유교는 하나다. 석씨의 논리는 끊
   어지지만 우리 유교는 연속된다." 배우는 자는 마땅히 밝게 가
   려야 하겠다.

하지만 이 논증에서 가장 문제가 되는 것은 논증 근거로 제시하

고 있는 이른바 '불교의 주장'이다. 『능엄경』에 대해서는 단 한 구절의 인용과, 단 한 구절의 평(評)이 있을 뿐이다.

『능엄경』에서 이르기를 '원묘명심(圓妙明心)'과 '명묘원성(明妙圓性)'이라고 했다. 이는 명(明)과 원(圓)을 나누어 말한 것이다.

보조가 이르기를 '마음 밖에는 부처가 없고, 성(性) 밖에는 법(法)이 없다'고 했다. 또 이는 부처와 법을 나누어 말한 것이다.

<u>결론</u>

이는 조금이라도 소견(所見)이 있는 것 같아 보인다. 그러나 이는 모두 비슷한 것을 상상하는 가운데서 얻은 것이지, 분명하고 진실한 견해는 없다. 그 주장에 말장난은 많아도 일정한 논리가 없다. 그런 실정을 알 수 있다.

이런 말을 알아들을 수 있는 사람은 예나 지금이나 천하에 없다. 그런데도 이런 논증과 결론을 요즘에도 당당하게 인용하고 주장하는 사람들이 있다. 희한한 일이다.

인용의 오류

정도전의 변(辨), 무엇보다 둘 다 인용이 잘못됐다. 원문을 보기나 했던 것일까? 성리학과 『능엄경』의 심성설, 이단의 시비를 판가름하는 심각한 순간이다. 이렇게 중요한 논증에 인용이 잘못됐다니⋯. 정도전의 인용, '원묘명심(圓妙明心)'과 '명묘원성(明妙圓性)'의 대구는 본래 '원묘명심(圓妙明心)'과 '보명묘성(寶明妙性)'이라는 것이다. 밝은 마음과 묘(妙)한 성품, 심성(心性)의 대구다. 물론 글자 한두 개 뒤집혔다고 전체 논리와 맥락이 바뀌지는 않을 것이다. 그렇다 해도 허술한 인용은 신뢰를 떨어뜨린다.

게다가 거기에 달아놓은 평, 이 또한 평이랄 것도 없다. '두렷한 마음'과 '밝은 성품'을 대구로 활용하겠다는 뜻으로 보인다. 이를 통해 심성(心性)의 대구를 해석하고『능엄경』에서 심성을 오해하고 혼동한다는 사실을 논증하려는 의도로 보이기도 한다. 그러나 아래에 달린 총평을 보면 딱히 그런 의도가 있었던 것 같지도 않다. 대구와 결론 사이에 아무런 언급도, 논증도 없기 때문이다. 글의 순서만 따라가자면, '성리학의 심성론과 불교의 심성론이 비슷하다'는 논증에서 시작하여 사이비, '비슷하지만 아니다'는 사실을 논증하려는 것 같기는 하다. 그런데 그 중간이 텅 비었다. 성리학의 심성설과『능엄경』의 심성설은 분명 다르다. 그래서 사이비라는 결론 정도는 이해해줄 수 있다. 하지만 대뜸 '비슷하니까 가짜'로 비약하고 만다. 논리가 허술한 정도가 아니라 논리랄 것이 아예 없다.

안(按)

1.『능엄경』에 이르기를 "(어째서) 너희들은 본래 미묘한 원묘명심(圓妙明心)과 보명묘성(寶明妙性)을 잃고, 아는(悟) 가운데 모름(迷)을 잡느냐."라고 하고

2. 또 "마음은 미묘(微妙)를 좇아 밝음이 일어, 두려이 녹여 비추는 것이 거울의 빛과 같다. 그래서 '원묘명심(圓妙明心)'이라고 했고, 성(性)은 밝음에 나아가 미묘하여 응연(凝然)히 고요하며 맑음이 거울의 체(體)와 같은 까닭에 '보명묘성(寶明妙性)'이라 한 것이다."라

고 했다.

정도전의 인용이 허술하다고 느꼈는지 『능엄경』 인용문 아래에는 안(按)이라는 협주(夾注)가 달려 있다. "『능엄경』에 이르기를"이라고 했지만, 아래 2는 『능엄경』의 본문이 아니다. 송나라 계환이 지은 『능엄경요해』라는 주석서에서 따온 것이다. 이 또한 『능엄경언해』에 함께 번역, 편집되어 있다. 저 협주를 단 사람도 이런저런 세세한 것까지 밝힐 필요를 느끼지는 않았던 것 같다. 요는 정도전의 인용, '원묘명심(圓妙明心)'과 '명묘원성(明妙圓性)'의 대구는 본래 '원묘명심(圓妙明心)'과 '보명묘성(寶明妙性)'이라는 것이다. 그뿐이다. 교정이 붙고 설명을 단다고 달라지는 것은 없다. 이것만으로는 논증도 반박도 이뤄지지 않는다. 이 구절은 분명 심성(心性)을 대구로 다루고 있다. 정도전의 말처럼 '명(明)과 원(圓)을 나누어 말한 것'은 아니다. 밝거나 두렷하거나, 그런 말은 어차피 수식어에 불과하다.

읽기의 오류

계환은 이 대구를 체용(體用)의 대구로 읽고 있다. 마음과 성(性)은 두 가지 서로 다른 물건이 아니다. 한 물건의 두 가지 측면, 체(體)와 용(用)의 측면으로 나누어 분석하자는 것이다. 체용, 바탕과 쓰임은 오래된 분석 방법이다. 그는 거울을 비유로 들어 체용의 대구를 설명한다.

기왕에 거울의 비유를 언급했으니 이 부분에 대한 계환의 말을 인용해보겠다. 이 부분은 인연의 조건에서 만들어진 마음과 세계는 자체(自體)가 공(空)하여 허깨비 같은 것인데, 허깨비에 집착하여 거꾸로 뒤집히게 되는 현실을 설명한 것이다. 말은 짧아도 상당히 길고 복잡한 논증을 전제로 하고 있어, 그만큼 섬세한 읽기가 필요한 대목이다. 말도 뜻도 낯선 대목이라 여기서 글에 집착할 필요는 없다. 다만 조심스럽게 살피고 사랑하는 대목이라는 점, 정교한 논리를 따라가야 하는 글이라는 정도면 족하다.

거꾸로 뒤집힌 것이 다른 곳이 없어 오직 마음의 나톤 것임을 보여, 마음으로 나아가 알도록 한 것이다. (중략)

모든 연(緣)하는 법은 뫼와 가람 대지와, 밝고 어두운 색공(色空)과 진망(眞妄)의 성상(性相)과 사정(邪正)의 인과(因果)를 널리 들어 이르는 것이니, 다 제 체(體)가 없어 오직 마음에 나톤 것이다. 거울 가운데 맺힌 상(像)이 그 전체(全體)가 거울인 것과 같다. 그러면 너의 이제 환망(幻妄)한 몸과 마음이 다 이 미묘하게 밝은 마음의 거울에 나톤 것이라, 전체(全體)는 이 마음이거늘 바로 환망(幻妄)에 나아가 미묘한 체(體)를 알지 못하고, 도리어 본래의 미묘함을 버리고 환망(幻妄)에 집착한다.

이는 아는 가운데 어리석음을 잡는 것이니 여기가 바로 뒤집힘이 있는 자리이다.

묘한 마음은 하나이거늘 (표현하는 말이) 많이 달라지는 것은 법에 따라 쓰임이 다르기 때문이다. (중략)

마음과 성(性)은 체(體)와 용(用)을 서로 이른 것이다. 마음은 미묘를 좇아 밝음이 일어, 두려이 녹여 비추는 것이 거울의 빛과 같다. 그래서 '원묘명심(圓妙明心)'이라고 했고, 성(性)은 밝음에 나아가 미묘하여 응연(凝然)히 고요하며 맑음이 거울의 체(體)와 같은 까닭에 '보명묘성(寶明妙性)'이라 한 것이다.*

읽으려면 이런 것을 읽어야 하고, 비판을 하려 해도 이런 것을 비판해야 한다. 정도전은 이런 것은 싹 잘라내고, 거두절미 "석씨는 둘이고 우리 유교는 하나다."라고 단정한다.

『능엄경』을 보지 않는다면, 그 말이 사악한지 어찌 알겠는가? 달가가 『능엄경』을 보는 것은 그 병을 찾아 처방을 하려는 것이지, 그 도를 좋아하여 연구하자는 것이 아니다.**

정도전의 읽기 또한 이단의 읽기다. 이단의 눈으로 이단의 주장을 읽는 일이다. 병을 찾든 처방을 하든, 무엇보다 먼저 읽어야 하고 알아야 한다. 하지만 정도전은 말은 저렇게 해도 정작 이단의 읽기에는 관심조차 없었다. 정자와 주자가 이미 다 읽었고, 결론도 이미 다 내려졌다. 성현의 읽기와 결론을 군이 의심할 까닭이 없듯, 이단의 책을 새삼 읽어야 할 필요도 없다. 그래서 그랬는지 그는 그저 불교의 심성설을 연상시키는 구절 몇 개를 인용하여 논증의 형식만 갖추고 말았다. 그나마 온전하게 인용하지도 않았다. 제대로 읽고 알았다는 흔적조차 없다. 어차피 나쁜 이단의 심성설, 전제와 결론은 이미 정해져 있었다.

---

* 『능엄경언해』에 들어 있는 계환의 『능엄경요해』 주석. '거꾸로 뒤집힘'은 앞에서도 설명했던 도(倒), 언해본의 새김은 '갓ㄱ롬'이다.
** 정도전, 「달가(達可)에게 올리는 편지」, 『동문선』.

『능엄경』, 아무렇게나 읽어낼 수 있는 책이 아니다. 그는 이런 사실도 잘 알고 있었다. 백성들은 어차피 미련하고 어리석다. 그의 비판은 그런 자들 들으라는 데 있는 게 아니다. 이단을 꺾으려면 딱 두 종류의 자들만 막으면 된다. 하나는 학문과 덕에 현달한 자이고, 다른 하나는 지위에 현달한 자, 곧 나라의 임금이다. 정도전은 맹자를 한편에 세우고 양무제를 그 반대편에 세웠다. 이 두 종류의 잠재력을 가진 자들로부터 『능엄경』이라는 책을 떼어놓기만 하면 그만이다. 원천봉쇄, 이것이 이 글, 이 논증의 진짜 목적이다. 심성설 따위는 애초부터 상관도 없었다. 『불씨잡변』의 변(辨)이란 게 이랬다.

이색의
읽기

　　고려 말 조선 초의 이단의 읽기. 혁명가 정도전과 같은 스타일만 있었던 것은 아니다. 고려 말의 성균관, 동방의 성리학을 이끌었던 목은 이색, 그의 읽기에도 스타일이 있다. 정몽주의 읽기가 어땠는지는 몰라도 목은의 읽기는 제법 다양한 기록이 남아 전한다.

　　송나라 승상 장천각(張天覺)이 지은 『호법론(護法論)』 한 편은 대강 만여 자가 넘는다. 승준(僧俊) 스님이 환암(幻菴) 보제(普濟) 대선사의 명에 따라 충주 청룡사(靑龍寺)에서 다시 새겨 간행했다. 일을 마치자 인쇄본을 가지고 와서, 내게 끝에 넣을 발문을 청하였다. 내가 그 글을 살펴보니, 무슨 소리인지는 몰라도 한씨(韓氏)와 구씨(歐氏)를 즐겨 반박하는 것 같았다. 한씨와 구씨는 내가 스승으로 삼는 분들이다. 나는 참으로 황당했다.

　　그렇지만 다섯 가지로 더러워진 어지러운 시절에, 착한 짓을 해도 꼭 복을 받는 것도 아니고, 나쁜 짓을 해도 꼭 화를 당하는 것도 아니다. 부처가 아니라면 의지할 곳이 또 어디에 있을까? 오호(嗚呼)라, 『호법론』이 세상에 널리 유통한다 해도 이상할 것도 없겠구나.*

송나라 승상 장상영(張商英, 1043~1122)이 지은 『호법론(護法論)』, 목은이 이 책의 출간을 위해 써준 발문의 전문이다. 호법(護法), 불법을 변호하고 보호하겠다는 뜻이다. 당나라 한유와 송나라 구양수(歐陽脩, 1007~1072)는 불교를 비판하고 배척하던 유교의 양 날개였다. 이들의 말과 논리는 정자와 주자로 이어지고, 고려의 이색에서 다시 정도전으로 이어졌다. 이른바 배불론의 정통이다. 『호법론』은 그래서 정통의 양 날개를 바로 겨냥한다. 한씨와 구씨의 말을 인용하고 비판한다.

목은 이색은 명실상부 당대 최고의 문장가였다. 비문이니 기문이니, 서문이니 발문이니, 글이 필요한 자리, 목은의 글이 들어가면 덩달아 최고가 되던 시절이었다. 속된 말로 '목은표 공인인증서' 같은 거라고나 할까? 그래서 그런 인증서들이 숱하게 남아 전한다.

이 글은 볼 때마다 웃음이 난다. 목은의 스타일, 그 단면을 적나라하게 읽을 수 있기 때문이다. 자기가 대놓고 존경하는 스승들을 대놓고 비판하는 책, '이 스님은 도대체 무슨 생각으로 이런 책을 나에게 들이대는 것일까?' 황당한 목은, 원문의 글자는 해(駭)다. '놀라다'는 뜻이지만, '해괴망측'이란 말에도 쓰였듯이 괴상한 일에 '놀라 자빠진다'는, 어감이 자못 강한 글자다. 그는 오탁악세(五濁惡世)라는 표현도 쓴다. 말세 중의 말세라는 불교 용어다. 『호법론』 같은 책이 굴러다니는 게 말세라는 뜻일까, 아니면 이런 책을 자신에게 들이대는 스님의 막무가내를 탓하는 것일까? 목은은 짐짓, '읽어봐도 모르겠다'며 슬쩍 빠진다.

● 　이색, 「발호법론(跋護法論)」, 『목은문고(牧隱文藁)』 권13.

『호법론』이라는 글, 막상 읽어보면 그다지 심오한 내용도 없다. 게다가 한씨와 구씨, 그 배불의 논리야 유학자라면 빤히 알던 소리들이다. 빤한 소리에 빤한 반박, 그저 그런 빤한 수준이다. 목은의 속셈, 한마디로 가소로우니 말도 섞기 싫다는 것이겠다. 그래도 목은은 거절하지 않는다. 짐짓 놀라고 짐짓 모른 체한다. 글은 짧지만, 그래도 하고 싶은 말은 다 한다. 당대의 목은은 저런 책에 저런 발문을 적어주었다. 그리고 저 스님은 저런 발문을 그대로 담아 『호법론』을 출간했다.˙ 써달라는 사람, 써주는 사람, 그걸 그대로 책에 싣는 사람, 다들 보통은 넘는다. 과연 고려 말, 거친 시절을 살아가던 자들이다.

그런데 환암(幻菴) 보제(普濟) 대선사(大禪師), 그는 또 누구인가? 바로 이태 전 목은은 선각왕사(禪覺王師) 나옹(懶翁, 1320~1376)의 비문을 지었다. 이 비문은 공민왕 재위 20년(1370) 9월 16일에 있었던 '대회(大會)' 이야기로 시작한다. 비문의 형식치고는 별난 시작이다. 이른바 '공부선(功夫選)'이라고 불렀다는 특별한 행사였다. 선종의 대회였지만 종파를 불문하고 누구나 참여하여 공부의 결과를 겨루는 자리였다. 목은의 묘사를 따르면 불교의 오랜 전통이었던 무차대회(無遮大會)가 떠오른다. 공부(功夫), 쿵푸라는 표현도 그렇고, 단판으로 승부를 가리는 무술대회 같은 것이 연상된다.

임금도 지켜보던 자리, 나옹이 법상에 올라 선언한다. '자리에 모인 대덕이여, 진실한 대답을 청합니다.' 하지만 고수는 보이지 않고 시시한 자들은 한 합, 두 합도 받아내지 못한다. 벌벌 떨고 무릎을 꿇는다. 임금도 흥미를 잃고 심기가 불편해질 무렵, 황야의 무법자처럼 최후의 고수가 등장한다. 그가 바로 환암 혼수였다. 당대의 글쟁이, 목은의 묘사가 이처럼 흥미진진, 극적이다.˙˙

뒤에 나라가 바뀌어 태조 3년(1394) 환암의 비문은 권근이 지었다. 태조의 명이었다. 기록은 좀 더 자세하지만 맛은 훨씬 떨어진다.••• 스타일이 다르기 때문이다. 원나라 황제도 귀의했다던 국제적인 고승 나옹이 인가하고, 임금과 대중을 한 번에 사로잡았던 명승부의 주인공 환암은 명실상부 당대 최고의 고수였고 스타였다.

나옹과 환암의 승부는 말하자면 선사(禪師)들의 승부다. 수가 궁하면 그것으로 끝이다. 임금이 가는 자리, 목은도 현장에서 생생하게 보고 들었을 터였다. 보제 대선사라는 이름도 임금이 준 이름이었다. 뒤에 우왕 9년(1383), 환암은 국사가 되고 선교도총섭이 되었다. 종교는 물론 정치적으로도 그는 이미 막강한 초절정의 고수였다.

세상이 불교를 존중한 지도 오래되었다. 실없이 인과나 죄복 따위만을 따지는 것은 천한 짓이다. 도도하고 고요하게 만물의 모범으로 우뚝 서는 것으로 치자면, 비록 우리 선비들 중에 고상한 자라고 해도 감히 깔볼 수는 없다.••••

목은이 구곡(龜谷)이라는 또 다른 고승에게 하는 말이다. 문파가 다른 고수들, 급이 있고 격이 있다. 함부로 진흙탕에서 구르지도 않고, 아무 데서나 목숨을 걸지도 않는다. 선사들은 선기(禪機)라는 표현을

• 고려 우왕 5년(1379) 청룡사에서 간행한 『호법론(護法論)』이 남아 보물 제702호로 지정되었다. 이 책의 끝에 저 발문이 남아 있다.
•• 이색, 회암사지선각왕사비(檜巖寺址禪覺王師碑).
••• 권근, 청룡사보각국사환암정혜원융탑비(靑龍寺普覺國師幻庵定慧圓融塔碑).
•••• 이색, 「구곡(龜谷)에게 하사한 글과 그림에 붙인 찬(讚)」, 『목은문고』 권12.

쓴다. 저 스님이 목은에게 들이민『호법론』, 목은은 달려들지 않는다. 그렇다고 물러서지도 않는다. 한유나 구양수가 이단을 배척했다고는 하지만, 그런 배척은 시시하다. 오랑캐의 풍습이라느니, 불교가 들어온 뒤로 사람의 수명이 줄었다느니 하는 것은, 목은의 표현처럼 '천하다'. 원문은 말(末)이라는 글자 하나, 보통 본(本)이라는 글자에 대응하여 쓰인다. 끄트머리의 시시하고 천하다는 뜻이다. 한유와 구양수의 이단론이 천하다 보니『호법론』도 따라서 천해진다. 새삼 따지고 들 가치도 별로 없다.

이렇게 동방 성리(性理)의 학문이 크게 일어나, 학자들은 경전이나 외우고, 시문이나 짓는 습관을 버리고, 몸과 마음의 성명(性命)의 이치를 지극하게 연구하여, 유교의 도를 으뜸으로 알아 이단에 혹하지 않게 되었으며, 의리(義理)를 바르게 하되, 공리(功利)를 꾀하려 하지 않았다. 선비의 기풍과 학술이 환하게 새로워졌으니 모두가 선생께서 가르치고 깨우친 힘 때문이었다.•

조선 초 태승니라는 혁명공약은 인과(因果)나 죄복(罪福)을 명분으로 삼았다. 그때도 이런 것을 불교의 종지(宗旨)라고 단정했다. 하지만 그런 명분, 그런 종지, 목은은 말(末)이라는 한 글자로 묵살한다. 말류(末類)의 천한 자들은 언제나 어디에나 있었다. 목은 이전에는 동방의 유학과 선비들도 말류에 흐르고 있었다. 그래서 말류의 유학과 선비도 비판을 받은 적도 있었고, 배척을 당한 적도 있었다.

•   권근,「목은선생 이문정공 행장」,『동문선』권116.

212

선불당(選佛堂)에 종횡으로, 묻고 따질 적에
한 무리 납자(衲子)들, 맞설 자 드물어라
마음은 잣나무, 달마를 이었고
모습은 연꽃이, 육랑(六郎)을 닮은 듯

어수선한 서울 길, 이젠 홀로 걷겠지만
흰 구름에 산과 계곡, 어젠 깊이 숨었어라
듣자니 정(定)에 들고, 『원각경』도 설한다니
나 같은 자 그 자리에, 몇째 장(章)을 물을꼬••

목은의 시(詩), '억환암(憶幻菴)'이란 제목이 달려 있다. 환암을 생각하고, 환암을 그리워한다는 뜻이다. 육랑은 무측천(武則天, 624~705)이 총애하던 전설의 꽃미남이다. 연꽃 같은 육랑, 아니 육랑 같은 연꽃, 거기다 마음은 천하의 달마란다. 전설의 달마는 죽은 시체를 둘러썼다니 모습이라도 고약하다지만 환암이란 인물은 도대체…. 서울 길은 물론이고 산하대지를 홀로 걷는 독보(獨步)의 존재, 숨으면 신선의 도인, 나서면 천하의 스승. 그의 존재감이 어렴풋이나마 그려진다.

도은(陶隱) 이숭인(李崇仁, 1347~1392)은 "환암은 불교의 상징이요, 한산자(韓山子)는 유교의 우두머리"라고 했다. 한산자는 이색이다. 이른바 고려의 삼은(三隱), 도은(陶隱)과 포은(圃隱)은 목은의 양 날개와도 같다. 그들은 새로 만든 성균관에 모여 함께 글을 읽고 밤새 토론을 하며 고

•• 이색, 「억환암(憶幻菴)」, 『목은시고(牧隱詩藁)』 권17.

려 성리학의 뿌리를 내렸다. 목은도 불교를 이단이라고 부른다. 하지만 그의 이단은 말 그대로 이단, 저쪽의 다른 끝일 뿐이다. 유럽 사람들은 우리가 사는 동네를 가리켜 극동이라고 불렀다. 동쪽의 끝, 말하자면 이런 것도 이단이다. 우리의 눈으로 보면 그들의 자리는 극서가 된다. 이쪽 끝이 있으면 저쪽 끝이 있다. 이런 게 우리가 사는 세계다.

환암(幻菴)은 '환(幻)의 암자', 혼수의 당호(堂號)다. 자기가 머무는 방에 걸어둔 이름이다. 혼수는 목은에게 그 이름에 부치는 글 한 편을 부탁했다. 그래서 나온 글, 「환암기(幻菴記)」. 혼수와 목은, 불교와 유교의 상징 같은 존재, 양 극단의 거물들이 소통하던 방식이 이 한 편의 글에 몽땅 담겼다. 자신의 유교, 자신의 스승을 비판하는 글에 발문을 썼던 목은, 말류를 말류라고 부를 수 있었던 그의 글은 당당하고 아름답다.

「환암기(幻菴記)」*

내가 나이 스물 이전에 산중으로 노닐기를 좋아하여 석씨(釋氏)와도 허물없이 지냈다. 그들이 사여게(四如偈)** 외우는 것을 들으면, 비록 다 알지는 못해도, 그 돌아가는 곳은 무위(無爲)일 것이다. 꿈이라는 것은 깨면 그만이고, 환(幻)이라는 것은 술법(術法)을 거두면 공(空)하다. 물거품은 물로 돌아가고, 그림자는 그늘에서 없어진다. 이슬은 마르고, 번개는 사라진다. 모두가 실제로 있는 것이 아니지만 없다고 할 수도 없다. 실제로 없는 것은 아니지만 있다고 할 수도 없다. 석씨의 가르침이 대개 이렇다.

나이를 먹어가며 선비 열여덟 사람과 계를 맺고 사이좋게 지냈다. 지금 천태종의 원공(圓公)과 조계종의 수공(修公)***도 함께했으

니, 서로 얻는 것이 깊었고 서로 기대하는 것이 두터웠음을 다시
어찌 말할까? 내가 (원나라) 연경(燕京)의 국자감에서 공부할 때, 수
공(修公)도 산으로 들어가니 이제 삼십 년이 되었다. 간혹 마주치
더라도 이삼 일이면 헤어지곤 했다. 지난 날 시와 술에 흠뻑 젖었
던 때를 돌이켜 보면 언제나 다시 돌아갈까? 참으로 꿈같고, 참으
로 환(幻) 같구나. (중략)

청룡(青龍) 혜(惠) 선사가 서울에 오는 길에 공(公)이 편지를 보내 기
문(記文)을 부탁하면서 이르기를,

"몸이 환(幻)인 것은 사대(四大)가 이것입니다. 마음이 환인 것은 연
영(緣影)••••이 이것입니다. 세계가 환인 것은 허공의 꽃이 이것입
니다. 그러나 이미 환(幻)이라고 했으니, 이는 볼 수 있고, 닦을 수

- • 「환암기」는 『목은집(牧隱集)』에도, 『동문선』에도 실려 있다.
- •• 사여게(四如偈)는 『금강경』에 나오는 네 구절의 노래를 가리킨다. 『금강경언해』에서는
  아래와 같이 토를 달고, 번역했다.
  > 一切有爲法이 如夢幻泡影하며
  > 如露亦如電하니 應作如是觀이니라 (원문)
  > 휭쳥 흐용 잇는 法법이 쑴 곡도 믌더품 그리메 곧ᄒᆞ며
  > 이슬 곧ᄒᆞ며 ᄯᅩ 번게 곧ᄒᆞ니 반ᄃᆞ기 이ᄀᆞ티 보몰 지술띠니라 (언해문)
  > 모든 유위(有爲)의 법이 꿈, 곡도, 물거품, 그르메 같으며,
  > 이슬 같으며, 번개 같으니 반드시 이 같이 봄을 지을지니라 (현대문)
- ••• 수공(修公)은 혼수(混修)를 가리킨다.
- •••• 연영(緣影): 『금강경삼가해』에서 함허는 연영(緣影)을 다음과 같이 설명하고 있다. "四
  ᄉᆞ大땡를 거츠리 그르 아라 제 몺 얼구를 삼고 六륙塵띤 緣원影형으로 제 ᄆᆞᇫ 얼구를
  사몰ᄉᆡ…, 緣원은 六륙塵띤에 버믈시니 六륙塵띤에 버므는 ᄆᆞᆺᄆᆞᆫ 그르메 곧ᄒᆞᅇᅣ 實씷
  티 아니홀시라." '거츨다'는 망(妄), '얼굴'은 상(相)을 번역한 것이고, '그르메'는 영(影)
  을 번역한 것이다. 연(緣)은 '버믈다'로 번역한다. 육진(六塵), 여섯 가지 드틀은 몸 밖의
  대상이다. 사대로 된 몸의 감각기관은 진(塵)을 그르메, 영상(影像)으로 받아들인다. 드
  틀의 그르메, 이것이 마음이 작동하는 재료이다. 드틀의 그르메들이 버믈어, 얽히고설
  키는 작동의 과정, 그것을 심상(心相), 마음이라는 생각과 이름으로 삼는다. 감각을 통
  해 들어온 대상의 이미지와 얽히는 과정을 연영이라고 표현한 것.

있습니다. 볼 수 있는 것을 보고, 닦을 수 있는 것을 닦으니, 이는 달을 가리키는 손가락과는 같지 않습니다. 이것이 내가 평일에 서 있는 자리입니다. 이게 어찌 단멸(斷滅)로 들어가는 것이겠습니까? 또 이른바 삼관(三觀)이라는 것이 있어 따로 닦기도 하고, 단수(單修)와 복수(複修)로 청정한 정륜(定輪)을 완성하니, 환(幻)을 일으켜 드틀을 녹이는 기술*이 그 속을 관통하고 있습니다. 그러므로 환(幻)이 말학(末學)에게 주는 이익이 아주 작지만은 않습니다. 이것이 내가 머무는 방에 내걸고자 하는 뜻입니다. 그래서 내 소문을 듣고 내 방으로 들어오는 이들이 다 스스로를 돌아볼 수 있게 하려는 것입니다. 그렇지 않다면 고요하고 걸림 없이 한가하게 머무는 자리에 뭐라고 이름을 걸고 말을 세워 지붕 위에 다시 지붕을 더하겠습니까?"라고 했다. (중략)

뒤에 나의 기문(記文)을 읽는 자들은 마땅히 환인(幻人)의 심식(心識)을 배운 뒤라야 수공(修公)의 됨됨이를 알 것이다. 내가 기문을 지은 뜻을 알 것이다. 바라건대 눈을 높이 들어 보라.

무오년** 여름 5월 26일 적다

환암(幻菴)이라는 이름은 『원각경』의 가르침에서 유래했다. 『능엄경』에 못지않은 또 하나의 필독서로, 환(幻)이라는 글자가 키워드다. 목은은 앞의 「억환암(憶幻菴)」이란 시에서 "듣자니 정(定)에 들고, 『원각경』도 설한다니, 나 같은 자 그 자리에, 몇째 장(章)을 물을꼬"라고 노래했다. 이 구절만 보아도 목은이 『원각경』을 훤히 꿰고 있었다는 사실을 짐작할 수 있다. 『원각경』의 구성이 장(章)마다 물음이 다르고 대답도 다르기 때문이다. 물음과 대답을 자유자재로 선택할 수 있는 자, 고수나 우두머리, 아무나 하는 게 아니다. 혼수는 글을 부탁하며 『원각경』의 구절을 인용하여 '이것이 내가 서 있는 자리이고, 내 방에 내 걸고자 하는 뜻이다'라고 했다.••• 목은은 여기에 '환인(幻人)의 심식(心識)'이라는 토를 달았다.

환(幻)이라는 글자는 『원각경』이 아니더라도 불교에서 즐겨 쓰는 비유다. 환(幻)은 요즘으로 치자면 마술사가 부리는 매직(magic)이나 일루전(illusion) 같은 것이다. 불교에는 환사(幻師)라는 말도 즐겨 쓰는데, 영화에도 나오는 일루져니스트(illusionist)가 여기에 딱 맞는 표현이다. 인도 전통의 초현실적인 술법도 있고, 기술과 재주로 부리는 눈속임 쇼도 있다. 뭐가 되었든 실제로는 없는 것을 있는 것으로 둔갑시켜 놀리는 짓이다. 사람 마음의 정체가 그런 술법이나 눈속임 쇼 같다는 비유다. 언해불전에서는 환(幻)이라는 글자를 '곡도'라고 번역한다. 마술

• 　『원각경』과 종밀의 『원각경소』를 인용한 것. 『원각경』에서는 환의 작용이 마음의 작용이기 때문에, 마음을 돌이키면 바로 알 수 있고 바로 고칠 수 있다고 한다. 그래서 아는 일에 달리 수행도 방편도 필요 없다고 한다. 다만 중생들이 환의 몸과 마음을 실재하는 몸과 마음으로 집착하기 때문에 25종의 정륜(定輪), 수행의 방편을 이야기한다. 그래서 『원각경』의 수행을 '수행이 없는 수행'이라고 부른다. 삼관(三觀)은 사마타, 삼마발제, 선나의 세 가지 관행(觀行), '보는 방법, 수행'을 가리킨다. 종밀은 이를 정관(靜觀)-환관(幻觀)-적관(寂觀)에 맞추어 해석한다. 단수(單修)는 정관에 집중하는 방법이고, 복수(複修)는 다른 관행을 겸하여 쓰는 방법이다. 환관(幻觀)은 '기환소진(起幻銷塵), 환을 일으켜 드틀을 녹이는 방법, 기술'이다. 환암(幻菴)이라는 이름 자체가 환(幻)을 지어내어 진(塵)을 녹이는 기술이라는 말이다.
•• 　우왕 4년(1378).
••• 　『원각경』이라고 했지만, 혼수의 말에는 『원각경』 본문의 구절과 『원각경』에 대한 종밀(宗密)의 주석서 『원각경소』의 구절이 섞여 있다. 고려 사람들이 『능엄경』을 계환의 『능엄경요해』로 따라 읽었듯, 『원각경』은 종밀의 『원각경소』로 따라 읽었다. 간경도감의 언해본이 『능엄경요해』와 『원각경약소초』를 저본으로 삼은 것도 우연이 아니다.

사가 지어낸 허깨비란 뜻이다. 그런데 괴뢰, 나무 따위로 만든 인형을 또한 '곡도'라고 번역한다. 환사(幻師)가 지어낸 환인(幻人)을 가리킨다. 환사와 환인, 요즘에도 쓰는 꼭두쇠와 꼭두각시란 말이 여기에 딱 들어맞는다. 환사가 놀리는 환인, 꼭두쇠가 놀리는 꼭두각시.

목은의 사족, '환인(幻人)의 심식(心識)', 무대 위에서 놀리는 나무인형, 꼭두각시에도 심식(心識)이 있을까? 목은의 말은 우리 시대로 오면 〈에이 아이〉나 〈아이, 로봇〉 같은 영화가 되고 판타지가 된다. 혼수가 머무는 자리, 환암(幻菴)은 그런 자리다. 혼수의 말이 그랬고, 목은의 읽기가 그랬다. 오가는 말만 보면 언어도단의 선문답 같기도 하지만, 말만 익숙해지면 별 다른 이야기도 아니다. 사람의 존재와 인식, 요즘으로 치자면 철학적인 주제들이다. 당대를 대표하던 지식인들의 사랑과 소통이 담겼다. 이단이라 하지만 모순도 없고, 다툼도 걸림도 없다. 이런 것도 고려 말 '이단의 읽기'의 한 모습이다. 『능엄경언해』나 『원각경언해』, 언해불전의 번역과 해석은 그래서 더욱 특별하다. 고려와 조선, 그 시대의 사랑과 소통의 흔적을 담고 있기 때문이다. 쉽게 읽고 쉽게 알 수 있게 해주는 방법과 기술을 담고 있기 때문이다. 우리나라 지식의 역사에 이런 스타일도 있었다.

함허의
읽기

정도전이 이단을 잡기 위해 『불씨잡변』을 지었다면, 성균관 출신 후배 함허는 『현정론(顯正論)』을 지었다. 글자 그대로 논문, 그것도 제법 긴 논문이다. '유가(儒家)의 선비들이 이르기를(曰)…'로 시작하며 선비들의 비판과 이에 대한 변명과 반박이 이어진다. 이 글에는 14개의 왈(曰), 14개의 문답, 비판이 담겼다. 현정(顯正)은 바른 것을 드러낸다는 뜻이다. 제목은 논(論)이라지만, 문답 형식을 띠다 보니 글의 짜임새는 『불씨잡변』보다 떨어져 보인다.

『현정론』의 대상, 왈(曰)의 주인은 없다. 고려 말 조선 초, 유학의 선비들 사이에 널리 퍼져 있던 이단의 여론, 그런 것에 대한 반박이고 논증이다. 하지만 언뜻 보면 술 먹고 고기 먹고, 놀고먹고… 따위의 시시한 이야기와, 유교는 중화라서 괜찮고 불교는 오랑캐라서 안 된다 같은 이유도 나온다. 목은의 표현을 따르면 오탁악세, 말류의 여론이다. 『불씨잡변』도 그렇고 『현정론』도 그렇고 얼마간 진지한 주제를 다루는 듯도 싶지만, 그러기에는 글도 짧고 논증도 빈약하다. 역시 대세는 말류다. 그래서 따분하고 불편하다.

천당과 지옥, 생사와 윤회. 목은도 그렇고 불교의 고승들도 그렇고, 말류의 가르침이라고 깔보고 제쳐놓지만, 실상은 그렇지도 않았다. 고려도 조선도 계급사회였고, 백성의 대부분은 말류를 벗어날 기회조차 없었다. 달자(達者) 운운하며 글과 지식을 독점한 자들은 말류니 뭐니 고상한 멋도 부릴 수 있었겠지만, 백성들에게는 당장의 생로병사, 고통이 있었다. 유교가 되었건 불교가 되었건, 기도를 하라면 기도를 해야 했고 제사를 지내라면 제사를 지내야 했다. 그래야 당장의 고통이나마 잊고 근근 살아갈 수 있었다. 그런 게 말류였다면, 대부분의 백성은 모두가 말류였다. 고상한 가르침과 말류의 가르침, 그 차이를 이해하고 설명하지 않는다면, 유교건 불교건 모두가 혹세무민, 성인을 팔고 부처를 빌려 속여서 얻어먹는 짓일 뿐이다.

내가 출가하기 전, 해월(海月)이란 스님이 나와 함께 『논어(論語)』를 읽었던 적이 있었다. '널리 베풀어 무리를 구제하는 일에 대하여는 요순(堯舜)도 도리어 염려하셨다.'는 구절의 주(註)에 '어진 사람은 천지의 만물(萬物)을 한 몸으로 여긴다.'는 말이 있다. 이 대목에 이르러 (스님이) 책을 밀어놓고 내게 물었다.

"맹자(孟子)는 어진 사람입니까?"

"그렇소."

"닭과 돼지, 개와 새끼 돼지는 만물(萬物)입니까?"

"그렇소."

"어진 사람은 만물을 한 몸으로 여긴다고 하니 이는 참으로 이치에 맞는 말씀입니다. 그런데, 맹자가 참으로 어진 사람이고, 닭과 돼지, 개와 새끼 돼지가 또한 만물이라면, 어째서 '닭과 돼지, 개와 새끼 돼지를 길러 때를 놓치지 않으면, 일흔 살 먹은 노인이 고

기를 먹을 수 있다.'고 하셨습니까?"•

『현정론』에 나오는 이야기, 육식에 대한 비판과 변명이 이어지는
장면이다. 선비는 비판한다. '불교에서는 부모가 늙어 입맛이 없는데
도 고기를 올리지 않는다. 사람들에게 선왕(先王)의 제도와 희생(犧牲)의
예를 버리도록 가르치니 어찌 잘못이 아닌가?' 유교의 경전, 불교의
고사를 넘나들며 이치를 따진다. 하지만 함허 자신 부질없다는 생각
이 들었는지, 문득 옛날 이야기, 자신의 경험담으로 말을 돌린다. 분위
기가 단박에 뒤집힌다.

나는 그때 말이 궁하여 대답을 하지 못했다. 모든 경전과 주석을
살펴보았지만, 살생이 이치에 맞는다는 이론은 없었다. 두루 선
배들에게 물어보아도 명쾌하게 의심을 풀어주는 이는 없었다. 이
의문이 늘 떠나지 않았으나 오래도록 풀지 못했다.

그 뒤 병자년 무렵, 삼각산에 놀러 갔다가 승가사(僧伽寺)에 가서
늙은 선사(禪師)와 늦도록 이야기를 나누었다. 이야기를 나누던 차
에 스님이 불교에는 열 가지 무거운 계율이 있는데, 그 첫째가 '불
살생'이라고 했다. 나는 그때 의심이 환하게 풀려 마음으로 믿게
되었다. 그래서 스스로, '이야말로 참으로 어진 사람의 행동이며,
어진 도(道)를 깊이 체득한 말이다.'라고 생각했다.

이로부터 유교와 불교 간의 차이를 의심하지 않았으니, 이에 이
런 시를 지었다.

• 함허, 위의 글.

일찍이 경전과 역사, 정주(程朱)의 비난만 듣다가

불교의 옳고 그름, 알지도 못했네

반복하여 곰곰, 생각한 지 여러 해

비로소 진실 알아, 바로 귀의하네

병자년(丙子年)은 태조 5년(1396), 함허가 스물한 살 되던 해였다. 그 때 함허는 성균관의 촉망받는 학생이었다. 고려 말 고위관료를 지낸 집안의 똑똑한 자제, 앞날은 밝았고 거칠 것이 없었다. 해월(海月)이란 스님은 어땠을까? 성균관 유생에게 『논어』를 배웠다니, 어려서 출가했을까, 특별히 총명했기 때문이었을까, 스님은 『맹자』도 읽고 『논어』도 읽는다. 저들이 함께 읽은 책은 『논어』에 주자가 주석을 단 『논어집주(論語集註)』다. 박시제중(博施濟衆)의 구절을 읽다가 『맹자』의 구절을 들어 질문했던 것이다. 성균관의 엘리트라면, 앞으로 뒤로 좔좔 외우던 성인의 말씀이다.

"맹자는 어진 사람입니까?" 함허는 이런 물음, 이전에는 한 번도 들어본 적이 없었을 것이다. 상상도 못했을 것이다. 빤히 아는 구절에 빤히 아는 내용, 그렇게 들었고, 그렇게 배웠다. 그래서 그저 그러려니 했을 것이다. 하지만 스님은 저렇게 묻는다. 함허는 말문이 막혔다고 고백한다.

함허의 경험담 속에는 세 가지 '이단의 읽기'가 들어 있다. 첫째 는 해월의 읽기다. 다른 끝에 서서 다른 끝을 향하여 읽는다. 이단의 자리, 물론 해월 스스로 정한 자리는 아니다. 선비들이 정해준 그 자리에서 해월은 이단의 글을 읽었다. 이런 읽기, 좋은 점도 있다. 날카로운 눈으로 비판하며 읽기 때문이다. 바깥의 눈으로 읽기 때문에 자신과 집안의 소견, 선입견에 갇히지 않는다. 해월의 읽기는 함허의 의심을 자극했다. 그래서 함허는 유교 경전과 주석, 철저하게 다시 읽기 시작했다. 이것이 두 번째 이단의 읽기다. 함허는 성리학 선비였고, 조선의 엘리트였다. 그런 그가 해월이라는 이단의 읽기를 계기로 성리학의 금과옥조를 이단의 눈으로 다시 읽었다. 그리고 불교 책, 이단의 글을 역시 이단의 눈으로 새로 읽기 시작했다. 이것이 세 번째 이단의 읽기다.

함허는 초지일관 읽기에 집착했다. 말을 살피고 제대로 읽어야 한다고 했다. 유학자들은 불교가 어쩌니 저쩌니⋯ 다 읽고 다 아는 듯 비판하지만, 그들은 읽지도 않았고 알지도 못한다고 비판했다. 주자의 장구(章句)를 자황(雌黃)한다면 난적(亂賊)이 된다. 그렇다면 고금의 문장을 자황한다면, 제대로 읽지도 않고 이단을 배척한다면? 그것이 야말로 혹세무민이고 시대의 비극이다.

이단의 눈으로 이단을 읽어라. 이 말은 밖의 이단으로 향하는 것만은 아니다. 불교 안에도 이단은 있다. 제대로 읽지 않고, 제대로 알지 못하면 그것이 바로 이단이다. 자기도 모르는 새 혹세무민하는 자도 있고, 부처를 팔아 뻔뻔하게 연명하는 자도 있다. 함허가 『불씨잡변』의 비판을 상당 부분 인정하고 받아들이는 이유다.

다만 도(道)를 들어, 무아(毋我)는 하겠지만
그렇다면 잊는 자는, 도대체 누구인고●

● 이색, 「절로 읊다」, 『목은집』.

이런 것이 목은 이색의 스타일이다. 공자의 도를 들어 무아(毋我)를 하는 자, 그자는 도대체 누굴까? 유학자라고, 선비라고 해서 모두가 정도전 같지는 않았다. 새로 지은 성균관, "매일 강의가 끝나면, 의심스러운 뜻을 두고 서로 논란하여 각각 끝까지 의심을 풀었다."던 이색의 학풍. 정몽주도 정도전도, 출가하기 전 성균관의 함허도, 그런 학풍에서 길러진 성리학 엘리트였다. 의심이 풀릴 때까지 끝까지 함께 읽으며, 함께 논란하던 읽기의 전통이 있었다.

혁명의 순간, 나쁜 놈들이야 부수고 태우고 없애면 그만이었다. 하지만 그들은 그러지도 못했다. 억누르긴 하겠지만 오래된 습속, 일거에 없앨 수는 없다고 했다. 잠시 기다릴 뿐이라고 위안을 삼았다. 그래도 역시 말은 씨가 된다. 함허의 말도 그렇지만 정도전의 말도 그렇다. 고려 말 조선 초 우리의 상류 사회에서 벌어졌던 묘한 장면들이다.

응무소주
이생기심

應無所住ㅎ야 而生其心이니라 (원문)

반ᄃ기 住뜡혼 곧 업시 ᄒ야 그 ᄆ 음 내욜띠니라* (언해문)

반드시 머무는 곳 없이 그 마음을 내어야 한다 (현대문)

『금강경』을 상징하는 유명한 구절이다. 오래전 훈민정음이 없을 때부터 저렇게 토를 달고, 저렇게 새겼다. 말년의 세종대왕 또한 이 구절을 읽었다. 특히 함허가 직접 주를 달았던『금강경오가해설의』라는 책을 직접 읽었고, 서둘러 훈민정음으로 번역하고 싶어 했다. 그런 인연으로 나온 게『금강경삼가해』다.

무진년 봄, 다시 함허당 신여가 지은 야보, 종경의 말에 대한『설의(說誼)』를 얻으니, 상께서 크게 칭찬하시고, 세조에게 명하여 번역하게 하고 친히 고쳐 지으셨다.**

- 『금강경삼가해』.
-- 강희맹,『금강경삼가해』발문.

무진년은 세종 30년(1448)이다.『설의(說誼)』는『금강경오가해설의』를 가리킨다.『금강경』의 저 구절, 저 번역에는 분명 세종의 숨결이 닿아 있다. 세종이 만일 죽기 전에 번역을 마칠 수 있었다면 저 책의 번역자는 세종이 되었을 것이다. 그런데 세종이 크게 칭찬했던 까닭은 무엇이었을까?

머문다는 말은 머물러 집착하게 된다는 뜻이다. 우리의 감각기관을 통해 들고 나는 빛깔과 소리와 냄새와 맛과 감촉과… 그리고 그로부터 생겨나는 온갖 것, 언해불전의 번역을 따르면 얼굴과 그르메다. 감각기관을 통해 나의, 우리의, 인간의 눈과 마음에 찍힌 모양, 그 모양은 말 그대로 찍힌 것이다. 정지한 것이다. 그렇게 마음에 찍힌 심상(心像)은 눈 밖의 대상(對象)과는 다르다. 예를 들어 추억의 사진첩, 세월은 흘러 얼마간 바래기는 하더라도 사진 속의 이미지는 변함이 없다. 생각 속의 이미지도 마찬가지다. 대상은 변해도 심상은 찍힌 채로 남아 있다. 그래서 '머문다'고 표현한 것이다.

사람의 감각이나 의식, 그로부터 시작되는 온갖 행위는 그르메에 의지할 수밖에 없다. 사람의 아롬, 그르메를 벗어날 수 없다. 그러나 그르메에 머물고, 그르메를 실제 대상으로 삼으면 그만큼 실제 대상, 현실 상황과는 멀어진다. 눈과 마음에 찍힌 그르메는 말하자면 낡은 사진, 오랜 추억과도 같다. 낡은 사진이나 오랜 추억, 좋은 점도 있고 필요할 때도 있다. 하지만 마냥 추억에 머물러 살 수는 없다. 그르메와 현실의 차이, 그런 자리에서 오해가 생기고 다툼이 생긴다. 그렇기 때문에 머물러서는 안 된다고 경고하는 것이다.

『금강경』이라는 경전, 말만 떼어 읽자면 뭔가 대단히 심오하고 어려운 말 같다. 하지만 문맥을 따라 읽으면 그다지 어려울 것도 없다.

동아시아의 불교를 대표한다는 선종(禪宗), 그리고 그런 선종을 대표한다는 큰스님 육조(六祖) 혜능(慧能, 638~713)은 남방의 촌놈, 일자무식 나무꾼이었다. 그런 무식쟁이 촌뜨기를 뒤집어엎은 것이 바로 저 구절이라고 한다. 저 나무꾼은 시장바닥에서 우연히 저 구절을 얻어들었다. 듣자마자 그 자리에서 그 말을 알아들었다. 그러고는 불원천리 황매산(黃梅山)의 홍인(弘忍)을 찾아가 가르침을 듣고 인가를 받았다. 무지렁이 나무꾼도 알아차릴 수 있었다는 구절, 혜능의 설명을 들어보자.

> 수행을 하는 사람이 남의 시비(是非)를 보고는, 스스로 '나는 유능하고, 나는 안다'라고 하면서, 배우지 못한 사람들을 가볍게 여기는 것은 옳지 않다. 이는 청정한 마음이 아니다. 자기 성품에 늘 지혜를 내어, 평등한 사랑을 행하여 마음을 낮추고 모든 중생을 공경하는 것이 수행하는 사람의 청정한 마음이다.•

남의 시비를 보고 따지고 가릴 수도 있다. 아니 이 세상이 시비일진대 어찌 시비를 가리지 않을 수 있겠는가? 그러나 보고 가리는 사이에 어느덧 나와 남의 차이가 끼어든다. 그 사이 어딘가 마음이 머물고 집착한다면 그건 옳지 않다. 시비에 얽힌 사람, 시비를 잘 따지고 싶은 사람이라면 누구나 새겨들을 필요가 있다.

'배우지 못한 사람', 원문은 말학(末學)이다. 공부를 잘하는 사람도 있겠지만, 모자란 사람도 있고, 엉뚱한 길에서 헤매는 사람도 있다.

• 『금강반야바라밀경언해 육조해』. 언해불전의 번역을 요즘 말로 조금 바꿔보았다.
이 책도 세종이 빨리 번역하고 싶었던 『금강경오가해설의』에 포함되어 있다.

배움이라곤 기회조차 가져보지 못하는 사람들도 널렸다. 그런 자들이 모두 말학이다.

말학이 흔하듯, 말학을 가볍게 여기는 일도 흔하다. 예나 지금이나 크게 달라진 것은 없다. 그만큼 쉽게 깔보고, 쉽게 '머문다'. 공부를 하건 수행을 하건, 마음을 낸 사람이라면 모든 '남', 모든 중생을 대하여 마음을 낮추고 평등한 사랑으로 공경해야 한다. 수행이니 청정한 마음이니, 이런 표현을 쓰는 까닭은 수행을 좀 했다고 이런저런 자만과 시비를 내는 자들이 있기 때문이다. 그래서 나온 경고다.

스스로 교만하고, 남을 깔보고 조롱하고, 모두가 자기 마음속에 찍힌 심상, 그르메 탓이다. 처지를 바꿔도 마찬가지다. 자포자기, 한심한 자기 처지를 비관하고 학대하는 것 또한 그르메 탓이다.

머무는 바가 없다는 것은, 잠깐도 안팎이 없고 가운데도 비어 아무것도 없는 것이, 마치 거울이 비고 저울이 평평한 것과 같다. 그래서 선악과 시비를 흉중에 두지 않는다. 그 마음을 낸다는 것은 머물지 않는 마음으로 일에 응하기 때문에 대상의 더러움을 타지 않는다.[**]

세종이 좋아하고 칭찬했다는 함허의 『설의』는 저 구절을 이렇게 읽었다. 머물지 않는 마음으로 일에 응하면 대상에 이끌리거나 휘둘리지 않는다.

[**] 함허, 『금강경삼가해』.

피드백(feedback)이란 말이 있다. 초음속 전투기를 따라가는 미사일은 전투기의 그르메를 쫓는다. 전투기의 움직임을 반복하여 그르메로, 이미지로 찍는다. 그리고 쫓는 방향을 끝없이 수정한다. 그러다 보면 속도가 느린 전투기는 걸려들기 마련이다. 과거, 현재, 미래를 묶어 불교에서는 삼시(三時)라고 부른다. 과거는 지나갔으니 이제는 없다. 미래는 오지 않았으니 이 또한 없다. 있는 것은 다만 현재뿐인데 그 순간을 어떻게 찍고 어떻게 잡아야 하나? 시간은 흘러가고 전투기는 움직인다. 흘러가는 시간을 굳이 셋으로 나누는 까닭은 변화를 설명하고 이해하기 위한 수단이 필요하기 때문이다. 움직이는 전투기를 잡으려면 전투기를 잘 따라가야 한다. 현재의 순간을 찍고 잡아야 한다. 말하자면 그런 게 '머물지 않는 마음으로 일에 응하는' 것이다. 그리고 그런 마음이 청정한 마음이다. 공부하고 수행하는 자의 마음은 그래야 한다. 야보는 이 구절에 "뒤로 물러서고, 뒤로 물러서라. 보고 보라."는 사족을 달았다.

머무는 마음과 머물지 않는 마음, 뭔가 추상적이다. 대상의 더러움을 타지 않는다, 뭔가 알쏭달쏭 거리가 느껴진다. 그런데 함허의 말은 문득 격렬한 풍파 속으로 빠져든다. 고려 말 조선 초 금과옥조가 되어버린 주자의 말을 정면으로 겨냥한다.

공부자(孔夫子)가 이르시되, "군자가 천하에 옳음이 없으며, 그름도 없어서 의(義)로 좇는다."고 하셨다. 이는 마음에 치우친 바가 없어 일을 당하여 의(義)로써 한다는 것이다. 일을 당하여 의로써 한다면 곧 반드시 대상의 더러움을 타지 않는다. 대상의 더러움을 타지 않는다면 곧 반드시 그 마땅함을 잃지 않을 것이다. 성인이 시절은 달라도 도는 같으며 말이 달라도 서로 기다린다는 것을 이로써 알 수 있다.

사씨(謝氏)가 '옳음이 없으며 그름도 없다'는 구절을 주석하면서 (금강경의) 이 구절을 인용하여 "미치고 제 방자하여 마침내 성인께 죄를 지었다." 하니 어찌 말을 살피지 않는 것이 이처럼 심하게 되었는가?*

맑은 거울처럼, 치우침이 없는 저울처럼 선악과 시비를 마음에 두지 않는다. 함허는 이 구절을 『논어』의 한 구절과 나란히 읽는다. '무적(無適)과 무막(無莫), 옳음도 없고 옳지 않음도 없어서 의(義)로 좇는다'는 구절이다. 머물지 않는 마음을 치우침이 없는 마음, 그래서 의(義)를 좇는 마음과 대비시킨다. 심상(心像)과 대상(對象)에 흔들리지 않는 마음은 서로 다를 바가 없다는 뜻이다. 육조의 설명을 돌이켜 보면 이야기는 더욱 쉽다. "자기 성품에 늘 지혜를 내어 평등한 사랑으로 마음을 낮추고 중생을 공경"해야 한다. 함허는 그래서 "성인이 시절은 달라도 도는 같고, 말은 달라도 서로 기다린다."라고 결론을 내린다. 불교의 성인이나 유교의 성인이 같은 말을 하고 있다는 결론이다.

『금강경』을 읽는 자리에서 공자님 말씀이라, 조금은 뜬금없다는 생각도 든다. 여기에는 까닭이 있다. 사씨(謝氏)라는 인물이 '응무소주(應無所住) 이생기심(而生其心)', 이 구절을 인용하면서 창광자자(猖狂自恣), '미쳐 날뛴다'는 막말을 했기 때문이다. 그런데 이런 막말을 주자가 그

---

* 위의 글.

230

의 『논어집주』에서 인용하면서 두고두고 주자학, 성리학의 금과옥조가 되고 말았다. 사씨는 송나라의 사량좌(謝良佐, 1050~1103)를 가리킨다. 주자가 사자(謝子)라고 높여 불렀던 저명한 학자다. 사씨와 주자는 '응무소주 이생기심', 이 구절을 "도(道)도 없고 성(性)도 없는 텅 빈 허공으로 주인을 삼는 짓"이라고 읽는다. 허무하고 황당하다고 비판한다. 그래서 함허는 말을 살피지 않는 잘못을 저질렀다고 비판한다. 다시한 번 잘 읽어보자는 말이다. 그러나 말이건 글이건, 그리 간단치만은 않다. 잘 읽으려 해도 잘 읽히는 것만은 아니다. 그래서 선악도 시비도, 나아가 막말도 그치지 않는다.

정도전의 『불씨잡변』에도 '응무소주 이생기심', 이 구절이 들어있다. 그의 읽기는 또 다르다. 그는 그래도 사씨처럼 대뜸 막말부터 던지지는 않는다. 작전을 바꾸어 대응한다. 유교와 불교, 말은 같아도 일은 다르다고 한다.

우리도 비었다(虛)고 하고, 저들도 비었다고 한다. 우리도 고요하다(寂)고 하고 저들도 고요하다고 한다. 그러나 우리가 비었다고 하는 것은 비었으되 있는 것이지만, 저들이 비었다고 하는 것은 비어 없는 것이다(虛無). 우리가 고요하다고 하는 것은 고요하되 감응하는 것이지만, 저들이 고요하다고 하는 것은 고요하여 멸(滅)해버린 것이다(寂滅). (중략)

우리는 '마음속에 모든 이치를 갖추고 있다'라고 하는데, 저들은 '마음이 모든 법을 낳는다'라고 한다. 이른바 모든 이치를 갖추었다라고 하는 것은 마음속에 원래 이 이치가 존재한다는 것이다. 움직이지 않으면 지극히 고요하여 이 이치의 바탕(體)이 온전하고, 움직이면 감응하여 통하니 이 이치의 작용(用)을 행한다. 그래서 (『주역 계사전』에서) "고요하여 움직이지 않아도, 감응하여 천하의 실정에 통한다."라고 하는 것이다.

이른바 모든 법을 낳는다고 하는 것은, 마음속에 본래 이 법이 존재하지 않고 바깥 대상을 대한 뒤에 법이 생긴다는 것이다. 움직이지 않으면 이 마음은 머물 곳이 없고, 움직이면 만나는 대상을 따라 생겨난다. 그래서 '반드시 머무는 곳 없이 그 마음을 내어야 한다'라고 하고, 또 '마음이 생기면 모든 법이 생기고, 마음이 사라지면 모든 법도 사라진다'라고 하는 것이다.

우리는 이(理)가 분명히 있다고 하지만, 저들은 법(法)이 연기(緣起)하는 것이라 하니 어찌 그 말은 같은데 일이 이렇게도 다른가?*

말은 같아도 일은 다르다. 얼핏 일리 있어 보인다. 그러나 정도전의 논리에 말과 일의 구별은 애매하다. 비고 고요하고, 있고 없고, 요는 마음속의 이치가 본래 존재하느냐 존재하지 않느냐, 이 차이를 주장하자는 것이다. '머무는 곳이 없다'는 말은 '머물 이치가 없다'는 뜻으로 읽는다. '마음을 낸다'는 말은 없는 마음이 '모든 법을 지어낸다'는 뜻으로 읽는다. 어쨌거나 불교에서는 본래부터 존재하는 이치를 부정한다는 것이다. 물론 불교에 그런 말, 그런 주장이 있는 것도 사실이긴 하다. 그렇지만 정도전이 인용하는 구절만으로 불교의 그런 주장을 입증하지는 못한다.

'응무소주 이생기심', 사씨도 읽었고 주자도 읽었다. 육조도 읽었

• 　정도전, 「유교와 불교의 같고 다름을 가림」, 『불씨잡변』.

고, 함허와 정도전, 세종도 읽었다. 똑같은 구절, 그러나 읽기는 다 다르다. 사람이 다르니 읽기가 다른 것이야 이상할 것도 없다. 『금강경오가해설의』라는 책만 해도 다섯 사람의 주석을 함께 편집하고 있다. 시대도 성격도 다르고, 당연히 주석의 내용도 다르다. 거기에 다시 함허의 『설의』가 담겼다. 다른 사람의 다른 주석을 함께 묶어 편집한 까닭, 바로 다른 사람들의 '다른 읽기'를 나란히 비교하며 읽으라는 배려다. 『금강경오가해』를 편집한 사람의 뜻이 그랬고, 함허의 뜻이 그랬다. 서로 다른 차이를 나란히 비교하고 비판하며 읽는 방법, 세종 또한 그런 편집을 따라 그렇게 읽었을 것이다.

"어찌 말을 살피지 않는 것이 이처럼 심하게 되었는가?" 함허는 사씨와 주자에게 저렇게 맞섰다. 그들은 『금강경』도 제대로 읽지 못했고, 스스로 성인으로 추앙하는 공자의 글마저 제대로 읽지 못했다. 말도 모르고 뜻도 모르고, 아무나, 아무렇게나 할 수 있는 말이 아니었다. 정도전과 『불씨잡변』, 그 강력한 권력에 맞서는 말이었다. 공자와 주자, 아시아의 지식과 사상, 그 도도한 전통에 도전하는 일이었다.

> 난신(亂臣)과 적자(賊子)는 누구나 잡으면 죽여야 한다. 법관이 따로 필요 없다. 사악한 말을 하는 이단과, 사람들을 망가뜨리는 사상은 누구나 들으면 배척해야 한다. 성현이 따로 필요 없다. 이것이 내가 여러분에게 소망하는 것이며, 내 스스로 힘쓰는 것이다.**

•• 정도전, 「이단을 배척하는 변」, 『불씨잡변』.

법도 필요 없고 판결도 필요 없다. 변명도 필요 없고, 논리도 필요 없다. 잡으면 죽여야 하고 들으면 배척해야 한다. 사문난적(斯門亂賊), 또는 사문난적(斯文亂賊), 이단을 난적과 동일시한다. 이단의 글을 난적으로 지목한다. 난적은 그냥 도적이 아니다. 전쟁을 불러오는 도적이다. 그들에겐 법도 필요 없고 판결도 필요 없다는 말은, 법치사회의 자기 정체성을 스스로 부정하는 말이다. 맹자의 전통을 이어 주자가 했다는 말도 빈말이 아니다. 실제 그렇게 배척당하고 목숨을 잃은 자, 한둘이 아니다. 그렇다 해도 이런 말은 논리도 아니고 말도 아니다. '묻지마'식의 폭력일 뿐이다. 정도전의 『불씨잡변』, 그가 선택한 논리의 결과는 다만 저런 폭력을 선동하는 일이었다.

앞에 인용했던 강희맹의 발문, 그 말이 거짓이 아니라면, 세종도 함허의 『금강경오가해설의』를 읽었고, 당연히 저 구절도 읽었고, 함허의 비판도 읽었다. 세종 역시 주자와 정도전의 전통에서부터 시작했다. 세종은 어려서부터 『불씨잡변』의 아우라, 이단론의 권위 속에서 성장했고, 기꺼이 그 논지와 이념의 전위가 되어 강력한 개혁을 추진했다. 그런 세종이 함허의 글을 읽었고, 칭찬했고, 아들에게 번역하게 했고, 친히 고쳐 지었다. 미처 날뛰는 양극단의 사이에서 세종은 과연 무엇을 읽었을까? 들으면 배척하고 잡으면 죽이라는데 과연 읽기는 읽은 것일까?

4부

『능엄경』이라는
단서

무아(無我)와 무상(無常)은
성(性)과 상(常)을 정면으로
비판하고 부정하는
극단의 이론이었다. 신과
자연과 인간의 정해진
운명을 온통 뒤집어엎는
과격한 주장이었다.
그런 점에서 정도전의
염려는 기우가 아니다.
불교는 어쩌면 정도전이
생각했던 것보다 훨씬
더 불온하고 위험한
사상일지도 모른다.

『능엄경』을
읽은 까닭

『능엄경』은 불교는 물론, 동아시아 한문문화권 지식인들의 필독서였다. 목은으로부터 동방 성리학의 조종(祖宗)이라 찬탄을 받았던 포은 정몽주도 이 책에 몰두했다. 억불의 임금 세종 또한 기어코 『능엄경』을 읽었다. 세조의 기록에 따르면 세종은 무오년(세종 20년, 1438)에 『능엄경』을 읽었다고 한다. 그리고 기사년(세종 31년, 1449)에 번역하여 널리 펴고자 결심하고, 수양대군에게 자세히 연구하라고 명했다. 그러고는 비둔(否屯)의 시간, 어렵고 끔찍했던 세월이 흘러 세조 7년(1461)에 간경도감을 설치하고, 그해 9월 『능엄경언해』를 완성하여 활자본으로 400벌을 출간했다. 그리고 이듬해 교정을 거쳐 목판본으로 다시 출간했다. 『능엄경』은 그렇게, 이단의 책을 태워 없애야 한다던 조선에서도 끝내 살아남았다.

『능엄경언해』는 10권의 『능엄경』과 송나라 계환*이 주석한 20권

●   계환에 대한 자세한 전기는 남아 전하지 않는다. 그는 『법화경요해』, 『능엄경요해』, 『화엄경요해』 등 3편의 주석서를 남겼는데, 그 안에 담긴 기록을 보면 대략 1119년에서 1129년 사이에 저술과 출간이 이뤄졌다는 사실을 알 수 있다. 온릉(溫陵), 지금의 천주(泉州) 지역의 사찰에서 홀로 수행과 저술에 전념했던 것으로 보인다.

의 『능엄경요해』를 훈민정음으로 번역하고 주석을 달아, 합하여 10권으로 편집한 책이다. 여기에 계환이 만든 과문(科文)* 1권이 포함되어 있다. 이 과문의 과목(科目)을 편집 기준 삼아, 한문과 우리말로 함께 읽을 수 있도록 편집되어 있다. 이런 형식의 편집은 우리나라 지식과 문화, 책의 역사에서도 유례가 없는 독특한 형식이다. 이후 언해불전의 번역과 편집은 대개 이와 형식이 비슷하다. 책의 내용을 떠나, 억불이니 숭불이니 이단의 사상투쟁을 떠나, 번역의 역사, 편집의 역사, 나아가 지식과 문화의 역사라는 관점에서도 『능엄경언해』는 특별한 의미를 지닌다.

> 이는 조금이라도 소견(所見)이 있는 것 같아 보인다. 그러나 이는 모두 비슷한 것을 상상하는 가운데서 얻은 것이지, 분명하고 진실한 견해는 없다. 그 주장에 말장난은 많아도 일정한 논리가 없다. 그런 실정을 알 수 있다.**

앞에서 하다 만 이야기, 정도전의 『능엄경』 비판에서 다시 시작해 보자. 말장난, 원문은 유사(遊辭), 광대가 무대에서 공을 놀리듯 글 속에서 말을 놀린다는 뜻, 아무튼 헛소리라는 비판이다. 그래도 이건 수긍할 만하다. 허균의 말마따나 『능엄경』의 말놀이는 명나라의 선비에게도 조선의 천재에게도 과연 현란했다.***

정도전의 평가는 두 가지, 하나는 소견(所見)이고 둘은 논리(論理)다. 소견은 있는 듯도 하고 비슷한 것처럼 보이기도 하지만, 분명하고 진실한 견해는 '없다'고 한다. 이단의 소견이라도, 분명하고 진실하다면 이단이라 딱지 붙이고 비난할 까닭은 없다. 정도전의 목적은 사실 여기에 있다. 이건 좀 더 미뤄두기로 하자.

　‘일정한 논리가 없다’는 비판, 『능엄경』을 제대로 읽어본 적도 없거나 악의적으로 거짓말을 하고 있거나, 둘 중 하나다. 허균이 놀랐던 것은 단지 말놀이가 아니었다. ‘말과 뜻의 놀이’였고, 그 ‘현란함’이었다. 10권의 『능엄경』은 그대로가 한 덩어리의 논리다. 시종일관 하나의 논점을 벗어나지 않는다. 일정한 논리, 이거야말로 『능엄경』의 특성이고 강점이다.

　그러나 정도전의 비판, 반증하기도 쉽지가 않다. 그의 비판을 반증하려면 먼저 『능엄경』의 논리를 알아야 하는데, 그 논리의 길이가 너무 길다. 다음 쪽의 도식은 『능엄경언해』의 한 부분을 도식화한 것으로, 이른바 십팔계(十八界)를 논증하는 부분이다. 이 도식을 그린 사람은 『능엄경요해』를 주석한 계환이지만, 도식의 구조는 『능엄경』의 구조다. 도식을 보면 푸른 색으로 표시된 부분이 있다. 이 부분이 여섯 차례 똑같이 반복된다.

　근(根) ─ 식(識) ─ 진(塵)

　근(根)은 몸의 감각기관을 가리킨다. 이에 대응하는 몸 밖의 대상

- 　과문(科文)은 언해불전 편집의 기준이 되는, 매우 중요한 방편이자 기술이다. 이에 대해서는 5부 가운데 「과문이라는 방법」 참조.
- ● 　정도전, 「심성의 변(辨)」, 『불씨잡변』.
- ●●● 　『능엄경언해』에서는 ‘희론(戲論)’이라고 표현하고, ‘노릇샛 말’이라고 번역한다. 노릇은 노릇, 놀이나 장난을 가리킨다. 언어를 통한 논란은 모두가 ‘노릇의 말’이라고 단언하기도 한다. 다만 노릇이라고 해도 헛소리나 허무한 것은 아니다. 『능엄경언해』의 논란은 그래서 현란하고 재미있다.

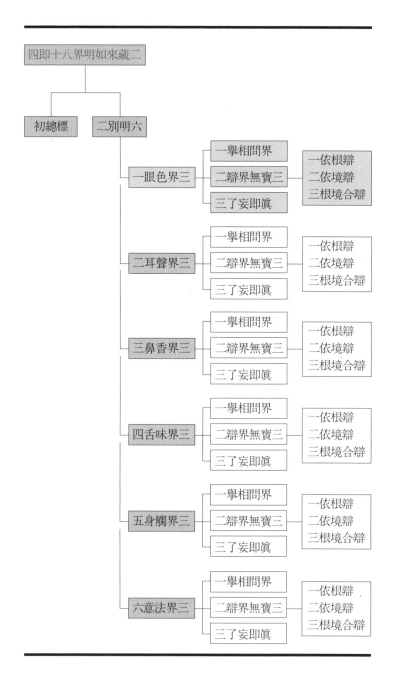

240

을 진(塵)이라고 한다. 예를 들어 눈은 진(塵)의 색상(色相)을 본다. 눈이 바라보는 진의 색상은 눈의 경(境)이 된다. 눈과 색상 사이에서 감각과 인식이 이뤄진다. 이 세 가지 측면을 합하여 하나의 계(界)라고 부른다.

안근(眼根) – 안식(眼識) – 안경(眼境)

안이비설신의(眼耳鼻舌身意), 눈, 귀, 코, 혀, 몸, 뜻의 육근(六根), 여섯 가지 기관을 통해 여섯 가지 감각과 인식이 이뤄진다. 이렇게 이뤄지는 열여덟 가지의 계(界)는 감각과 인식의 총체다. 왼편의 도식은 십팔계라는 감각과 인식의 장(場)을 동일한 논리의 틀을 사용하여 일관되게 논증하는 장면이다.

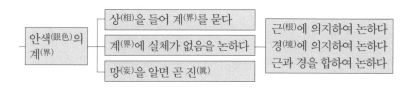

이것은 눈에 대응하는 색상, 그 사이에서 이뤄지는 감각과 인식을 논증하는 논리 틀, 논증 모듈이다. 십팔계 전체는 이 모듈을 통해 반복하여 논증된다. 이 모듈을 알면 십팔계의 논증 전체를 쉽게 알 수 있다. 『능엄경언해』는 이런 논리 틀, 논증 모듈로 구성되어 있다. 십팔계의 논증 모듈은 더 큰 그림과 더 큰 논증, 하나의 큰 이야기를 구성하는 부분이다. 주석을 하는 사람에 따라 모듈 모양이 조금씩 바뀌기는 하지만, 『능엄경』을 읽는 일은 이런 논리를 따라가는 일이다. 그래

서 『능엄경언해』를 읽기 위해서는 먼저 편집의 구조를 알아야 한다. 모듈의 구성과 순서를 따라 읽고, 살피고, 사랑해야 한다. 이런 편집과 읽기에 익숙하지 않은 사람에게 『능엄경』이나 『능엄경언해』는 분명 낯설고 어려운 글이 된다.

정도전도 『불씨잡변』에서 계환의 『능엄경요해』를 언급하고는 있다. 그도 계환의 논증 설계도를 보았을 것이다. 그러고서는 그것을 쓸데없는 말장난으로 취급했거나, 이단을 전공하는 해로운 것으로 간주했을지도 모른다. 아무튼 정도전은 변(辨)이라는 논리적인 형식의 글, 논리적인 비판을 시도했다. 그의 변(辨)이 옳다면 『능엄경』도 불교도 무너지고 만다. 그런데 정도전의 비판에는 정작 논리가 빠져 있다. '일정한 논리가 없다'는 정도전의 결론은 허술하다. 말장난이라고 낮추고 비난하는 일이야 자유겠지만, '일정한 논리가 없다'는 그의 주장은 논증되지 못했다.

이를 볼 때, 정도전이 하고 싶은 이야기는 역시 소견(所見)에 대한 것이다. 성리학의 소견을 방불케 하는 것이 『능엄경』에도 들어 있다는 뜻이다. 소견이 비슷하기 때문에 선비들도 『능엄경』을 읽는 것이고, 비슷하기 때문에 속거나 홀리기 쉽다는 뜻이다. 말장난과 일정한 논리를 들이대는 까닭은 『능엄경』의 소견이 사이비, 곧 비슷하지만 엉터리 가짜라는 것을 입증하기 위해서다.

선유(先儒)께서 "유교와 석씨(釋氏)의 도는 구절구절이 같지만 (이에 대응하는) 일마다 다르다."고 하셨다. 이제 이 말로 미루어 보면, 우리가 '비었다[虛]'고 하면 저들도 '비었다'고 한다. 우리가 '고요하다[寂]'고 하면 저들도 '고요하다'고 한다. 그러나 우리가 '비었다'고 하는 것은 '비었으되 있다'는 것이지만, 저들이 '비었다'고 하는 것은 '비어서 없다[虛無]'는 것이다. 우리가 '고요하다'고 하는 것은 '고요히 감응(感應)하는' 것이지만, 저들이 '고요하다'고 하는 것은 '고요히 사라지는[寂滅]' 것이다.

우리가 지행(知行)을 말하면 저들은 오수(悟修)를 말한다. 우리가 '안다'고 하는 것은 만물의 이치가 내 마음 안에 갖추어져 있음을 아는 것이지만, 저들이 '안다'고 하는 것은 이 마음이 텅 비어 한 물건도 없음을 아는 것이다. 우리가 '행한다'고 하는 것은 만물의 이치를 따라 행하여 어긋나거나 빠지는 게 없다는 것이지만, 저들이 '닦는다'고 하는 것은 만물을 끊어버려 내 마음에 누가 되지 않도록 한다는 것이다. (중략)

요컨대, 우리의 소견은 마음과 이치가 하나라고 보지만, 저들의 소견은 마음과 이치가 둘이라고 본다. 저들은 마음은 텅 비어 이치가 없다고 보지만, 우리는 마음이 비록 비었더라도 만물이 모두 갖추어져 있다고 본다.•

말은 같지만 말의 쓰임새는 다르다고 한다. 이건 분명 불교 탓이 크다. 초창기의 번역자들, 범어 원전을 한문으로 번역하면서 중국의 고전, 유가와 도가의 용어를 빌려다 쓰곤 했다. 말이야 빌려 쓰기 마련인 것이고, 외국어를 번역하는 일이란 게 그럴 수밖에 없는 측면도 있다. 하지만 의도적으로 비슷하게 꾸민 것도 사실이다. 어려운 이야기를 쉽게 하려면 익숙한 표현을 빌려 쓰는 편이 유리했기 때문이다. 후

• 　정도전, 「유교와 불교의 같고 다름을 가림」, 『불씨잡변』.

대에 읽는 사람들은 헷갈릴 법도 하다. 그래서 정도전의 비판은 당연하다. 본래 중국에서 선배 성현들이 쓰던 말, 오랑캐의 법이 빼앗아 간다고 말할 수 있다.

불교의 소견은 분명 성리학의 소견과는 달랐다. 성리학은 분명 만물의 이치를 이야기한다. 불교는 분명 그런 이치는 공(空)하다고, 비었다고 말한다. 불교는 만물에 통하는 만고불변의 이치 따위는 믿지도 인정하지도 않는다. 성리학에서 '안다'고 하는 것은 그런 이치를 아는 것이지만, 불교에서 '안다'고 하는 것은 그런 이치가, 주변의 조건으로부터 조작된 것이라는 사실을 아는 것이다. 그런 이치는 당연 없다. '이치가 없다', 이런 말은 그냥 말장난이 아니다. 이치를 믿고 따르는 사람들에겐 극단의 이단이 될 수 있고 목숨이 오고 갈 수 있다.

자고로 임금이 나오려면 하늘의 명령이 없으면 안 된다.*

내가 일찍이 불씨(佛氏)의 주장이 세상을 심하게 홀리는 게 걱정스러웠다. 그래서 '하늘이 하늘인 까닭과 사람이 사람인 까닭에 있어 유교와 불교의 주장이 같지 않다.'고 했다. 역상(曆象)이 생긴 이래로, 추위와 더위가 오고 가고 해와 달이 차고 지는 데 모두 정해진 것이 있어 천만년을 두고 틀림이 없다. 곧 하늘이 하늘인 까닭은 정해진 것이다. (중략)
하늘은 음양과 오행으로 만물을 지어낸다. 음양과 오행에는 이(理)가 있고 기(氣)가 있다. 이를 온전히 얻으면 사람이 되고, 일부분을 얻으면 물건이 된다. 그러므로 오행의 이(理)는 사람에게 오상(五常)의 성품이 되고, 오행의 기(氣)는 오장(五臟)이 된다. 이것이 우리 유교의 주장이다.**

천명(天命), 하늘의 명령이 있어야 임금이 될 수 있다. 천만년을 두고 변하지 않는, 정해진 이치. 자연의 현상도, 개인의 건강도, 사회의 인륜과 도덕도 모두 변하지 않는 이치를 따라 정해진 타고난 성품이다. 오상(五常)은 인의예지신(仁義禮智信)의 오륜(五倫)이다. 사람과 사람의 관계, 이 또한 타고난 성품, 변하지 않는 윤리(倫理)라 하여 상(常)이라고 부른다. 성리학은 이렇게 성(性)과 상(常)을 알고 믿는다.

이와는 반대로 불교는 처음부터 성(性)과 상(常)을 부정했다. 인도에서도 모든 인식과 소통의 바탕은 신(神)과 자성(自性)이었다. 변하지 않는 신의 이치가 있고, 정해진 고유의 성질이 있다는 믿음과 앎이다. 불교는 그렇게 믿고 아는 세상에 의문을 던졌다. 무아(無我)와 무상(無常)은 성(性)과 상(常)을 정면으로 비판하고 부정하는 극단의 이론이었다. 신과 자연과 인간의 정해진 운명을 온통 뒤집어엎는 과격한 주장이었다. 그런 점에서 정도전의 염려는 기우가 아니다. 불교는 어쩌면 정도전이 생각했던 것보다 훨씬 더 불온하고 위험한 사상일지도 모른다.

문성공(文成公) 이이(李珥)는 (중략) 『능엄경』 한 책을 제일 좋아했습니다. 대개 그 내용은 안으로는 심성설(心性說)을 설하고 있는데 정교하고 미묘하기가 완벽합니다.***

• 『태조실록』 1권, 태조 1년(1392) 7월 17일.
•• 권근, 「불씨잡변설서」, 『불씨잡변』.
••• 송시열, 『송자대전』 권19.

성리학과 불교, 소견이 다른 거야 빤한 사실일지도 모르겠다. 아무튼 그런 소견을 두고 오랜 세월 갈등도 다툼도 있었다. 유교, 도교, 불교의 삼교(三敎)가 피를 부르던 살육의 시대도 있었지만, 조화롭게 태평성대를 누리던 때도 있었다. 그런데 정도전과 권근은 왜 새삼 불교가 세상을 홀린다고 한탄하고 분노하는 것일까? 송시열의 지적은 솔직하고 분명하다. 문제는 정교하고 미묘하다는 『능엄경』의 심성설(心性說)이다. 비슷하지만 다른 것이 걱정스럽고, 정교하고 미묘한 것이 두렵다.

부처님: 아난아, 그것은 네 마음이 아니다.

아난: (놀라서) 이것이 저의 마음이 아니라면 무엇이라 이름해야 하겠습니까?

부처님: 그것은 눈앞에 닥친 대상의 허망한 모양을 그리는 것이라, 너의 진실한 성(性)을 어지럽힌다. 네가 시작도 모르는 때로부터 이생에 이르도록, 도적을 잘못 알고 자식으로 삼아서, 너의 본래 덛덛든 것을 잃어버리고 윤회에 전전하게 된 것이다.

아난: 제가 큰 용기를 내어 모든 어려운 수행을 하는 것도 모두가 이 마음을 쓰는 것이고, 혹 불법을 비방하여 선근(善根)을 영원히 끊는다 하더라도 또한 이 마음으로부터 비롯하는 것입니다. 만일 이를 마음이 아니라고 하신다면 제가 마음이 없는 것이 흙이나 나무와 같을 것입니다. 이렇게 아는 것을 떠난다면 아무것도 남는 것이 없습니다. 어째서 이것이 마음이 아니라고 하십니까? 저도 참으로 놀랍고 여기의 대중도 의혹하지 않을 이가 없을 것입니다.•

'본래 덜더든 것', 원문은 원상(元常)이다.『능엄경언해』에서 이렇게 새겼다. 진실한 마음, 진실한 성(性), 본래 덜더든 것.『능엄경』의 진짜 이야기,『능엄경』의 진짜 심성설이 시작된다. 놀라는 아난, 그럴 법도 하겠다. 진실한 성(性), 본래의 덜덜함, 평소에 듣던 말이 아니기 때문이다. 아난도 놀랐다지만, 이단을 비판하는 자들도 당황스럽기는 마찬가지다. 이게 바로 정도전이 말하는 이단의 '소견'이다. 무상(無常)을 이야기하던 자들이 갑자기 진성(眞性)과 원상(元常)을 이야기한다. 허무하고 허탄한 이단과는 달리, 유학의 선비들이 독점하던, 아니 독점하고 싶었던, '덜덜함'이다. 놀랄 만도 하다.

> 마음은 사람이 하늘로부터 얻어서 태어난 기(氣)다. 허령불매(虛靈不昧)**하여 한 몸의 주인이 된다. 성(性)은 사람이 하늘로부터 얻어서 태어난 이(理)다. 순수하고 지극히 착해 한 마음에 갖추어져 있다. (중략)
> 그런데 불씨(佛氏)는 마음으로써 성(性)을 삼아, 논리를 펴다가 되지 않으니까 문득 '모르면 곧 마음이고, 알면 곧 성(性)이다'라고 한다.***

정도전도 '모롬-아롬'의 대구를 쓴다. 미(迷)-오(悟)의 대구다. 하

- 　『능엄경언해』권1. 긴 이야기를 조금 줄이고 각색해보았다.
- **　허령불매(虛靈不昧): 텅 비어 신령하나 어둡지 않다. 주자가『대학(大學)』의 명덕(明德)을 설명하며 이런 표현을 썼다. 정도전은 주자의 구절을 그대로 인용하여 심성을 논증하고 있다.
- ***　정도전,「불씨의 심성을 가림」,『불씨잡변』.

지만 '모르면 마음이고, 알면 성(性)', 이런 구절은 어디서 들었는지는 몰라도 근거도 없고 말도 되지 않는다. 아마도『능엄경』의 망심(妄心)－진심(眞心)의 대구를 오해하여 내린 결론인 것 같다.『능엄경』에서도 분명 덤덤한 진성(眞性), 마음의 성품을 이야기한다. 이런 성품은 물론 주자나 정도전이 보는 성품과는 다르다. 그렇기 때문에 이단의 관점에서 진실하지 않다고 비판할 수도 있다. 하지만 비판을 하려면 제대로 읽어야 한다. 정도전의 비판에는 무엇보다 '제대로'가 빠져 있다. 대강 인용하고 대강 결론을 내린다.『능엄경』의 의도와는 너무 차이가 커서 반론의 여지도 없다.

정도전의 글은 성인의 글을 주자가 새기는 대로 따라 읽는 것이다. 하늘이 준 성품, 기(氣)와 이(理), 거기에 맞추어 인간과 만물을 관찰한다. 이에 비해『능엄경』읽기는 부처와 아난의 대화를 따라 읽는 것이다.『능엄경』은 관찰로부터 시작한다. 관찰에 앞서 하늘도 없고 정해진 성품이나 이치도 없다. 이야기의 순서, 읽는 순서가 다르다. 정도전의 오해는 그래서 생긴 것이다. 요즘으로 치자면 정도전의 읽기는 형이상학의 읽기와 같다. 성인이 준 원리와 성품을 바탕으로 읽기 시작한다. 이에 비해『능엄경』의 읽기는 의학이나 과학의 읽기와 같다. 관찰 기록을 읽으며 관찰을 재현한다. 관찰에 앞서는 원리는 없다. 물론『능엄경』에서도 하늘이 준 성품과 '방불(髣髴)한' 성품을 말한다. 본래의 덤덤한 성(性),『능엄경』에서는 여래장(如來藏)이라고 부른다.

여래(如來)의 과체(果體)는 그 바탕이 본래 그런데, 어찌 비밀한 인(因)에 붙을까? 보살의 도용(道用)은 그 쓰임에 지음이 없는데 무엇이 만행(萬行)이 될까? (중략)

오직 중생인 여래가 장심(藏心)에 숨어 있으니, 밀인(密印)이 곧 아니면 나타나지 않을 것이다. 중생인 보살이 칠취(七趣)에 꺼져 있으니 만행(萬行)이 곧 아니면 닦지 못할 것이다.*

『능엄경』의 본래 이름은『대불정여래밀인수증료의제보살만행수능엄경(大佛頂如來密因修證了義諸菩薩萬行首楞嚴經)』, 이렇게 길다. 『능엄경』만이 아니다. 불경의 이름은 대개 이렇게 길다. 범어의 원문을 그대로 번역하다 보니 늘어졌다. 긴 이름에서 키워드는 밀인(密因)과 만행(萬行)이다. 밀인(密因), 비밀스러운 원인을 말하는 까닭은 여래의 과체(果體), 결과로서의 부처를 지향하기 때문이다.

부지런히 시방(十方)의 여래(如來)가 보리(菩提)를 이룬, 미묘한 사마타(奢摩他)와 삼마(三摩)와 선나(禪那)와 맨 첫 방편을 청하니**

모든 여래가 이루었다는 보리(菩提)는 결과다. 결과가 있으려면 원인이 있어야 한다. 그 사이에 방편이 있다. 보리의 결과는 실제로 있었던 역사적인 사실이다. 원인이 무엇이든 방편이 어쨌든, 싯다르타라는 한 인간이 얻었던 결과. 불교는 그 결과로부터 시작했다.

菩뽕提똉ᄂᆫ 覺각이니 覺각ᄋᆫ 아닷 마리라 (언해문)
보리는 각(覺)이니 각(覺)은 안다는 말이다.*** (현대문)

- 계환,「통석경제(通釋經題)」,『능엄경언해』, 권1.
- ** 『능엄경언해』.
- *** 『금강경삼가해』.

조건	과정	결과	
싯다르타	방편	보리(菩提)	실재했던 사건
보살	만행	보리(菩提)	'같은 조건→같은 과정→같은 결과'의 재현 가능성
중생	방편	보리(菩提)	'중생-불'의 보편적인 원인

　언해불전의 해석과 번역에 따르면 보리는 각(覺)이고, 각(覺)은 '알다'라는 뜻이다. '보리＝아롬'이라면 싯다르타의 조건, 중생의 조건은 '알지 못함'이다. 알지 못하는 상태에서 아는 상태로 바뀌는 조건이 바로 '맏 첫 방편'이다. 『능엄경』에서 아난은 '맏 첫 방편'을 묻는다. 방편의 조건을 묻는 까닭은 중생의 조건, 부처의 조건이 같기 때문이다. 이것은 마치 초등학교 실험실에서 하는 간단한 과학 실험과도 같다. 조건이 같고 과정이 같으면 같은 결과를 반복해서 얻을 수 있다. 조건과 방편의 덤덤함이다.

　싯다르타라는 특정한 인간, 그는 특정한 조건에서 특정한 과정을 거쳐 특정한 결과를 얻었다. 이것이 불교의 시작이다. 불교는 이 사건에 관한 가르침이다. 『능엄경』의 가르침도 이 사건에서 벗어나지 않는다. 부처는 특정한 조건을 보편의 조건으로 확장한다. 보리, 곧 부처의 아롬은 부처만의 것, 특별한 자의 특별한 조건이 아니다. 싯다르타는 몸을 가진 인간이었고, 그 몸에 담긴 감각과 인식의 기능을 따라 부처의 아롬을 이뤘다. 과거 현재 미래의 모든 사람들, 몸이 있고 그래서 볼 수 있고, 들을 수 있다면 똑같이 알 수도 있다. 『능엄경』의 덤덤함은 그런 덤덤함이다. 싯다르타가 특별하고 부처가 특별한 까닭은 특별한 방편을 따라 관찰과 사유를 발견했고, 실천했다는 점이다.

그 사이에 '미묘한 사마타(奢摩他)와 삼마(三摩)와 선나(禪那)와 맨 첫 방편'이 있다. 말은 낯설고 복잡한 듯 보여도, '보아 살펴 사랑하는' 방편일 뿐이다. 부처와 중생이 다른 점은 단지 이것 하나뿐이다. 부처는 방편을 실천하여 결과를 얻은 사람이다. 이런 사람, 이런 부처가 워낙 없기 때문에 비밀이라고 부르는 것뿐이다. '보아 살펴 사랑하는' 방편, 이 또한 중생의 덤덤한 조건이다. 그래서 『능엄경』의 이야기는 조건의 덤덤함에서 방편의 덤덤함으로 이어진다. 앎으로 가는 방편, 부처로 가는 길, 이렇게 따라 읽고, 이렇게 보아 살펴 사랑하면 누구나 알 수 있다. 부처가 될 수 있다. 몸과 생명을 가진 존재라면 누구나 똑같이 할 수 있는 일. 이런 것이 『능엄경』의 이야기고, 『능엄경』의 심성(心性)이고, 불성(佛性)이다.

하지만 짐승과 사람이 다르듯, 현실의 사람에도 차이가 있고 차별이 있다. 부귀가 있고 빈천이 있다. 정도전의 성리학에서는 차이와 차별 또한 하늘의 명령이라고 한다. 그런 조건에서 오상(五常)의 덤덤함, 현실의 윤리가 세워진다. 하늘의 이치가 오상의 성품이 되었다고 하지만, 오상의 성품에는 이미 계급과 빈부와 남녀의 차별이 정해져 있다. 이런 차이와 차별을 거스르는 일은 성품과 이치와 하늘에 거스르는 일이다.

아래의 백성들은 미련하고 어리석어, 취해야 할 것과 버려야 할 것을 구분하지 못합니다. 참으로 한 시대의 현달한 사람이 있어, 배척하면 물리치고 북돋으면 따르게 됩니다. 이는 다만 현달한 사람에게 믿고 복종할 줄만 알고 도에 사악하고 바른 것이 있다는 사실을 모르기 때문입니다.*

　정도전과『능엄경』, 진짜 차이는 이런 곳에서 드러난다. 정도전의 성리학은 차별의 조건을 전제로 윤리의 조화를 지향한다. 하지만 차별의 조건, 미련하고 어리석은 것은 다만 아랫것들에게 주어진 성품도 운명도 아니다. 마찬가지로 현달한 자의 덕(德)과 지위 또한 주어진 성품도 운명도 아니다.『능엄경』의 관점에서 보면 아랫것들이나 현달한 자들이나 덛덛한 성품의 조건은 똑같다. 다만 차이가 있다면 '보아 살펴 사랑할 수 있는' 방편의 차이가 있을 뿐이다. 미련하고 어리석은 아랫것들에게도 방편의 기회가 주어진다면 덕달(德達)이나 위달(位達)은 물론, 보살도 부처도 될 수 있다.『능엄경』은 부처의 보리로 가는 길, 아롬으로 가는 방편을 논증한다. 미련하고 어리석다는 백성들도 이 책을 읽고 따라 살피고 사랑할 수 있다. 15세기 조선, 읽고 사랑할 수 있는 방편의 기회는 타고난 소수의 전유물이었다. 성리학 이념으로 혁명을 일으켜 나라를 세운 조선의 사람은 부와 권력은 물론, 지식과 문화도 독점했다. 그들은 나라를 이끄는 계급이 되었고, 독점을 끊임없이 세습하려고 했다. 그런 계급에게『능엄경』은 분명 불온하고 위험한 이단이었다.

　　종교(終敎)는 또 이름이 실교(實敎)이니, 정해진 성품의 이승(二乘)과 성품이 없는 천제(闡提)도 모두가 반드시 부처가 될 것이라고 하여, 비로소 대승의 지극한 말을 다하였기 때문에 이를 세워 종(終)으로 삼고 실리(實理)에 맞기 때문에 이름을 실(實)이라고 한 것이다. 법상(法相)을 적게 이르고, 법성(法性)을 많이 이르니, 법상을 이르더라도 성(性)으로 모도아 돌아가기 때문에 쟁론(爭論)이 없다.**

불교에도 정해진 계급이 있고 차별이 있다. 이른바 종성(種性)이라는 차별이다. 똑같은 조건에서 똑같은 수행을 하더라도 타고난 성품에 따라 도달할 수 있는 지위에도 차별이 있다고 한다. 예를 들어 천제(闡提)는 어떤 조건에서도 절대로 성불할 수 없는 계급에 속한 자들이다. 불교에는 이런 가르침도 있다. 하지만 이런 가르침은 말하자면 방편의 가르침이다. 목은의 말투를 따르면 말류의 중생들을 위한 말류의 가르침이다. 『원각경언해』에서는 화엄종의 종지에 따라 부처의 가르침을 다섯 종류로 나누고 있다. 성품을 강조하는 가르침은 이 중에서도 종교(終敎) 또는 실교(實敎)에 해당한다. 누구나 가진 보편의 심성, 부처를 이룰 수 있다는 보편의 불성을 강조한다. 실제로 『능엄경』은 물론 간경도감본 언해불전은 모두 종교(終敎)와 돈교(頓敎)에 속한다.

정도전이 『능엄경』에서 어떤 성품을 읽었는지 분명하지는 않다. 그것을 읽어내기엔 그의 『불씨잡변』은 너무 짧고 허술하다. 정도전이 목표로 삼았던 유교와 불교, 이단의 차이, 그런 차이를 논증하려면 좀 더 길고 진지한 읽기가 필요하다. 그런 점에서 『능엄경언해』, 나아가 간경도감본 언해불전은 『불씨잡변』의 읽기를 도와주는 해설서라고도 할 수 있다. 이 말이 조금은 황당하게 들릴지도 모르겠다. 하지만 『불씨잡변』에서 인용하는 불씨의 말은 대개 언해불전과 겹친다. 그런 불씨의 말이 정도전이 읽는 조선 불교의 정체였다. 이에 비해 언해불전

●　　정도전, 「달가(達可)에게 올리는 편지」, 『동문선』 권63.
●●　　「권실대변(權實對辨)」, 『원각경언해』.

에 포함된 불교 책은 세종과 세조, 함허와 신미가 읽는 조선 불교의 정체였다. 말과 책이 겹친다는 사실은 그들이 읽던 조선 불교의 정체성이 비슷했다는 뜻이 된다. 차이가 있다면 다만 관점이 다르고 읽기가 달랐을 뿐이다. 언해불전에 담긴 조선의 읽기, 그 읽기를 따라가다 보면 마치 정도전을 향해,『불씨잡변』을 향해 친절한 조언을 하고 있다는 느낌도 든다. '불교 책은 그렇게 읽으면 안 돼요, 이렇게 읽어야 해요.'

아무튼 정도전은 쉬운 길을 택했다. 진지한 읽기 자체를 봉쇄해 버리는 길이었다. 그의 목적은 비판이나 논증이 아니라 설득이었기 때문이다. 설득이라는 점에서 보자면 그의『불씨잡변』은 매우 효과적인 글이다. '이단에 전념하면 해롭다'는 성인의 말씀이면 족했다. 세상에는 전념하지 않으면 제대로 읽을 수 없는 책도 숱하게 많다. 이단이라는 결론, 딱지를 붙이는 정도면 충분했다. 어렵다고, 또는 해롭다고 이단으로 몰아 원천봉쇄한다면, 그런 일이야말로 백성을 미련하고 어리석게 만드는 원인이 된다. 지식과 사상의 관점에서 보자면 말류 중의 말류의 선택이 된다.

숭불의 임금 세종은 어린 백성을 위해 훈민정음을 만들어 베풀었다. 그리고『능엄경』이나『금강경』을 번역하여 널리 펴 알리고자 했다. 비둔의 시절, 우여곡절을 거쳐 세조가 출간한『능엄경』은 기껏해야 수백 벌에 불과했다. 그런 노력도 그나마 몇 년, 선비들의 반대에 부딪혀 중단되고 말았다. 미련하고 어리석은 백성들, 알 수 있는 성품과 조건을 갖추었다지만, 읽을 기회도 사랑할 방편도 영 끊어지고 말았다.

허망한
윤회의 길

아난아, 이렇게 지옥의 열 가지 원인과 여섯 가지 결과라고 이름
하는 것이 다 중생의 미망(迷妄)으로 지은 것이다.*

업(業)은 일이니, 제가 지은 일이 좋으면 좋은 곳으로 가고, 궂으
면 궂은 곳으로 간다.**

중생의 미망(迷妄), 미(迷)는 모른다는 뜻이다. 망(妄)은 난(亂), '어지
럽다'는 뜻이다. 언해본에서는 '거츨다'라고 번역한다. 지옥은 말하자
면 궂은 곳이다. 반대로 하늘은 좋은 곳이다. 미망은 제대로 알지 못
하는 중생의 조건이다. 지옥은 모르는 중생이 제멋대로 조작하여 지
어낸 것이다. 그래서 『능엄경』에서는 본무소유(本無所有), '본래는 없는
것'이라고 거듭 강조한다. 본래 없는 것, 그렇다면 "비록 저미고 지지
고 찧고 갈려고 해도 그럴 몸이 없다."는 정도전의 비판도 틀린 말이

* 『능엄경』 권8.
** 함허, 『금강경삼가해』.

아니다. 본래 없는 것을 빌미로 겁을 주고 착취를 한다면 비판받아 마땅하고 도태되어도 할 말이 없다. 거꾸로 "이는 그 이치를 모르고 헛소리를 한 것"이라는 수양의 대거리도 빈말이 아니다. 『능엄경』에서 이렇게 '본래 없다'고 거듭 강조하고 있는데, 불교의 허망한 지옥설을 빌미로 불교를 도태하려 한다면 이 또한 잘못이다.

게다가 좌소용마의 권력을 품은 임금과 사대부, 그릇된 신념으로 권력을 사용한다면 이 또한 폭력이 되고 그 과보를 벗어날 수 없다. 본래 없는 지옥, 이런 지옥을 빌미로 협박하고 착취하는 자도 있다. 이런 지옥설을 빌미로 불교 자체를 억압하고 도태시키려는 자도 있다. 『능엄경』의 논리를 따르면 똑같이 몰라서 거꾸러진 자들이다. 본래 없는 것, 중생은 스스로 지어낸 지옥에서 스스로 고통을 자초한다. 『능엄경』의 이야기를 좀 더 읽어보자.

> 여래가 부처를 이룬 바탕이 진실한데, 어찌 다시 지옥과 아귀와 짐승과 수라(修羅)와 사람과 하늘 등의 길이 있는 것입니까? 이런 길은 본래 스스로 있는 것입니까? 중생의 망습(妄習)으로 생겨난 것입니까?•

윤회의 길, 『능엄경』에서는 칠취(七趣), 일곱 가지 길로 나누어 설명한다. 지옥과 아귀와 축생(畜生)과 사람과 신선과 하늘과 수라(修羅)의 길이다. 위로는 겹겹이 하늘이 있고, 아래로는 겹겹이 지옥이 있다. 그

• 　『능엄경언해』 권8. 수라(修羅) 또는 아수라(阿修羅)는 하늘의 신에 맞서는 악신(惡神)을 가리킨다.

사이에 사람과 짐승도 있고, 갖가지 귀신과 신선, 악신의 길도 있다. 좋은 길도 있고 궂은 길도 있다. 불교 이야기는 이래서 재미있기도 하지만, 이래서 낯설고 어수선하기도 하다. 느닷없이 시작한 신화와 윤회 이야기, 따라 읽자면 한도 끝도 없다. 동서의 온갖 상상이 뒤얽힌다.『능엄경』은 그런 책이다.

다음 쪽 도식을 보자. 일곱 가지 길을 하나하나 설명하고 있다. 계환은 일곱 가지 길을 저렇게 읽었다. 분류를 하고 문단을 나누고 각 문단에 나름 제목을 달았다. 과목(科目)이라고 부른다. 이렇게 그림을 그려놓고 보면 논리를 한눈에 볼 수 있다. 그래도 낯설고 복잡한 그림, 굳이 따라 읽을 필요는 없다. 그 사이에 푸른색으로 칠한 과목만 보면 된다. 각각의 길, 각각의 문단에 대한 결론이다. 내용은 똑같다. 결허망(結虛妄), 결론은 허망(虛妄)이다. 텅 비고 거즐다. 몰라서 거즐게 지어낸, 중생들이 스스로 조작한, 그래서 본래 없다는 결론. 똑같은 푸른 과목, 똑같은 이야기가 문단마다 반복된다.

여기서 이 그림을 그려 보이는 까닭은 저 푸른 과목만 보아도『능엄경』의 집요한 의도를 짐작할 수 있기 때문이다. 이런 것이『능엄경언해』를 읽는 요령이고 방편이기 때문이다. 결론은 허망이다. 동서의 신화와 전설, 그 멀고 넓은 이야기들, 허망하다는 결론을 향한 장치일 뿐이다.

푸른 과목은 지옥에도 걸리지만 하늘에도 걸린다. 궂은 길이든 좋은 길이든 조작되고, 그래서 허망하기는 마찬가지다. 하늘나라에서는 즐겁고 지옥에서는 괴롭다지만, 이 또한 조작된 감정이고 전설일 뿐이다. 즐거운 것을 좋아하고 괴로운 것은 싫어하는 것이 인지상정이라지만, 그렇게 좋아하고 그렇게 싫어하는 감정이야말로 조작의 원

三從業分趣

一地獄趣二
　一結前起後
　二總徵別明五
　　一十習因十
　　二六交報二
　　三結由妄造
　　四詳明輕重五
　　五結答所問

二鬼趣三
　一標緣起
　二明感類
　三結虛妄

三畜趣三
　一標緣起
　二明感類
　三結虛妄

四人趣三
　一標酬業二
　二明感類
　三結虛妄

五仙趣三
　一標緣起
　二明感類
　三結虛妄

六天趣三
　初欲界六天二
　　一列明六
　　二結妄
　二色界十八天　文二
　　一列明四
　　二總結
　二無色界四天　文四
　　一分岐超出
　　二隨定趣入
　　三通辯凡聖
　　四結名顯妄二
　　　一結名
　　　二顯妄

七修羅趣

인이다. 함허의 표현을 따르면 모두가 '업(業)의 구덩이'일 뿐이다.

> 아난아, 이 같은 지옥과 아귀와 축생과 사람과 신선과 하늘과 수
> 라의 일곱 가지 길을 자세히 살펴보면 모두가 혼침(昏沈)하여 조작
> 한 모양일 뿐이다. 망상(妄想)으로 태어나고 망상으로 업(業)을 좇
> 는다. 미묘하고 두렷하게 밝은, 지어냄이 없는 본래의 마음에서
> 보자면, 모두가 허공에 피어난 꽃과 같아 본래 집착할 것도 없다.
> 오직 하나의 허망일 뿐이어서 달리 근원의 끝이 없다.
> 꿈속의 의식은 혼침한 까닭에 일곱 가지 길을 거즐게 좇거니와,
> 깬 마음이 미묘하게 두렷하면 잠깐도 근원의 끝이 없다.*

『능엄경』의 부처는 이렇게 다시 한 번 결론을 내린다. 일곱 가지
길에, 길마다 문단마다 결론을 내렸지만, 그래도 부족하다. 아난도 대
중도 일곱 가지 길에 자꾸 집착하기 때문이다. 길의 집착에서 벗어나
는 일이 그렇게 어렵기 때문이다. 일곱 가지 길, 궂으나 좋으나 모두가
허망하다. 혼침(昏沈), 캄캄하게 가라앉아 몽롱한 마음의 상태, 계환은
잠과 꿈에 비유하여 설명한다. 몽롱한 정신에 거즐게 조작한 일곱 가
지 길, 잠에서 깨어나면 허망한 꿈일 뿐 뿌리도 없고 근거도 없다.

본래 없는 허망한 길, 아무리 반복하여 강조하더라도 업의 구덩
이에 빠져 모르는 중생은 그래도 두렵다. 그런 두려움을 이용하고 착
취하는 자도 있다. 오탁악세의 말류들이다. 그런 말류를 빌미로 『능엄
경』을 태우고 불교를 도태시키려는 자도 있다. 이 또한 오탁악세의 말

●　　『능엄경』 권8. 통결칠취(通結七趣).

류들이다. 『불씨잡변』에서는 불교의 윤회와 인과를 들어 불교를 비판한다. 『능엄경』을 읽은 사람이라면 그런 비판 또한 허망하다는 사실을 금세 알 수 있다. 허망한 지옥에 허망한 폭력일 뿐이다.

함께 가는
길

목은도 포은도 『능엄경』을 읽었다. 삼봉도 세종도 『능엄경』을 읽었다. 까닭은 역시 『능엄경』의 논리, 『능엄경』의 심성설 탓이다. 그들은 모두 송나라 정주(程朱: 정자와 주자)의 논리와 심성설을 알고 믿었다. 그들은 그들이 알고 믿는 이치와 성품을 바탕으로 이단을 비판했다. 이에 비해 『능엄경』은 앎과 믿음을 바로 파고든다. 이치건 성품이건, 하늘이건 지옥이건, 알고 믿는 것의 내용은 상관도 하지 않는다. '안다'는 행위 자체에 집중할 뿐이다. 물론 그 결과는 파격이고 과격이다. 알고 믿는 행위의 바탕 그 자체가 무너지니, 믿고 알던 생각과 세계가 모두 무너진다. 『능엄경』은 과연 이단의 글이다. 그들은 그런 글에서 무엇을 읽었을까?

곧 그 자리의 모든 대중이 귀천(貴賤)이 없이 함께 불전(佛前)으로 들어가니 모두 261인이었다. (중략)
모든 대중이 함께 발원(發願)하여 이르기를 "우리들은 오늘 우리 성상의 덕을 입어 화장(華藏)의 모임에 참석하게 되었습니다. 몸소 부처님께 공양을 올리니 아난(阿難)이나 가섭(迦葉)과 무엇이 다르겠습니까? 이 자리에 모인 사람들과 함께 영원토록 동행하여 헤어지지 않고, 훤히 알아 미혹(迷惑)이 드러나, 물을 건너 여래(如來)의 지혜 바다에 들어가기를 바랍니다." (중략)

승속이 서로를 향하여 함께 절을 했다.*

앞에서 인용했던 『사리영응기』의 한 구절. 여기에서는 두 가지 파격의 흔적이 읽힌다. 첫째는 '부처 앞에 귀천(貴賤)이 없다'는 흔적이다. 둘째는 '귀천과 승속이 서로를 향해 함께 절하며 동행(同行)을 맹세했다'는 흔적이다. 그들이 가고자 했던 동행(同行)의 길, 그 길은 어떤 길이었을까? 실록의 사관은 이를 귀천의 계급으로 읽었고, 왕실의 권력으로 읽었다. 수양대군은 권력을 향한 피바람의 길에 이들과 동행했다. 그래서 그런지 이들의 길을 권력을 향한 정치의 길로 읽는 경우가 많다.

인용한 글에 들어 있는 '훤히 알아 미혹이 드러나', 원문은 '달각미현(達覺迷顯)'이다. 이 말은 표현도 좀 어색하고 어디서 왔는지 근거도 애매하다. 그래서 번역하기도 까다롭지만, 이 또한 모롬-아롬의 대구다. 저들의 신념이었는지, 아니면 그저 입에 발린 명분이었는지, 저들의 동행은 이 대구와 긴밀하게 연결되어 있다.

與文字로 不相流通할새
→ 유통(流通)은 흘러 ᄉᄆ출씨라**

언해불전에서는 통(通)이나 달(達), 또는 통달(通達) 모두 'ᄉᄆ다'라고 번역한다. 서로 통하고 서로 만난다는 뜻이다. 각(覺)은 물론 '아롬'

이다. 말하자면 달각(達覺)은 아롬에 통하여 도달하는 것이고, 아롬에 딱 들어맞는 것이다. 말이야 어쨌건 저들 동행의 끝은 '아롬'이다.

> 비유하자면 미혹(迷惑)한 사람이 한 마을에서 남쪽을 혹(惑)하여 북쪽으로 삼는 것과 같다. (중략)
> 이 미혹이 근원(根源)이 없어, 성(性)이 마침내 공(空)하다. 예전에는 본래 미혹이 없었으나, 미혹으로써 앎이 있는 듯하니, 미혹을 안 미혹이 없어지면 앎에 미혹이 생겨나지 않는다.
> 알고 나면 미혹하지 않는다는 것을 드러낸 것이다. 예전에는 본래 미혹이 없었으나 미혹을 따라 안다고 하는 것을 '미혹을 안 미혹'이라 부른 것이다.***

『능엄경언해』에서는 각(覺)을 '아롬'이라고 번역한다. 이에 비해 미(迷)는 미혹(迷惑)이라고 풀어 쓰기도 한다. '모롬'보다는 혹(惑)에, '헷갈림'에 초점을 맞추는 것이다. 알고 모르고, 비유를 들어 보면 뜻이 분명해진다. 낯선 동네에 가면 동서남북이 헷갈리기 마련이다. 시간이 흘러 동네가 눈에 익으면 동서남북에 감이 잡힌다. 각(覺)이나 미(迷), 알고 모르고, 빤한 일이다. 모르면 헷갈리지만 알고 나면 그만이다. 그런 일에 귀천(貴賤)이 있을 리 없다.

김수온은 화장(華藏)의 모임이라고 했다. 『화엄경』에서 그리는 연꽃 같은 세계다. '지혜의 바다', 원문은 '정변지(正遍知)의 바다'다. 두루 아

- 김수온, 『사리영응기』.
- ● 『훈민정음언해』.
- ●● 『능엄경언해』 권4.

는 부처의 지혜를 가리킨다. 말과 논리는 낯설고 어려워 보여도 뜻은 빤하다. 『능엄경』은 이런 빤한 일을 집요하게 붙들고 늘어진다. 동서남북을 알고 모르고, 이런 것도 본래부터 있었던 것이 아니다. 함께 정한 일일 뿐이다. 그렇기 때문에 누구나 알 수 있다. 언제 어디서나 누구나 알 수 있고, 누구나 할 수 있는 일, 덤덤한 것이 있다면 이런 게 덤덤함이다. 누구에게나 잠재되어 있는 성품, 여래의 장(藏)이고 부처의 성품이다. 저들이 끝까지 함께 가고자 했던 동행의 길, 그 길은 본래 이런 것이다.

> 짐이 불경을 보니 하늘을 우러르고 바다를 바라보는 것처럼 높이와 깊이를 가늠할 수가 없구나. 짐이 요즘 군사와 나랏일에 정신이 없어 불교를 자세히 살펴볼 틈이 없었다. 이제 보니 근원이 깊고 넓어 한계를 알 수 없다. 유가(儒家)나 도가(道家), 아홉 학과의 책에 비기자면 마치 작은 샘으로 큰 바다에 비기는 것 같다. 세상에서 삼교(三敎)를 고루 갖춰야 한다고 하지만, 이는 헛소리다.•

당나라의 똑똑한 태종(太宗), 삼장법사 현장(玄奘)이 『유가사지론(瑜伽師地論)』을 번역했다는 말을 듣고 했던 말이다. 불교가 함께 가고자 했던 '아름'의 길, 이 또한 오래된 길이다. 유도불(儒道佛) 삼교(三敎), 생각은 달라도 오랜 세월 동아시아의 지식과 사상을 함께 지탱했다. 죽고 죽이고, 이단으로 맞붙었던 시절도 있었지만, 상생하며 공존했던 시절도 있었다. 좋든 싫든 삼교는 떼려야 뗄 수 없는 인연으로 얽혀 있다. 화살을 이단으로 돌리면 스스로에게 되돌아오게 되어 있다. 세종

• 혜립(慧立), 『대당대자은사삼장법사전(大唐大慈恩寺三藏法師傳)』 권6.

의 한탄, "여뀌 잎처럼 작은 나라", 그래서 이단의 위험은 더욱 크다. 극단의 논란에 빠지기도 쉽고 후환도 크다.

　고려 말 조선 초 혁명의 시대, 정도전은 이단의 기치를 내걸고 이념투쟁을 이끌었다. 그런 투쟁의 중심에 『불씨잡변』이 있었다. 혁명은 성공했고, 『불씨잡변』의 논리는 선비들의 금과옥조가 되었다. 하지만 내막을 따져 보면 『불씨잡변』의 이단의 논리에는 논리도 없고 투쟁도 없다. 다만 이단이라는 딱지만이 남았다. 제대로 된 읽기도 없었고, 제대로 된 비판도 없었다. 정자와 주자의 관점에서 보자면 불교도 『능엄경』도 분명 이단이다. 비판하고 배척해야 마땅한 사악한 가르침이다. 아쉬운 것은 비판과 배척이 다만 이단의 딱지에 그치고 말았다는 사실이다. 그런 식의 배척이 성공했고, 조선의 지식인들이 그런 성공에 만족하고 안주했다는 사실이다. 그러는 사이 세종은 이단의 글을 읽기 시작했고, 두 아들과 함께 번역에 나서기도 했다. 세종은 『불씨잡변』의 명분에만 집착하는 선비들이 답답했다. 위선에 분노했고 소통의 길은 끊겼다.

　정도전의 말대로 하늘은 달가를 낳았다. 문제는 이런 소명이나 사명감이다. 하늘이 낳고 정해준 엘리트의 소명, 그것 자체로야 나쁠 것은 없다. 하지만 소명에 집착하고 자신에 집착하면 다른 생명, 다른 백성도 하늘이 낳았다는 사실을 잊기 쉽다. 선비니 사대부니, 대가 이어지면 계급이 된다. 사람살이라는 게 모두 똑같을 수 없다. 부귀와 빈천, 한꺼번에 해결할 수도 없다. 하지만 계급이 세습되고 소수가 독점하게 되면, 그런 것을 말세라고 부른다. 언젠가 곪아 터지게 되어 있다. 천하의 엘리트도 하수상한 시절에 어두운 지도자 밑에서 기회를 얻지 못하면, 소명이나 능력을 펼치기는커녕 불행과 원망으로 일생을 마칠 수밖에 없다. 하물며 튼튼한 몸과 날카로운 근기를 타고났어도, 천한 계급 때문에 엘리트의 소명은커녕 글자를 배우고 책을 읽을 기회조차 가져보지 못하는 사람도 헤아릴 수 없이 많다.

세상의 온갖 고통, 타고난 소수의 엘리트가 몽땅 짊어질 필요도 없다. 짐이 있다면 중생들과 나눠 지면 된다. 모르면 중생, 알면 부처, 하나의 불승(佛乘), 여기엔 계급도 종성도 없다. 알 수 있는 기회가 그래서 중요하다. 불교는 가르침, 곧 교육이다. 교육에는 하나의 계급밖엔 없다. 그래야 한다. 그것이 옳고 현명한 선택이다. 그것이 덤덤한 방법이고 덤덤한 길이다.

"문자와로 서르 ᄉᆞᄆᆞ디 아니할ᄊᆡ…" 15세기 세종의 훈민정음, 어린 백성들을 위해, 통(通)을 위해 새로 만든 글자는 소통의 가능성으로, 알 수 있는 가능성으로 이어진다. 엘리트로 나라와 사회를 위해 역량을 펼칠 수 있는 기회로, 부귀빈천을 함께 벗어날 수 있는 가능성으로 확장된다. 그런데 그런 가치를 알아준 것은 이 땅의 엘리트, 조선의 선비들이 아니었다. 똑같은 15세기, 서구는 르네상스와 종교개혁의 변혁을 겪고 있었다. 이로부터 서구의 지식과 기술, 문명이 폭발한 까닭은 기회조차 없던 가난하고 천한 자들에게 기회가 주어졌기 때문이라고 한다. 문자와 언어, 매체와 읽기의 혁신, 오늘날 우리가 세종을 성군으로 우러르고 우리의 말과 글을 누리는 것도 서구의 변혁과 경험 덕이 크다. 그만큼 서구의 변혁과 성공에 비추어 세종의 개혁이 아쉽기도 하다.

훈민정음은 통(通)의 시작이다. 하지만 문자만으로 통(通)이 완성되지는 않는다. 문자를 가지고 할 수 있는 일이 있어야 한다. 15세기 세종의 훈민정음과 이단의 읽기, 그리고 언해불전, 그래서 그런 인연이 더욱 희한하다.

5부

언해불전의
읽기와
사랑

카냥을 품는 일은 (조선 선비들) 자신의 이념을 거스르는 일이고, 그들의 혁명을 더럽히는 일이었다. 미련하고 어리석은 백성을 더럽히는 일이었고, 그래서 백성들과 멀어지고 담을 쌓는 일이었다. 그들의 카냥은 끝내 칼이 되고 독이 되었다. 돌이켜 살피지 않았기 때문이다.

『반야심경언해』,
편집의 규칙

　간경도감본 언해불전의 편집에는 뚜렷한 구조적 특성이 있다. 경전의 원문과 주석문, 그리고 이에 대한 훈민정음 번역을 나란히 함께 편집하는 것을 기본으로 하고, 어려운 어휘나 해석에 대해 우리말 협주(夾注)를 달아준다. 이런 편집 형식은 오랜 전통의 결과물이다. 문헌을 함께 읽고 토론하던 전통이다. 이런 편집의 목적은 물론 읽기를 도와주자는 것이다. 말은 쉬워 보여도 직접 읽어보지 않으면 실감이 가질 않는다. 오히려 이런 복잡한 편집은 언해불전을 낯설고 어렵게 만드는 원인이 되기도 한다. 익숙해지는 데 시간도 필요하고, 얼마간의 훈련도 필요하다.

　그렇다 해도 언해불전의 가장 큰 강점은 역시 편집 형식에 있다. 불교 문헌의 역사는 물론이고, 동서고금에 유례를 찾기 힘든 정교한 편집이다. 그 효과 또한 극적이다. 익숙해지기 위해 노력이 필요하긴 해도, 한번 익숙해지기만 하면 그다음은 술술, 읽기가 정말로 쉬워진다. 다음 그림을 보자.

___『법화경언해』

『법화경언해』의 한 쪽을 펼쳐놓은 그림이다. 맨 오른편 도식은 과문(科文)●의 일부다. 그 아래로 글자의 크기, 문단의 높낮이 등, 특정한 규칙에 따라 텍스트를 구분하여 단계적으로 편집하고 있다. 언뜻 보기만 해도 복잡한 구조와 편집을 짐작할 수 있다.

다음 그림은 『반야심경언해』의 한 쪽이다. 경문 중의 '관자재(觀自在)'를 해석하고 번역하는 부분이다. '관자재(觀自在)'라는 큰 글자의 경문 앞에, 글자 크기가 다른 두 종류의 과목(科目)이 보인다. 큰 글씨는 『반야심경소(般若心經疏)』라는 주석서의 과목이다. 한편 작은 글씨는 『현정기』라는 다른 주석서의 과목이다. 이것만 보아도 『반야심경언해』 안에 두 종류의 다른 주석서가 함께 편집되어 있다는 사실을 알 수 있다.

● 과문(科文)이나 과목(科目)에 대하여는 뒤에 나오는 「과문이라는 방법」 참조.

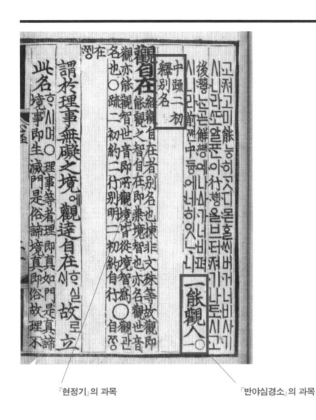

『현정기』의 과목　　　　　　『반야심경소』의 과목

　　이제 다음 도표를 보자. 먼저 푸른색 부분을 보자. 과문이다. 간경
도감본 언해불전에는 이런 과문이 들어 있다. 경우에 따라서는 두 종
류의 과문이 포함된 것도 있다. 맨 아래 두 편의 문헌, 『목우자수심결
언해(牧牛子修心訣諺解)』와 『사법어언해(四法語諺解)』만이 예외다. 문헌의
성격이 다르기 때문이다. 선종 문헌이고 주석이 없다. 길이도 그다지
길지 않다. 읽는 방식이 다르고, 따라서 편집 방식도 다르다.

연도	언해본	저본		서명
1462	『능엄경언해(楞嚴經諺解)』			『능엄경』
		과(科)		능엄경요해과(楞嚴經要解科)
		주석		능엄경요해(楞嚴經要解)
1463	『법화경언해(法華經諺解)』	과(科)		법화경요해과(法華經要解科)
				법화경과주과(法華經科註科)
		주석		법화경요해(法華經要解)
				법화경과주(法華經科註)
1464	『선종영가집언해 (禪宗永嘉集諺解)』	과(科)		정원과(淨源科)
		주석		행정주(行靖註)
				함허설의(涵虛說誼)
	『아미타경언해(阿彌陀經諺解)』	과(科)		아미타경의기과(阿彌陀經義記科)
		주석		아미타경의기(阿彌陀經義記)
	『금강경오가해(金剛經五家解)』	과(科)		금강경찬요소과(金剛經纂要疏科)
		주석		금강경소론찬요(金剛經疏論纂要)
				금강경육조해의(金剛經六祖解義)
				예장종경제강(豫章宗鏡提綱)
				천로금강경(川老金剛經)
				부대사송(傅大士頌)
				함허설의(涵虛說誼)
	『반야심경언해(般若心經諺解)』	과(科)		반야심경약소과(般若心經略疏科)
				현정기과(顯正記科)
		주석		반야심경약소(般若心經略疏)
				『현정기(顯正記)』
1465	『원각경언해(圓覺經諺解)』	과(科)		원각경약소과(圓覺經略疏科)
		주석		원각경약소(圓覺經略疏)
				원각경약소초(圓覺經略疏鈔)
				원각경서주(圓覺經序注)
				원각경약소서주(圓覺經略疏序注)
1467	『목우자수심결언해(牧牛子修心訣諺解)』			
	『사법어언해(四法語諺解)』			

편집의 구조적 특성

- 능엄경요해과(楞嚴經要解科)에 의한 단일구조
- 단일주석
- 2종의 이질적 구조의 과문에 의한 이중의 복합구조
- 다른 사람이 주석한 2종의 주석

- 정원과(淨源科)에 의한 단일구조
- 다른 사람이 주석한 2종의 주석

- 아미타경의기과(阿彌陀經義記科)에 의한 단일구조
- 단일주석

- 금강경찬요소과(金剛經纂要疏科)에 의한 단일구조
- 5종의 주석과 함허설의(涵虛說誼) 등 6종의 주석을 함께 편집
- 언해는 육조해(六祖解)와 삼가해(三家解), 2종만 부분적으로 이뤄짐
- 선(禪)과 교(敎), 서로 다른 주석의 전통을 함께 편집
- 언해는 2차례에 걸쳐 육조해와 삼가해, 곧 「천로금강경」, 「예장종경제강」, 「함허설의」만 이루어짐

- 반야심경약소과(般若心經略疏科)와 현정기과(顯正記科)의 두 종류의 과문
- 현정기과(顯正記科)는 약소과(略疏科)의 하위구조
- 다른 사람이 주석한 2종의 주석

- 원각경약소과(圓覺經略疏科)에 의한 단일구조
- 서문은 서주과(序注科)에 의한 별도 구조
- 한 사람이 주석한 2종의 주석
- 서문은 2종의 주석

- 과문이나 주석 없이 언해
- 과문이나 주석 없이 언해

도표에서 보듯, 간경도감본 언해불전은 형식에서 두 가지 뚜렷한 특징을 보여준다. 첫째는 과문(科文)의 구조를 따라 경문과 주석문을 나란히 편집하고 있다는 점이다. 둘째는 두 종류의 주석이 함께 편집되어 있다는 점이다. 여기에는 예외도 있다. 언해불전이 워낙 단기간에 편집, 출간되었던 까닭에, 예를 들어 『능엄경언해』의 경우는 형식을 실험한다는 측면도 있었다.

다시 『반야심경언해』로 돌아가자. 이 책에는 『반야심경소현정기(般若心經疏顯正記)』라는 제목이 달려 있다. 『반야심경』의 원문과 이에 대한 두 종류의 주석서, 곧 『반야심경소(般若心經疏)』와 『현정기(顯正記)』를 합하여 편집한 책이라는 뜻이다. 이 책을 이런 형식으로 편집한 사람은 중국 송나라의 중희(仲希)다. 책머리에 중희가 지은 간단명료한 서문이 붙어 있다.

내가 일찍이 현수(賢首) 대사의 『반야심경소(般若心經疏)』를 골라 경문 아래에 주석을 달고, 아울러 과문(科文)을 나란히 정리했다. 그리고 기(記) 한 권을 지어 주석하고 제목을 현정(顯正)이라고 했다.•

『반야심경소』의 정식 명칭은 『반야심경약소(般若心經略疏)』다. 당나라 화엄종의 삼조(三祖), 현수(賢首) 법장(法藏. 643~712)이 쓴 주석서다. 법장은 의정(義淨)의 역장(譯場)에서 『화엄경』을 비롯해 여러 문헌의 번

• 중희(仲希), 『반야심경소현정기(般若心經疏顯正記)』 서(序). 중희는 생몰연대가 확실하지 않다. 서문 끝에 '경력(慶曆) 4년 갑신(甲申)'이라는 기록이 남아 있는데, 이는 북송 인종(仁宗)의 연호로 서기 1044년에 해당한다.

역에도 참여하고 숱한 주석서를 저술하여 당나라 화엄종의 이론적, 학술적 기반을 만들었다. 그 과정에서 원효(元曉. 617~686)와 의상(義湘. 625~702) 또한 중요한 역할을 했고, 이런저런 인연으로 해동 화엄종은 물론 우리나라 불교 전통에 적잖은 영향을 끼쳤다. 그의 『반야심경약소』는 우리나라에서도 오랫동안 널리 읽히던 중요한 주석서다. 아무튼 위에 인용한 중희의 짧은 서문에는, 불교 경전을 읽고 편집하는 세 가지 원칙이 요약되어 있다.

1. 『반야심경』을 주석하면서 법장의 『반야심경약소』를 골라 그 주석을 경문 아래에 옮겨 함께 편집했다.
2. 아울러 과문을 정리하여 나란히 편집했다.
3. 다시 『현정기』를 지어 주석하고 함께 편집했다.

중희의 서문은 동아시아 편집의 역사, 지식의 역사에 대한 매우 중요한 단서를 요약하여 담고 있다. 이 독특한 주석과 편집 규칙이 중간에 한 번 단절됐다가, 어느 시점에 다시 복원됐기 때문이다. 이런 규칙이 만들어진 것은 당나라 때였다. 불교는 물론 지식과 문화가 크게 번성하던 시절이었다. 하지만 당나라 말, 오대의 전란과 혼돈을 거치면서 숱한 책과 지식이 불타고 단절됐다. 편집 기술, 읽기 기술 또한 함께 위기를 겪었다.

결론부터 이야기하자면, 첫째, 이런 규칙과 기술을 복원하는 데 고려의 의천이 결정적인 공헌을 했다. 둘째, 새로 복원된 규칙과 기술이 간경도감본 언해불전의 편집 형식에 고스란히 녹아 있다. 셋째, 간경도감본 언해불전의 지적, 문화적 의의와 가치는 이런 전통에서 찾아야 한다. 긴 이야기는 접어두고 일단 중희의 서문에 담긴 규칙에 대해 좀 더 자세히 살펴보자.

주석을 경문 아래에 옮겨 달고

『반야심경』은 260자의 짧은 경전이지만, 불교를 상징하는 중요한 주제들을 넓게 다루고 있다. 짧기 때문에 외우기는 쉬워도 그만큼 읽기는 어렵다. 그래서 보통은 『반야심경약소』와 같은 주석서를 함께 읽는다. 법장은 중국 화엄종을 대표하는 조사이고, 송나라의 중희 또한 화엄종 승려였다. 당연히 중희는 법장의 『반야심경약소』를 골라 『반야심경』을 읽는 지침으로 삼았다.

중희가 쓴 서문에서 중요한 곳은 '그 주석을 경문 아래에 옮겨'라는 구절이다. 원문은 '주어경문지하(注於經文之下)'라고 되어 있다. 이 구절의 뜻은 경문에 해당하는 주석문을 쪼개어 경문 아래에 옮겨서 함께 편집했다는 것이다. 『반야심경』과 『반야심경약소』는 물론 다른 책이다. 경전과 주석서는 편집 방식은 물론 출간하고 유통하던 방식도 달랐다. 따라서 『반야심경약소』의 주석을 따라 『반야심경』을 읽기 위해서는 두 종류의 문헌을 따로 펴놓고 대조하며 읽어야 했다. 아무래도 번거롭고 불편했다. 그래서 중희는 이 두 책을 합하여 한 권으로 편집했다는 말이다. 언뜻 들으면 빤한 이야기지만, 이 편집도 당시로서는 혁신이었고, 그 효과도 극적이었다.

'주어경문지하(注於經文之下)', 이런 읽기, 이런 편집은 당나라에서 시작했지만, 전쟁 통에 불타고 단절됐다. 그것을 재발견하고 복원하여 다시 널리 퍼뜨린 인물이 바로 고려의 대각국사 의천이다. 다음 도표는 의천이 만든 교장(敎藏)의 목록, 『신편제종교장총록(新編諸宗敎藏總錄)』에서 뽑아 정리한 것이다. '주어경하(注於經下)'라는 노트가 달려 있다. 똑같은 편집이다. 현존하는 기록에서, 이런 편집을 가장 먼저 시작한 사람은 화엄종의 조사 종밀이다. 『반야심경소』를 지은 법장은 중국 화엄종의 세 번째 조사였고, 『화엄경소』를 지은 징관은 네 번째, 그리고 종밀은 다섯 번째 조사였다. 의천은 물론 해동 화엄종의 승통이었다. 이런 전통이 화엄종 주석의 전통이었다는 뜻이다.

『신편제종교장총록(新編諸宗敎藏總錄)』

서명	권수	편집자	편집 구조
『화엄경약주경(華嚴經略注經)』	100권	현욱(賢昱)	약청량대소(略淸凉大疏) 주어경하(注於經下)
『대소주경(大疏注經)』	120권	정원(淨源)	이청량대소(移淸凉大疏) 주어경하(注於經下)
『화엄경합론(華嚴經合論)』	120권	지녕(志寧)	장통현론(將通玄論) 주어경하(注於經下)
『행원품별행소(行願品別行疏)』	2권	중희(仲希)	이본소(移本疏) 주어경하(注於經下)
『우란분경소(盂蘭盆經疏)』	1권	정원(淨源)	이본소(移本疏) 주어경하(注於經下)
『범망경약소(梵網經略疏)』	3권	전오(傳娛)	중희(仲希) 록소(錄疏) 주어경문지하(注於經文之下)
『대승기신론소(大乘起信論疏)』	4권, 혹 3권, 혹 2권	법장(法藏)	종밀(宗密) 장장소(將藏疏) 주어론문지하(注於論文之下)

이제 장차 저 상세하게 곡절을 밝히는 (전통을) 본받아, 쉽고 간결함을 따라 정미(精微)하고 꼭 필요한 것들을 더듬어 **본 경**(經)**에 바로 새기니** (중략)

뜻에 따라 경문을 해석하고, 각기 과(科)를 따라 **본문 아래에 바로 새기니**, 보는 사람으로 하여금 쉽게 보고, 따로 경문을 보는 (번거로움을) 면하게 하려는 것이다.●

종밀이 『원각경』에 대한 주석서 『원각경약소』를 지으며 서문에 기록한 내용이다. 주석과 편집의 원칙을 설명하는 부분이다. 화엄종의 종지를 따라 경문을 해석했고, 과(科)에 따라 경문과 해석을 편집했다는 것이다. 여기서 '본문 아래에 바로 새기니'라는 언해본의 번역, 이 구절의 원문이 바로 '주어본문지하(注於本文之下)'이다. 종밀은 여기서 멈추지 않았다. 『원각경약소』의 부족한 부분을 보완하고 다시 해석하여 『원각경약소초(圓覺經略疏鈔)』를 지어 함께 편집했다. 뒤에 번역한 『원각경언해』는 바로 이 편집, 『원각경』, 『원각경약소』, 『원각경약소초』 세 종류의 문헌을 원각경약소과(圓覺經略疏科)에 따라 편집한 판본이다. 그리고 이것이 한 경전에 대하여 두 종류의 주석서를 함께 편집하는 방식의 연원이 된다. 다시 말해 중희의 규칙은 종밀의 규칙을 그대로 따른 것이라는 뜻이다.

●　종밀, 「원각경약소서(圓覺經略疏序)」, 『원각경언해』.

과문(科文)을 정리하여 나란히 편집하고

『반야심경소현정기』에는 두 종류의 과문이 함께 편집되어 있다. 첫째는 당나라 법장이 『반야심경약소』를 주석하면서 만들었던 법장의 과문이다. 둘째는 송나라 중희가 만들었던 『반야심경소현정기』의 과문이다.

과문은 문헌의 구조를 의미한다. 두 종류의 과문이 함께 편집되어 있다는 말은 두 종류의 구조가 함께 편집되어 있다는 뜻이기도 하다. 하지만 실제로 이 문헌에는 세 종류의 구조가 존재한다. 『반야심경』 자체의 구조와 『반야심경약소』의 구조, 그리고 『반야심경소현정기』의 구조다. 이 세 종류의 구조는 중희의 과문을 기준으로 재편되어 있다. 이 문헌을 편집한 사람이 중희이고, 편집의 기준이 그의 『반야심경소현정기』이기 때문이다.

다음 그림은 서울대 규장각에 소장된 보물 제771호 『반야심경약소』 간경도감 언해본이다. 그림을 보면 페이지 위쪽에 손으로 쓴 교정기가 보인다. 전편에 걸쳐 수십 개의 교정기가 달려 있다.

교정 내용에서 다음 특징을 발견할 수 있다.

1. 교정 내용은 주로 법장의 과문과 중희의 과문에 관한 것이다. 일부 본문의 오류를 교정하고 있지만, 이 또한 과문에 연관된 오류다.
2. 교정 내용이 과문에 집중되어 있다는 사실은, 교정자가 이 문헌을 편집 형식, 과문의 구조에 따라 충실하게 읽었다는 사실을 반영한다.
3. 교정자는 이 문헌을 학생들과 함께 읽었고, 교정기의 목적 또

한 함께 읽는 학생들을 위한 것이었다.

실제 이 언해본에는 이 밖에도 상당수의 오류가 존재한다. 현재 대만 중화불전협회에서 서비스하고 있는 『반야심경소현정기』와도 소소한 차이가 여럿 보인다. 당시 이 언해본이 저본으로 삼았던 『반야심경소현정기』나 『반야심경약소』 외에도 다른 저본이 유통되고 있었고, 교정자 또한 이런 저본들을 비교하여 교정하는 경우도 있었다. 언해본에는 특히 과문에 관한 오류가 다수 보이는데, 이런 오류는 문헌을

＿＿『반야심경약소』 간경도감 언해본

착실하게 따라 읽기만 하더라도 쉽게 찾고 고칠 수 있는 오류들이다. 그래서 당시 편집자조차 문헌을 충실히 읽지 않았다는 의심도 간다. 그렇다 하더라도 이 교정의 내용은, 거꾸로 언해본 편집의 목적과 가치를 반증하고 있다.

1. 이 편집이 특정한 읽기를 위한 기술, 가이드라인을 제시하고 있다.
2. 저 교정자가 그런 읽기의 가이드라인을 따라 충실하게 읽었다.
3. 이런 읽기를 통해 편집 오류를 발견하고 수정할 수 있었다.

이 교정기에는 '학인(學人)은 상세히 알 것'이라는 노트가 붙어 있다. 언해본을 언해본의 편집에 따라 학인들과 함께 읽었다는 증거다. 언해본을 교재로 활용했다는 뜻이고, 이 교정기가 강연을 목적으로 작성되었다는 뜻이다. 이 교정자는 편집자의 가이드라인을 따라 읽는 방식의 장점을 분명하게 인식하고 있었고, 강연의 목적을 '이런 읽기'에 집중하고 있었다.

다시 『현정기』를 지어 주석하니

의천은 고려의 국제무역항 벽란도를 드나들던 송나라 상인들로부터 정원(淨源, 1011~1088)이라는 스님을 소개받았다. 의천은 정원과 편지를 주고받으며 화엄종 전통에 관한 의견을 나누었고, 당나라 화엄종 전통이 정원에게 이어져 있음을 확신했다.

젊은 왕자 승통 의천에게는 두 가지 큰 꿈이 있었다. 첫째는 단절

된 불교 학술 전통을 복원하기 위하여 흩어진 주석서들을 모두 모아 출간하겠다는 꿈이었다. 둘째는 어지러워진 해동 화엄종을 개혁하겠다는 꿈이었다. 의천은 어머니 태후와 친형 선종에게 송나라 방문을 청하였으나, 송나라와 요나라 사이에 끼인 껄끄러운 외교 상황과 조정의 반대로 허락을 얻지 못했다. 그러다 선종 2년(1085) 4월 초파일 밤, 제자 한 사람만을 데리고 송나라 상인의 배를 타고 밀항을 감행했다. 의천은 그런 우여곡절을 거쳐 정원과 중희를 만났다. 정원과 중희의 스승 장수(長水) 자선(子璿, 965~1038)은 단절되었던 불교 문헌주석의 전통을 잇기 위하여 다양한 형식의 주석과 교육을 실험하고 실천했다. 중희의 『반야심경소현정기』 또한 그런 새로운 주석, 새로운 학술을 실험하는 성격을 갖고 있었다.

『반야심경약소』는 당나라의 법장이 『반야심경』을 읽는 방식이다. 이에 비해 『반야심경소현정기』는 송나라의 중희가 『반야심경』과 『반야심경약소』를 함께 읽는 방식이다. 『반야심경소현정기』의 편집과 주석은 당나라 스타일, 법장의 읽기, 그 안에 담긴 문헌을 다루는 여러 종류의 방법과 기술에 초점을 맞추고 있다. 법장의 읽기와 방법에 대한 세세한 분석을 통해 새로운 읽기와 방법 그리고 편집의 모델을 찾고자 했다는 뜻이다.

요즘도 불교 이야기는 늘어지기 십상이다. 우리 시대에 불교는 이미 낯선 이야기가 되어버렸기 때문이다. 단어도 낯설고 구절과 문장도 낯설다 보니 구구절절 설명이 필요하다. 이어지는 논리 사이로 설명이 개입하니 오히려 어렵고 따분한 글이 된다. 『현정기』를 쓰는 중희의 입장이 딱 그랬다. 송나라 중희의 시대, 이미 법장의 말, 법장의 방법은 낯선 것이 되어버렸다. 법장은 논리를 따라 쑥쑥 넘어가지만, 어느덧 그런 글을 따라서 읽을 재간이 없게 되었다. 중희는 그래서 다시 『현정기』라는 또 하나의 주석서를 지었고, 법장의 주석과 나란히 편집했다. 법장의 『반야심경약소』가 당나라 스타일이라면, 중희의 『반야심경소현정기』는 송나라 스타일이다. 읽는 방법과 스타일에 차이가 생겼다는 말이다.

과판(科判)의
그림

『능엄경언해』에는 10권의 『능엄경』과 송나라 계환이 주석한 20권의 『능엄경요해』가 함께 편집되어 있다. 계환은 자신이 주석한 책에 모두 '요해(要解)'라는 이름을 붙였다. 요점만을 뽑아 새겼다는 뜻이다. 계환은 『능엄경』을 해석하면서 '과판소석(科判疏釋)' 네 글자를 내걸었다. 이 네 글자가 비결이다. 『능엄경』을 해석하는 계환의 원칙이 이 네 글자에 담겼다. 『능엄경요해』를 따라 『능엄경』을 읽는 길도 이 네 글자의 규칙을 따르면 된다. 그래서 『능엄경언해』의 편집도 이 네 글자의 원칙과 규칙을 따른다.

楞嚴이 自唐至宋히 科判疏釋이 十有餘家ㅣ니 (원문)

楞룽嚴엄이 唐땅브터 宋송애 니르리 科광ᄒ며 判판ᄒ며 疏숭釋셕ᄒ리 열 나몬 지비니● (언해문)

『능엄경』이 당나라로부터 송나라에 이르기까지 과(科)하며, 판(判)하며, 소석(疏釋)한 이가 여남은 분이 계시니 (현대문)

● 『능엄경언해』.

그런데 이 네 글자, 너무나 단출하다. 그래서 언해본에는 저 밑에 다음과 같은 주석을 따로 달아놓았다.

科쾅는 구디오 判판은 빼야 는홀씨오 疏송는 經경 뜨들 올오리 츠릴씨오 釋셕은 사길씨니
經경 사교미 科쾅ㅣ 이시며 敎꿈 判판호미 믈리 잇ᄂ니 穀곡食씩이 科쾅ㅣ 이셔 퍼기를 담둣ᄒ며 므리 믈리 이셔 가르를 모도둣 ᄒ니라^{••} ^(언해문)
과(科)는 굳이고, 판(判)은 쪼개어 나누는 것이고, 소(疏)는 경의 뜻을 올올이 차리는 것이고, 석(釋)은 새기는 것이다.
경전을 새김에 과(科)가 있고, 가르침을 나눔에 마루가 있으니, 곡식에 과(科)가 있어 포기를 담는 것과 같고, 물에 마루가 있어 갈래를 모으는 것과 같다. ^(현대문)

이 주석은 『법화경언해』에서 그대로 인용한 것이다. 『법화경언해』에도 역시 계환이 지은 『법화경요해』가 포함되어 있다. 이 또한 '요해'여서 단출하긴 마찬가지지만, 조금은 더 친절하고 자세하다. 『능엄경언해』와 『법화경언해』는 각기 1462년과 1463년에 출간됐다. 간경도감을 설치한 때가 세조 7년⁽¹⁴⁶¹⁾이었다. 이 숫자만 보아도 계환이 지은 두 주석서에 대한 번역과 편집이 거의 동시에, 그것도 아주 빨리 진행되었다는 사실을 짐작할 수 있다.

언해불전에서는 과(科)를 '굳'이라고 새긴다. 구덩이의 옛말이다.

<hr>

^{••} 위의 글.

과(科)란 글자에는 그런 뜻도 있다. 과(科)는 화(禾)란 글자와 두(斗)란 글자를 묶어 만든 글자다. 곡식을 된다는 뜻이다. '굳'은 곡식을 담고 되는 방식이고 양을 재는 단위가 된다. 여기서부터 말이나 생각, 일을 분류하고 정리한다는 뜻이 나왔다. 판(判)은 쪼개어 나눈다는 뜻이다. 소(疏)는 뜻을 올올이 차려 체계적으로 정리한다는 뜻이고, 석(釋)은 뜻을 새긴다는 뜻이다.

'경전을 새김에 과(科)가 있고, 가르침을 나눔에 마루가 있으니', 원문은 '석경유과(釋經有科), 판교유종(判敎有宗)'이다. 계환은 주석에 앞서 두 가지 기준을 제시한다. 하나는 경전을 새기는 기준이고, 다른 하나는 가르침 전체를 가리는 기준이다. 경전을 새기는 기준을 과(科)라고 하고, 가르침을 가리는 기준을 종(宗)이라고 한다. 이 두 가지를 합해 과판(科判)이라고 부른다. 계환의 말은 과연 간결하고 명쾌하다. 불교 책을 읽는 일, 불교 경전을 주석하는 일, 그 오랜 역사에 이 두 마디면 충분하다. 과판(科判), 두 마디를 합하여 부르는 까닭은 이 일이 서로 긴밀하게 얽혀 있어 떼려야 뗄 수 없기 때문이다.

'판교'의 판(判), 『법화경언해』의 편집자는 이 글자에 '쪼개어 나누는 것'이라는 설명을 달았다. 부처님 가르침 전체를 가려 쪼개 분류하는 일이라는 뜻이다. 마루 종(宗), 가장 높은 자리, 꼭대기나 정수리를 가리킨다. 하늘에서 비가 내리면 산꼭대기로부터 높낮이를 따라 흐른다. 가르침도 이와 같다. 가르침의 마루가 있다. 가르침 또한 그 마루로부터 흘러내린다. 동으로 서로 흐르는 개울의 흐름을 알기 위해서는 먼저 땅의 마루를 알아야 한다. 마루로부터 시작해야 한다. 마찬가지로 가르침의 흐름과 갈래를 알기 위해서는 먼저 가르침의 마루를 알아야 한다. 마루로부터 흐르는 가르침의 갈래, 종교(宗敎)라는 말이 여기서 생겨났다. 이를테면 『화엄경』을 마루로 삼으면 화엄종이 되고, 『법화경』을 마루로 삼으면 천태종이 된다.

보물 제765-2호 『능엄경언해』의 빈 자리에는 붓으로 쓴 노트가 빽빽이 달려 있다. 이런 기록을 보통 사기(私記)라고 부른다. 글을 읽으며 사사로이 달아놓은 기록이라는 뜻이다. 언뜻 보기만 해도 누군가 참으로 열심히 읽었다는 사실을 짐작할 수 있다. 새카만 글자들, 어수선해 보여도 저 안에는 규칙이 있다. 『능엄경언해』라는 독특한 형식과 편집의 텍스트를 읽는, 독특한 읽기의 방식이 담겨 있다.

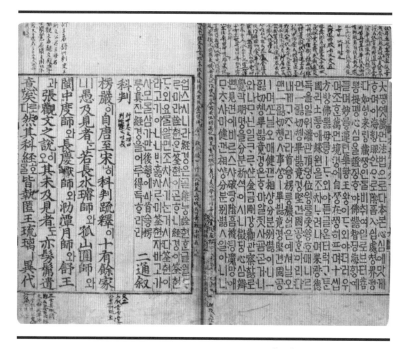

___ 『능엄경언해』(보물 제765-2호)

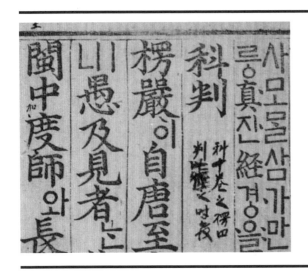

예를 들어 보자. '통서과판(通叙科判)'이라고 쓰인 제목 아래에 다음과 같은 노트가 달려 있다.

科十卷之楞嚴 判一代之時教*
열 권의 능엄경을 과(科)하고, 일대(一代) 시교(時教)를 판(判)하고

과판은 서로 다른 두 개의 그림이다. 하나는 부처의 일대시교(一代時教), 가르침 전체를 그린 그림이다. 다른 하나는『능엄경』이라는 하나의 경전, 그 글과 뜻의 구조를 그린 그림이다. 그런데『능엄경』은 가르침의 그림 안에 제 자리가 있다. 대장경 안에 들어 있는 수천 종의 문헌들, 하나하나 자기 자리가 있다. 두 그림을 합하면 일대시교의 거

대하고 정교한 하나의 그림이 된다. 이것이 과판이라는 두 글자 안에 담긴 뜻이다. 밖으로는 마루를 의지해 가르침의 큰 그림을 그리고, 안으로는 각각의 경전에 담긴 말과 뜻을 올올이 차리고 새긴다.

불교는 '아는 자의 가르침'이다. '아는 자' 부처가 일생 동안 했던 가르침, 그 전체를 뭉뚱그려 '일대시교'라고 부른다. 시간으로는 40여 년, 양으로 따지면 '팔만사천법문'이다. 이게 다 기록으로 남아 전하는 가르침이다. 양이 많으니, 내용 파악은 고사하고 읽어내기도 벅차다. 오랜 세월 넓은 지역을 오가며 뒤죽박죽 섞인 것도 많고, 실수로 빠지거나 엉터리로 끼어든 것도 많다. 가르침이나 기록, 또는 기억의 상황이 다르다 보니 서로 모순되는 경우들도 있다. 그래서 시간이 흐를수록 방대한 가르침을 정리하는 일이 중요해졌다. 40여 년, 팔만사천의 가르침을 일단은 조감할 수 있어야 했기 때문이다. 말하자면 가르침의 지형도랄까, 마루와 높낮이의 흐름을 알아야 가르침의 갈래를 짓고 읽기와 새김이 가능했다.

저 무렵, 불경을 읽는 사람들이 참고하던 『장승법수(藏乘法數)』라는 책이 있다.** 불교 특유의 참고서로 일종의 사전이라고도 할 수 있다. 이 책에 서역과 중국에 유통하던 판교(判敎)의 사례들이 도식으로 그려져 있다. 이 도식은 당나라 종밀이 지은 『원각경』에 대한 주석서를 기초로 한 것이다. 이 주석은 『원각경언해』에도 포함되어 있다. 『장승법수』의 도식을 간략히 도표로 추려보았다.

- 　『능엄경언해』(보물 제765-2호).
- ● 　가수(可遂), 『장승법수(藏乘法數)』(보물 제703호).

서역과 중국 여러 학승들의 교판(判敎) -『원각경소초(圓覺經疏鈔)』에 의거

명칭	분류	해당 경전	분류자 및 비고
일음교(一音敎)			보리류지(菩提流支, 459?~557?) 구마라집(鳩摩羅什, 344~413)
이교(二敎)	소승반자교(小乘半字敎) 대승만자교(大乘滿字敎)	소승경전 대승경전	담무참(曇無讖, 385~433) 등
이교(二敎)	석가굴두교(釋迦屈曲敎) 사나평도교(舍那平道敎)	열반경, 법화경 등 화엄경	인공(印公, 당나라 조)
삼종교(三種敎)	돈교(頓敎) 점교(漸敎) 부정교(不定敎)	화엄경 삼시(三時) 오시(五時)에 속한 경전 삼시(三時) 오시(五時)에 속하지 않은 경전	남조(南朝, 420~589)의 여러 스님
삼시(三時)	초유(初有) 차공(次空) 후불공불유(後不空不有)	아함경 등 반야경 등 심밀경 등	인도 계현(戒賢, 529~645)
삼시(三時)	초심경구유(初心境俱有) 차경공심유(次境空心有) 후심경구공(後心境俱空)	소승경전 법상대승(法相大乘) 무상대승(無相大乘), 요의경(了義經)	인도 지광(智光)
삼법륜(三法輪)	전(轉) 조(照) 지(持)	위 삼시교(三時敎)에 준함	진제(眞諦, 499~569), 현장(玄奘, 602~664)

사법륜(四法輪)		인천교(人天教)	죽도생(竺道生, 355~434)
	선정(善浄)	소승경(小乗経)	
	방편(方便)	법화경	
	진실(真実)	열반경	
	무여(無餘)		
사문(四門)	유문(有門)	아함경	용수(龍樹, ?~250)
	공문(空門)	반야경	
	역유역공문(亦有亦空門)	해심밀경(海深密経)	
	비유비공문(非有非空門)	중론(中論)	
사교(四教)	장교(蔵教)	소승 위주의 경전	천태(天台, 539~598)
	통교(通教)	삼승을 위한 경전	
	별교(別教)	보살승을 위한 경전	
	원교(圓教)	최상승을 위한 경전	
오시(五時)	화엄시(華厳時)	화엄경	천태(天台)
	녹원시(鹿苑時)	아함경	
	방등시(方等時)	유마경, 승만경 등	
	반야시(般若時)	반야경	
	법화열반시(法華涅槃時)	법화경, 열반경	
오교(五教)	소승교(小乗教)	아함경	현수법장(賢首法蔵, 643~712)
	대승시교 법상종(法相宗) 무상종(無相宗) (大乗始教)	해심밀경 등 반야경	
	대승종교(大乗終教)	법화경, 열반경	
	일승돈교(一乗頓教)	능가경, 사익경, 원각경	
	부사의일승원교(不思議一乗圓教)	화엄경	

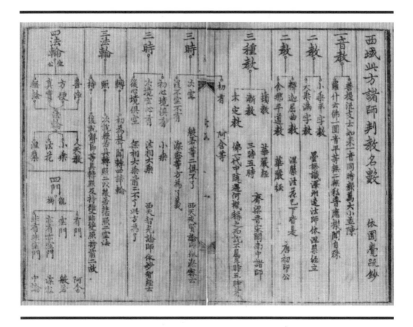

설법(說法)에는 조리가 있어 어지럽지 않다. 처음 일승(一乘)의 돈교(頓敎)를 일러 바탕을 세우니, 곧 화엄(華嚴)이다. 다음으로 삼승(三乘)의 점교(漸敎)를 일러 근기(根機)에 맞추니 곧 아함(阿含)과 방등(方等), 반야(般若)다. 뒤에 일승(一乘)의 원교(圓敎)를 일러 진실을 드러내니, 곧 법화(法華)다. 능엄(楞嚴)은 반야와 법화의 사이에 있으니, 곧 대승의 마지막, 지극한 가르침이다.•

• 『능엄경언해』, 계환, 『능엄경요해』.

292

계환의 해석은 역시 간결하고 분명하다. 판교(判敎)가 가능한 까닭은 조리가 있기 때문이다. 일관성이 있기 때문이다. 40여 년 가르침을 조리도 있고 일관성도 있는 하나의 전체로 이해한다. 방대하고 어수선해 보이지만, 차리고 추리면 이치와 계획이 드러난다. 그런 것이 가르침을 쪼개 나누는 일이다. 앞의 도표에 분류된 여러 종류의 판교에서 차이가 생기는 까닭은 읽고 차리는 자의 관점이 개입하기 때문이다. 보는 마루가 다르기 때문이다. 그래서 판교의 차이는 마루의 차이, 종파의 차이가 된다.

경전의 자리가 정해지면, 자리에 맞추어 경전을 소석(疏釋), 곧 말과 뜻을 올올이 차리고 새길 수 있다. 판교의 기준이 종(宗)이었다면, 과경(科經)의 기준은 과(科)다. 말씀으로 전해진 가르침, 말의 가닥을 잡는 일이다. 계환은 오래전부터 전해온 상례에 따라, 경전을 서분, 정종분, 유통분의 셋으로 나누는 것으로 시작한다. 요즘으로 치자면 서론, 본론, 결론으로 나누는 것과 비슷하다. 그런데 말이 쉬워 상례지, 불교에서 상례로 굳어진 과경은 정말로 정교하고 복잡하다.

요즘 널리 쓰이는 워드프로세서에는 '개요'라는 기능이 있다. 보통 9단계의 개요를 지원한다. 워드프로세서의 개요는 글의 구조를 상하 트리 구조로 도식화하는 기능이다. 개요를 모으면 목차가 되고, 목차는 글의 구조가 된다. 그런데 정원이 새로 편집한 화엄경의 주석서 『대소주경(大疏注經)』의 개요는 자그마치 40단계에 이른다. 그리고 이 안에 포함된 항목은 35,000개가 넘는다.

서분, 정종분, 유통분의 과(科)로부터 가지를 뻗어 나온 글의 구조, 그 항목만을 따로 뽑아 도식으로 그려 별도로 출간한 책을 과문(科文)이라 부르고, 줄여서 과(科)라고도 한다. 과문 안의 항목들은 과목(科目)

___ 과문(科文) 또는 과도(科圖)의 예●

이라고 부르고, 선과 기호로 도식화되어 있기 때문에 과도(科圖)라고
부르기도 한다. 앞의 그림에서 보듯이, 모든 항목은 선으로 연결되어
펼치면 하나의 그림이 된다.『대소주경』의 과목을 선으로 이어 과도로
출간한 책은 20권에 달한다.●● 하나의 큰 그림을 스무 개의 두루마리
에 쪼개어 담았다는 뜻이다. 말하자면 개요를 뽑아 만든 목차만 스무
권이라는 뜻이다. 이런 그림 과연 쓸모 있기나 한 걸까?

　『대동여지도(大東輿地圖)』는 22첩의 책에 나누어 편집되어 있다. 쪽
을 넘겨가며 보면 자세한 동네 지도들이 이어진다. 하지만 책으로 편
집된 쪽들을 펼쳐 순서대로 이어 붙이면 하나의 큰 그림, 하나의 지도

●　『묘법연화경관세음보살보문품삼현원찬과문(妙法蓮華經觀世音菩薩普門品三玄圓贊科
文)』(보물 제204호). 의천이 수집하여 출간한 교장(教藏)본을 간경도감에서 다시 새겨
출간한 것이다.
●●　의천,『신편제종교장총록(新編諸宗教藏總錄)』권1.

가 된다. 『대소주경』의 과문, 또는 과도도 마찬가지다. 20권에 나누어 담겨 있는 것을 하나로 이어 붙이면 하나의 큰 그림이 된다. 말의 지도이고, 의미와 논리의 지도다.

의천이 고려는 물론, 요나라와 송나라를 온통 뒤져 만들었다는 주석서의 목록, 『신편제종교장총록(新編諸宗教藏總錄)』에는 대략 천여 종, 4,800여 권의 주석서가 담겨 있다. 이 가운데 160종, 335권이 과문이다. 앞의 그림처럼 과목만을 선으로 이어 그림으로 그리고 목판에 새겨 출간했던 문헌의 양이다. 문헌의 종수로 따지자면 전체의 16퍼센트, 권수로 따지자면 7퍼센트에 달한다. 따로 그림으로 그려 출간하지는 않았더라도 대부분의 주석서는 나름의 과문을 포함하고 있고, 그 구조를 따라 경문을 새기고 있다. 이 정도라면 가르침의 세계 지도를 그리고도 남는다. 일대시교의 거대하고 정교한 그림, 말과 뜻, 생각의 지도다. 의천은 그런 지도를 교망(教網), '가르침의 그물'이라고 불렀다. 과문의 역사는 불교 문헌주석의 역사와 동의어라고 해도 무방하다. 과문이라는 문헌의 형식과 방법은 불교 문헌의 주석이나 해석, 읽기와 쓰기, 학습을 위한 필수불가결한 조건이었다.

과문(科文)이라는
방법

　과문은 불교 문헌주석의 전통에서 생겨난 특별한 형식이다. 아울러 길고 어려운 불교 경전을 읽고 주석하는 과정에서 만들어진 주석 방법이기도 하다. 이런 방법 또는 형식은 물론 석가모니 부처님의 논리적이면서도 자유분방했던 사랑의 형식에서 비롯된 것이다. 부처의 사랑, 무엇보다 사랑의 단위가 길다. 예를 들어 무아(無我)를 논증하는 십이연기설에서는 열두 가지 서로 다른 단위의 논증이 논리적으로 연결된다. 때에 따라서는 비유를 섞기도 하고, 자세한 설명이 끼어들기도 한다. 이런 사랑, 이런 이야기, 따라가기도 만만치 않다.

　게다가 그런저런 이야기가 인도와 서역을 거쳐 중국 땅으로 전해지는 과정, 그리고 한문으로 번역되고 유통되는 과정은 넓은 대륙에서 수세기가 걸렸다. 그렇게 전하고 퍼진 이야기, 당연히 말과 뜻에서 조리를 찾기가 어려웠다. 과문이라는 형식은 동서의 지식인들이 한자리에 모여 함께 읽고 번역하던 역장(譯場)에서 단련된 형식이다. 다른 말, 낯선 문화, 길고 정교한 논리, 함께 말을 찾고 다듬는 과정에서 쌓인 요령과 기술, 그런 것들을 체계적으로 형식화한 주석 방법이다. 하지만, 이 방법은 시대와 조건을 떠나 글을 읽고 쓰고, 보아 살펴 사랑하는 데 더할 나위 없이 유용한 방법이기도 하다. 배우고 익히기도 쉽지만 그 효과는 실로 극적이다. 이런 형식이 불교 문헌의 주석은 물론, 쓰기와 읽기, 학습을 위한 필수불가결한 조건으로 정착하게 된 데에는 그만한 까닭이 있다.

과문은 그림이다

그림은 눈으로 보는 것이다. 눈으로 본 그림은 하나의 이미지, 그림으로 통째로 기억된다. 종이에 쓰인 글자도 물론 눈으로 읽는다. 하지만 종이나 글자는 물리적인 조건과 한계를 지닌다. 책을 읽으려면 수십, 수백 장의 종이를 넘겨야 한다. 눈으로 읽는다지만 기억이 따라가야 한다. 페이지를 넘길 때마다 글은 끊어지고 기억은 쪼개진다. 사람마다 능력이야 다르겠지만, 아무튼 지루하고 피곤하다.

이에 비해 그림을 보는 일, 지루할 것도 피곤할 것도 없다. 보면 바로 알기 때문이다. 직관하기 때문이다. 사진처럼 정확한 기억, 포토그래픽 메모리(Photographic Memory)란 말도 있듯, 보는 일에는 직관 기능이 작용한다. 물론 이런 기능에도 타고난 차이는 있다. 똑같은 그림이라도 사람마다 보는 것도 기억하는 것도 다르다. 정도 차는 있겠지만 직관 기능은 그래도 누구나 얼마쯤은 갖고 있다. 사람에 따라 익숙해지는 과정이 필요하긴 하지만, 어려서부터 익혀 버릇한다면 누구라도 큰 효험을 볼 수 있다. 과문의 방법은 길고 복잡한 논증을 하나의 그림으로 보게 해주는 방법이다. 직관 능력을 길러, 논증을 하나의 전체로, 통째로 알 수 있도록 도와주는 교육법이기도 하다.

과문은 지도다

앞에서 과문을 대동여지도에 비교했다. 과문의 기능과 활용, 지도를 연상하면 제일 쉽다. 과문은 책의 지도다. 말과 뜻, 논리의 지도이고 사랑의 지도. 대동여지도를 펼쳐서 하나의 그림으로 합쳐놓으면 조선 땅을 한눈에 볼 수 있다. 한국 사람이라면 그 땅, 그 지도, 누구나 머릿속에 '통째로' 담고 산다. 동서남북, 땅과 바다, 백두대간, 산과 물, 그런 그림이 단박에 그려진다. 서울이 어딘지, 부산이 어딘지 어린아이도 대강은 안다. 길눈이 있는 사람이라면 지도 없이도 쉽게 방향도 잡고 길도 찾는다. 조금 더 꼼꼼하고 총명한 사람이라면 명승지도 찾고 맛집도 찾는다. 가는 곳마다 좔좔 그 지역의 역사와 전통, 온갖 이야기를 쏟아내는 사람도 있다. 이 모든 일, 지도를 읽는 요령에 달렸다.

과문이 딱 그렇다. 과문을 읽고 익히는 일은 지도를 읽고 익히는 일과 똑같다. 『능엄경』 10권과 『능엄경요해』 20권, 길고 따분한 글도 과문 하나, 그림 하나면 그만이다. 전체 그림을 통째로 기억하는 일이다. 30권이나 되는 글, 외우고 기억하는 일은 무모하다. 게다가 주석서가 어디 『능엄경요해』만 있는가? 그 많은 책 언제 다 외우고, 뭐 하러 기억하나? 그림 하나면 족하다. 서울이 어딘지, 맛집이 어딘지 찾으면 그만이고 먹으면 그만이다.

과문의 방법은 통으로 읽고, 통으로 기억하고, 통으로 써먹는 방법이다. 어린아이들, 지도나 지구본을 놓고 나라를 찾고 서울을 맞히는 놀이를 한다. 그렇게 놀다 보면 어느덧 머릿속에 세계의 그림이 자리를 잡는다. 별것 아니다. 책을 읽고, 따라 사랑하는 일도 다를 것 없다. 노는 것도 기술이고 요령이다. 요령껏 가르치고 요령껏 놀다 보면 어느덧 익숙해진다. 과문이나 과판은 그런 기술, 그런 요령이다.

지도 읽기, 하이퍼텍스트

지도책을 연상해보자. 지도책의 맨 끝에는 찾아보기가 있다. 서울, 부산, 평양, 원산… 지명이 가나다순으로 정리되어 있다. 그리고 지명 뒤에는 그림이 있는 페이지 번호와 'A3'과 같은 기호가 적혀 있다. 쪽과 그림을 찾아가면 가로로 알파벳이, 세로로 숫자가 보인다. 알파벳과 숫자가 만나는 자리, 거기에 찾는 이름이 있다. 쪽번호와 기호, 말하자면 주소다.

글도 이렇게 볼 수 있고 읽을 수 있다. 이런 형식의 글을 하이퍼텍스트라고 부르고, 이런 읽기를 하이퍼텍스트 읽기라고 부른다. 이미 구닥다리 말이 되어버리고 말았지만, 월드와이드웹(World Wide Web)을 쓰고 읽는 표준이 바로 HTML(Hypertext Mark-up Language)이다. 하이퍼텍스트에는 주소가 있다. 인터넷의 글에는 URL(Uinform/Universal Resource Locator)이 있다.

과문은 글의 주소, 말하자면 URL이다. 정교한 과문에는 주소가 거의 문장 단위로, 심한 경우에는 키워드 단위로까지 매겨진 경우도 있다. 주소를 찾는 거야 어려울 것도 없겠지만, 주소를 만들고 달아놓는 일은 아무나 할 수 있는 일이 아니다. 전문성도 전문성이지만, 꼼꼼한 노력이 필요하다. 이런 일을 서비스라고 한다. 자기 자신을 위해서 하는 일이 아니다. 더 많은 사람, 더 많은 쓸모를 위해 하는 일이다. 과문의 주소도 마찬가지다. 남을 위한 일이다.

『능엄경언해』, 간경도감에서 제일 먼저 기획, 출간한 책이다. 10권의 『능엄경』과 20권의 『능엄경요해』를 과문에 따라 편집하고 번역하고 주석을 달아 10권으로 묶어 새로 편집했다. 그만큼 실험의 성격이 강하고, 간경도감에서 출간했던 다른 책에 비해 구조도 간단하다.

10권의 책을 한 장 한 장 넘기며 따라가는 일은 고역이다. 『능엄경』, 읽어본 사람은 알 것이다. 정말로 낯선 책이다. 『능엄경언해』는 더 말할 나위도 없다. 주석서도 낯설고, 15세기 우리말, 우리글도 낯설다. 하지만 무엇보다 낯선 것은 하염없이 이어지는 대화의 길이. 논증과 생각의 단위가 너무 길다. 페이지를 넘기다 보면 생각은 끊기고 눈은 감긴다. 본래 그런 책이다. 과문은 그럴 때 쓰라고 있는 것이다. 졸리고 지친 자들을 위해 누군가 애써 설계하고 정리하여 달아놓은 주소다. 『능엄경언해』를 제대로 읽으려면 먼저 과문을 읽을 줄 알아야 한다. 그래야 쉬워진다.

과문은 고리다

　『능엄경언해』에는 『능엄경』과 『능엄경요해』가 함께 편집되어 있다. 두 책은 당연 완전히 다른 책이다. 당연히 읽는 방법도 다르다. 『능엄경요해』를 따라 『능엄경』을 읽으면 『능엄경』도 쉬워진다. 쉬워지라고 만든 책이고 편집이기 때문이다. 하지만 쉬워졌다고 해서 다 아는 것은 아니다. 『능엄경요해』를 따라 『능엄경』을 읽는 일은 계환이라는 인물이 설계한 방법이다. 『능엄경』을 읽는 일과는 '아주' 다르다. 『능엄경』에는 또 다른 설계가 담겨 있다. 사람이 다르고 설계도 다르다. 그래서 나는 이런 읽기를 '나란히 읽기'라고 부른다. 경전과 주석서, 주석서와 주석서를 나란히 놓고 읽어가는 방법이다. 이렇게 읽으면 읽기가 쉬워지기도 하지만, 무엇보다 비판적인 읽기가 가능해진다. 서로 다른 글과 설계가 서로를 비추기 때문이다. '나란히 읽기'는 또 하나의 설계다. 읽는 자가 개입하는 또 다른 설계라는 말이다. 읽는 자를 위한 편집, 과문은 이런 읽기를 가능하게 해주는 고리가 된다. 과문이 경문과 주석서, 그리고 독자를 연결시켜주는 고리가 되기 때문이다.

읽고, 쓰고, 사랑하고

과문은 처음부터 학습과 훈련을 목표로 설계된, 말하자면 교육 자료다. 과문은 지속적으로 분화되어가는 트리 구조로 구성된다. 이 자료의 핵심은 분화가 이뤄지는 분류 방법이다. 분화의 단계가 아무리 많고, 과목의 숫자가 만 개 이만 개 하염없는 듯해도, 그 시작은 언제나 '하나'다. 팔만대장경, 팔만사천 번뇌도 시점은 하나다. 한 생각이 꼬리를 치고 새끼를 친다. 분류 방법은 기껏해야 이분법이나 삼분법이다. 삼분법이라는 것도 대개 이분법의 연장선상에 있다. 불교 논리는 특히 더 그렇다. 삼분, 사분, 오분, 십분, 십이분, 십육분… 분류 방법도 많고 복잡해 보이지만 뿌리는 이분법이다.

예를 들어『화엄경』에는 숱한 십분법이 등장한다. 세상엔 숫자에 밝은 달인들도 많다지만, 대부분의 사람들은 손가락 열 개를 한꺼번에 들이대면 당황하고 막막해지기 마련이다. 그런 사람들에겐 두 개나 많아야 세 개 정도가 적당하다. 둘, 셋만 셀 줄 안다면 과문을 읽을 수 있다. 익힐 수 있고 머릿속에 하나의 이미지로 넣을 수도 있다. 주소를 찾고 지도를 찾고, 길을 찾아갈 수 있다. 그렇게『능엄경』도『화엄경』도 술술 읽을 수 있다. 어려운 것을 쉽게 만드는 기술이고 요령이다.

과문의 방법은 둘, 셋의 규칙을 익히는 방법이다. 그리고 그런 규칙을 조금 더 길게 끌고 갈 수 있도록 훈련시키는 도구이다. 이런 방법과 도구를 통해 한 권이라도 진득하게 글을 읽어봐야 한다. 그래야 효과를 본다. 그러다 보면 방법이 눈에 익고 몸에 밴다. 나는 이런 읽기를 '몸으로 읽기'라고 부른다. 물론 여기에도 다양한 기술이 있고 요령이 있다. 아무튼 그림이 눈에 익고 지도가 익숙해지다 보면, 길눈이 트인다. 길눈이 트인 사람은 낯선 동네에서도 동서남북을 금세 안다. 과문의 규칙은 단순하고 명백하다. 물론 주석서도 많고 그만큼 과문의 종류도 많다. 질이 떨어지는 엉터리 과문도 있다. 그런 과문은 도움은커녕 방해만 된다. 단순하고 분명해야 과문이다. 그래야 교육과 학습 효과가 나기 때문이다.

과문의 읽기에는 오독이 없다

과문의 읽기에서 가장 두드러지는 장점은 오독이나 오해의 여지를 뚜렷하게 줄일 수 있다는 점이다. 공호이단(攻乎異端), 글자 하나로 하늘과 땅이 갈리기도 한다. 이른바 뜻글자, 한자나 한문을 읽는 일이 이렇다. 자전을 찾아보아도 글자 하나에 숱한 뜻이 얽혀 있다. 한 글자에 얽힌 뜻이 많을수록 의심도 많아지고 헷갈린다. 제자리에 딱 맞춰 뜻을 찾아 읽으려면 그 글자의 역사와 운명을 알아야 한다. 오랜 세월 넓은 대륙을 흘러 다니던 글자의 역사이고 운명이다. 그만큼 오독과 오해의 위험이 크다. 다른 언어, 다른 글자에도 비슷한 어려움이 있겠지만, 수천 년을 이어온 한자와 한문, 그 위험은 비길 데가 없다.

이런 글자, 이런 글, 한자와 한문 문화권에서 사는 사람들은 다의(多義)와 다의(多疑)를 운명으로 알고 함께 살아야 했다. 다의(多疑)는 그 자체로 문화가 되고 역사가 되기도 했다. 중국 사람들은 오래전부터 정월 대보름에 등미(燈謎)라는 놀이를 했다고 한다. 집집이 등을 만들고 등에 수수께끼를 적어 단다. 밝은 달 아래 등 놀이는 수수께끼 놀이가 된다. 많이 맞힐수록 상도 타고 이름도 난다. 등미(燈謎)는 자미(字謎), 글자 수수께끼다. 다의(多義)와 다의(多疑)의 한자, 그런 특성을 놀이로, 문화로 즐기는 것이다. 글자의 수수께끼, 시도 짓고, 이야기도 쓰고, 놀기도 좋겠지만 피바람을 부르기도 한다. 주초위왕(走肖爲王), 우리에게도 이런 전설이 있었다. 이른바 파자(破字) 놀이다. 역시 핵심은 다의(多義)와 다의(多疑)다.

반면에 과문은 글자를 틀 안에 가두는 방법이다. 과문의 읽기 안에서 글자는 논리의 규칙과 선을 따라 흐른다. 선의 흐름, 논리의 흐름, 이른바 문맥이다. 문맥 안에 글자를 단단히 가두면 가둘수록 다의(多義)도 다의(多疑)도 개입할 여지가 줄어든다. 글자의 뜻이 분명해지니 그만큼 재미도 줄겠지만, 다툴 일도, 죽고 죽일 일도 줄어든다. 과문의 방법과 형식은 다의(多義)와 다의(多疑)라는 한자와 한문의 문화 속에서 생겨난 형식이요, 방법이기도 하다. 가장 논리적인 글을 가장 논리적으로 읽고 쓰는 학습과 훈련의 방편이었다는 말이다.

우리말로
함께 읽는
전통

옛날 정통(正統) 무오년에 황고(皇考) 세종께서 『능엄경』을 보시고, 기사년에 번역하여 널리 펴고자 하여 나에게 명하여 깊이 연구하라고 하셨다. 중간에 어려운 일들이 끊이지 않아 바빴다고 한들 어찌 잊기야 했겠는가? (중략)

상(上)이 입겾을 달아 혜각존자(慧覺尊者)께서 증명하시니, 정빈(貞嬪) 한씨 등이 소리 내어 읽으면, 공조참판 신 한계희(韓繼禧), 전 상주목사 신 김수온(金守溫)은 번역하고, 의정부 검상 신 박건(朴楗), 호군 신 윤필상(尹弼商), 세자문학 신 노사신(盧思愼), 이조좌랑 신 정효상(鄭孝常)은 상고(相考)하고, 영순군(永順君) 신 부(溥)는 예증(例證)하고, 사섬시윤 신 조변안(曹變安), 감찰 신 조지(趙祉)는 국운(國韻)을 썼다. 혜각존자 신미, 입선 사지(思智), 학열(學悅), 학조(學祖)는 번역을 정한 뒤에, 어람(御覽)하시고 확정하시면, 조씨 두대(豆大)는 어전에서 번역한 것을 읽었다. (중략)

천순(天順) 신사(辛巳)년 9월 °

304

『능엄경』을 훈민정음으로 번역하는 장면이다. 세조를 비롯하여 적어도 17명 이상의 사람들이 역할을 나누어 함께 읽고 번역하고 있다. 이런 장면은 범어로 된 불전을 한문으로 번역하던 중국의 역장(譯場)을 모델로 한 것이다. 다음 도표는 송나라 지반(志磐)이 지은 『불조통기(佛祖統記)』에 기록된 역할을 정리한 것이다.**

『불조통기(佛祖統記)』에 기록된 역할

명칭	역할
역주(譯主)	범어 원전을 장악한 번역의 좌장으로 범어 원문을 읽거나 외운다.
증의(證義)	역주의 왼편에 앉아 역주와 함께 원문의 의미를 따진다.
증문(證文)	역주의 오른편에 앉아 역주가 읽는 원문에 오류가 있는지 가린다.
서자범학(書字梵學)	범어 원문을 듣고 소리 나는 대로 한자로 바꾸어 적는다.
필수(筆受)	범어 원문을 한문으로 번역한다.
철문(綴文)	필수가 번역한 글을 한문의 문법과 규칙에 따라 역순을 조정한다.
참역(參譯)	범어와 한문의 차이를 고증하여 오류를 교정한다.
간정(刊定)	늘어지거나 중첩된 번역을 교정하여 개념어와 구절을 확정한다.
윤문(潤文)	원문의 뜻을 상하지 않는 선에서 한문의 문장을 윤색한다.

•   세조, 「어제발」, 『능엄경언해』. 천순(天順) 신사(辛巳)년은 세조 7년(1461).
•• 지반(志磐), 『불조통기(佛祖統記)』 권43.

범어로 된 불전을 한문으로 번역하던 역장의 장면은 활달하고 역동적이다. 당시의 번역은 대중이 모인 공개석상에서 집체적으로 이뤄졌다. 대중이 모인 자리, 역주는 범어 원문을 외운다. 역주의 좌우에는 역주에 버금가는 고수들이 앉아 뜻을 가리고 말을 가린다. 잘못이 있으면 문제를 제기하고 논란을 시작한다. 이들은 대개 범어와 중국어는 물론 서역의 여러 언어와 문화에 능통한 고수들이다. 게다가 논리와 설득의 달인들이다. 역주는 이런 고수들과 함께 번역을 이끌어야 한다. 지식도 필요하지만 열정과 카리스마도 겸비해야 한다.

번역이 아니더라도 논란은 불교의 오랜 전통이다. 가르침을 외워서 전하던 시절, 기억력이 아무리 좋다 한들 수천수만 구절의 노래 가운데 일부를 잊을 수도 있고 일부가 뒤섞일 수도 있다. 외우는 자가 의도적으로 적당히 섞고 속일 수도 있다. 이럴 때 필요한 것이 논란이다. 뜻으로 따지면 틀린 것도 속이는 것도 찾아낼 수 있기 때문이다. 증의(證義)와 증문(證文)을 거쳐 원문이 확정되면 소리 나는 대로 한자로 받아 적는다. 그리고 번역이 시작된다. 그 모든 과정은 대중에게 공개된 상태에서 이뤄진다. 불교 책은 논란을 통해 전승하고 유통했다. 논란은 불교의 골수다. 불교 책도 불교도, 논란 그 자체였다고 해도 지나친 말이 아니다.

'입겿'은 토(吐)를 가리키는 우리말이다. '上썅이 입겨줄 드르샤 혜각존자(慧覺尊者)씌 마기와시늘', 언해본의 말이 이렇다. '마기오다'는 증(證)의 번역이다. 역할을 보자면 세조는 역주이고 혜각존자 신미는 증의다. 하지만 토를 달았다면 사실 일차 번역은 이미 이뤄진 것이다. 거기다 증의가 증명했다면, 대강의 번역은 끝났다고 할 수 있다. 『능엄경』이라면 오래전부터 이두로 토를 단 유통본이 있었을 것이다.

세조는 그런 유통본을 활용했을 수도 있고, 스스로 얼마간 교정했을 수도 있다. 이전부터 틈을 내어 신미와 『능엄경』을 읽었을 수도 있다. 그런데 이제 훈민정음이 생겼다. 처음으로 훈민정음을 써서 번역하고 출간하는 일은 이전의 번역과는 다르다. 『석보상절』의 전례가 있었다 지만 『능엄경』이란 책은 질이 다르다. 귀신같은 문장, 완결된 사상서 한 종을 완역하는 일이다. 문자로 기록하여 출간하는 일이다.

토를 단다는 것은 한문 문장 사이에 붓으로 기호를 달아 넣는 일 이다. 토가 달린 문장을 돌려 보는 경우야 있었지만, 이를 출판한 경우 는 없었다. 토가 달린 문장은 사적인 문장이었다. 이에 비해 출간된 문 장은 공적인 의의를 갖는다. 사적인 문장이야 돌려 보는 사람들이 읽 고 알면 그만이다. 얼마간 오류가 있어도 크게 흠이 되지 않는다. 그러 나 공적인 출판이라면, 문장을 대하는 태도가 근본적으로 바뀐다. 그 런 점에서 이 장면은 처음으로 본격적인 번역이 시작되는 장면이라고 도 할 수 있다. 우리의 지식과 문화가 크게 한 번 바뀌는 순간이다. 『능 엄경언해』는 우리 역사 최초의 완결된 번역본이자 주해본이었다. 그 리고 전통의 형식을 따르면 역주인 세조가 『능엄경』의 번역자가 된다. 한번 번역이 완성되고 나면, 역주의 이름만이 남는다. 그것이 불전 번 역의 전통이다. 이렇게 세조는 언해불전 최초의 역주, 번역자가 되었 다.•

세조의 간경도감은 조선 스타일, 훈민정음 스타일의 역장이었다. 저 발문의 기록만 보더라도 적지 않은 당대의 실력자들이 모였다. 물

• 『능엄경언해』의 「진수능엄경전(進首楞嚴經箋)」에서는 어역(御譯)이라고 기록하고 있 다.

론 세조의 측근들이다. 함께 뜻을 따지고 말을 고르고, 나름 의문도 있었을 것이고, 논란도 있었을 것이다. 불교의 복잡한 개념어와 추상어를 우리말로 바꿔가는 과정이 쉽지는 않았을 것이다. 간경도감 언해본, 그 안에서 우리말로 번역된 추상어들을 읽는 일은 그 자체로 흥미진진한 게임이다. 지금 우리가 일상에서 쓰는 말도 있고 잊힌 말도 있다. 훈민정음의 역사, 한글의 역사, 길다면 길고 짧다면 짧은 우리글의 역사에서 이런 일은 정말 흔치 않은 일이었다. 우리는 지금 모두, 알게 모르게 이런 덕을 보고 산다.

그러나 우리말로 불전을 함께 읽던 일, 이때가 처음은 아니었다. 우리 조상들은 불교가 이 땅에 들어온 바로 그때부터 불전을 우리말로 함께 읽고 함께 번역하고 함께 토론했다. 간경도감본 언해불전이 중국 역장을 번역 모델로 삼았다지만, 세조나 신미가 어느 날 불쑥 그런 모델을 선택하고 그런 번역을 시작한 것은 아니다. 이미 오래전부터 그렇게 읽고 있었고, 그렇게 번역하고 있었다. 다만 훈민정음이라는 우리 글자가 없었을 뿐이다.

개성(開成) 4년(839) 6월 7일
적산(赤山)은 순전히 암석이 우뚝 솟은 곳인데, 곧 문등현(文登縣) 청령향(淸寧鄕)의 적산촌이다. 산 안에 절이 있는데 이름이 '적산 법화원(法花院)'이다. 본래 장보고가 처음으로 세웠다. (중략) 겨울과 여름에 강연을 하는데, 겨울에는 『법화경』을 강연하고 여름에는 8권의 『금광명경(金光明經)』을 강연한다. 오래도록 그렇게 강연을 해왔다.

11월 16일

적산원에서 『법화경』 강연을 시작했다. 내년 정월 15일까지가 그
기한이다. 시방(十方)에서 여러 스님과 인연 있는 시주들이 모두
와서 참여했다. 성림(聖琳) 화상이 강경(講經)의 법주(法主)다. 거기
에 논의(論議) 두 사람이 있는데, 돈증(頓證) 스님과 상적(常寂) 스님
이다. 남녀 승속이 함께 절 안에 모여 낮에는 강연을 듣고, 저녁에
는 예참(禮懺), 청경(聽經) 등이 차례로 이어진다. 승속의 숫자는 사
십여 명이다. 그 강경과 예참은 모두 신라의 풍속을 따르지만, 저
녁과 새벽의 예참은 당나라의 풍속을 따른다. 나머지는 모두 신
라 말로 한다. 집회에 참석한 승속, 노소, 존비(尊卑)는 모두 신라
사람들이고, 단지 세 명의 중과 행자 하나가 일본 사람이다.*

일본의 승려 엔닌(圓仁, 794~864)이 지은 『입당구법순례행기(入唐求法
巡禮行記)』의 기록이다. 당시 엔닌은 구법을 목적으로 사신을 따라 당나
라에 입국했으나 허가를 받지 못해 귀국해야 할 처지에 있었다. 그때
신라 스님들의 도움으로 허가를 얻고 꿈을 이룰 수 있었다. 그사이 우
연히 적산 법화원에 머물면서 『법화경』을 함께 읽는 기회를 갖게 되었
고, 그 과정을 강경의식(講經儀式)이라는 제목 아래 자세히 기록했다. 당
나라에 머물던 신라 사람들이 승속, 남녀, 노소, 존비의 차별 없이 한
자리에 모여 『법화경』을 신라 말로 함께 읽고 토론하던 장면이다. 당
시 엔닌의 기록을 요약하면 다음과 같다.

●   엔닌(圓仁), 「적산 법화원의 강경의식(講經儀式)」, 『입당구법순례행기(入唐求法巡禮行
    記)』 권2.

1. 매년 겨울과 여름, 정기적으로 경전에 대한 강연을 해왔다. 안거(安居) 기간에 강연의 전통을 오래도록 이어왔다는 뜻이다.
2. 강경에는 승속, 노소, 존비의 차별 없이 대중 모두가 함께 참여했다.
3. 강경은 신라 말로 이뤄졌다.
4. 강경은 예참(禮懺)과 청경(聽經) 같은 수행과 함께 이뤄졌다.
5. 강경은 정해진 형식에 따라 의식과 함께 체계적으로 이뤄졌다.
6. 강경에서는 법주(法主)와 논의(論議)를 담당하는 논의사, 유나사(維那師), 범패승, 복강사 등으로 역할이 정해져 있었다.
7. 강연은 강사의 강의, 그리고 논의사와 강사가 문답을 나누는 논의로 구성되어 있었다.
8. 논의의 과정에 '난(難)'이라는 논란의 형식이 있었다. 논의의 과정에서 의문이 풀리지 않거나 이견이 있을 때, 난이라는 형식을 통해 강사의 해석에 적극적으로 도전할 수 있었다. 강사는 난에 대하여 대답을 하지만, 반론을 제기하지는 않았다.
9. 강연이 끝난 뒤에 복강사의 지도로 지난 강연에 대한 복습이 이뤄졌다.•

엔닌은 천태종의 고승이다. 당연히 『법화경』도 잘 알고 있었을 것이다. 전문가의 식견에 타고난 꼼꼼함까지, 그만큼 신뢰도가 높은 기록이다. 개성(開成) 4년이라면 신라 문성왕(文聖王) 때의 일이다. 1,200년이 흐른 지금도 불교 책이라면 새카만 한문이 연상된다. 그런데 그 시절에 신라 말로 『법화경』을 함께 읽고 토론했다. 그것도 매해 두 차례 정기적으로. 우리말로 불경을 함께 읽고 토론하던 것은 이렇게 오랜 전통이었다.

「경진년 6월 4일 국청사에서 천태의『묘현(妙玄)』에 대한 강의를 마친 뒤에 뜻을 담아 제자들에게 보이다」

二紀孜孜務講宣

강연(講演)한 지 이십 년 애쓰고 애써

→ 나는 스물세 살에『정원신역화엄경』과『소(疏)』50권 강의를 시작하여 그해에 마친 뒤로 강연(講演)을 쉰 적이 없었다.

錦翻三百貫花詮

꽃 같은 말씀 삼백 권을 번역했네

→ 여러 종류의 책 삼백여 권을 번역했으니, 3본(本)『화엄경』은 합해서 180권이다. 옛 사람들이 이어오던 해석이 있었지만, 나는 이런 것들을 모두 쓰지 않고, 다만『본소(本疏)』에만 의거해 우리말(方言)로 번역했다. 남본(南本)『열반경(涅槃經)』** 36권도 마찬가지였다.『묘현(妙玄)』*** 10권 등의 여러 책은 예로부터 전해오지 않던 것들이다. 능력도 미치지 않고 깊은 뜻도 잘 모르는 것을 무릅쓰고 우리말로 번역한 것도 10여 종이었다.『고승전(高僧傳)』에 이

르기를, "변(飜)이라는 것은 비단 무늬를 뒤집는 것과 같으니, 다만 좌우가 있을 뿐이다."라고 했다. 그래서 금번(錦飜)*이라고 한 것이다.**

엔닌이 강경(講經)이라고 불렀던 전통, 고려의 의천은 강연(講演)이란 표현을 쓴다. 의천은 강연을 위해 삼백 권의 불전을 방언(方言), 곧 우리말로 번역했다고 했다. 강연이 우리말로 이뤄졌다는 뜻이다. 우리말로 함께 읽고 토론하던 전통이다. 삼백 권이라면 양으로도 엄청나다. 게다가 그가 번역했다는 책, 난이도를 따져보면 의천이야말로 우리 역사 최초의 전문번역가였다고 해도 모자람이 없다.

참으로 심오한 불법(佛法)에 대해 천박한 사람들로서는, 논의를 끌어가는 데에서도 서로 길고 짧은 논쟁의 방법들이 있을 것이다. 어찌 모순이 없겠는가? 이제부터 대중(大衆)들 가운데 상석에 앉은 선덕(禪德)들과 함께 의미와 단락들을 비교하고 검토하려고 한다. 각자 남의 틀린 점을 지적하고, 자기의 옳은 점을 주장하겠지만, 옳고 그름과 높고 낮음도 그 결과가 소중한 것이다. 삼가 법을 위하는 길이기를 바라면서 간략히 언로(言路)를 연다.***

남의 틀린 점을 지적하고, 자기의 옳은 점을 주장하고, 옳고 그름을 따지고 높고 낮음을 견주고, 이런 것이 강연이고 함께 읽는 일이다. 번역은 그런 과정을 통해 최선의 말과 최선의 뜻을 찾아가는 길이다. 의천은 그런 과정을 금번(錦飜)이라고 표현했다. 불교 전통의 번역 이론이다.

세조의 역장에서 『능엄경』을 번역하는 장면은 의천의 강연과 번역 전통을 그대로 계승한 것이다. 의천과 간경도감 사이에는 뚜렷한 연결 고리가 있다. 간경도감에서는 언해불전 외에 수십 종의 한문불전도 출간했다. 그중 상당수가 의천이 수집하여 출간한 주석서, 교장(教藏)의 복간본이다. 거기에는 의천의 대표작이라고 할 수 있는 『원종문류(圓宗文類)』에 대한 주석서 『원종문류집해(圓宗文類集解)』도 들어 있다. 의천은 교장(教藏)의 집성과 출간이라는 엄청난 일, 동서고금에 유례가 없는 업적을 이루었다. 전통이 끊어진 해동의 학술과 문화를 복원하고 계승하기 위하여 다양한 실험과 개혁을 추진했다. 그러나 마흔일곱, 죽음과 함께 그런 일, 그런 꿈은 삽시간에 잊히고 말았다. 김부식(金富軾, 1075~1151)은 "30년도 채 지나지 않아 이어갈 사람조차 없다."고 탄식했다.••••

철저하게 잊힌 듯했던 의천의 일, 그러나 의천의 책은 얼마간이라도 남았다. 무엇보다 의천이 실험하여 뿌리내리려고 무던히도 노력했던 새로운 편집, 읽기의 방법은 어디선가 근근 명맥을 유지하고 있었다. 우리말로 함께 읽는 강연의 전통, 번역의 전통, 과판(科判)의 전통, 주석의 전통…, 의천은 그런 전통의 뿌리를 원효에게서 발견했다.

• 꽃무늬를 짜 넣은 비단을 뒤집더라도 뒷면에 똑같은 꽃무늬가 있다. 다만 좌우가 바뀌는 게 다를 뿐이라는 뜻. 이런 비유로 인해 번역(飜譯)이란 표현이 생겼다.
•• 오윤희, 위의 책.
••• 의천, 「원각경(圓覺經) 강연을 시작하는 말」, 『대각국사문집』 권3. 『일꾼 의천』에서 재인용.
•••• 김부식(金富軾), 「홍왕사(興王寺) 홍교원(弘敎院) 화엄회소(華嚴會疏)」, 『동문선』 제110권.

간경도감의 언해불전은 그런 전통의 연장선상에 있다.

우리 지식의 역사에는 아직도 크고 작은 빈자리들이 꽤 남아 있다. 전쟁을 비롯한 여러 이유로 역사에 끊어짐이 잦았기 때문이다. 책의 역사도 그렇고, 읽고 토론하던 전통도 그렇다. 당나라 현종은 신라를 '군자의 나라'라고 부르며 '중화(中華)의 류(類)'라고 평했다. 사신을 파견하면서, 신라가 학술과 문화, 문헌에 정통했으니 유념해서 대응하라는 특명을 내리기도 했다.* 문물의 중심이자 세계의 중심이던 당나라 사람들이 유념해야 했던 신라의 학술과 문화, 특히 불교 학술은 눈부셨다. 학술과 문화가 하루아침에 만들어지는 것이 아니듯, 원효와 같은 세계적인 지식인이 그냥 하늘에서 뚝 떨어진 것도 아니다.

그때나 지금이나 불교 책은 까다롭다. 높은 수준의 논리, 관찰과 사유를 요구한다. 그런 책을 승속과 노소와 존비의 차별도 없이, 우리말로 함께 읽었다. 그렇게 읽는 전통이 오랜 세월 면면이 이어졌다. 그런 전통을 이어 의천은 스스로 삼백 권이나 되는 불교 책을 우리말로 번역했다고 했다. 의천은 수천 권이 넘는 방대한 문헌을 수집하고 정리하면서 '중생들을 널리 이롭게 하는 일'이라고 자부했다. 승속(僧俗)과 귀천(貴賤)이 함께 절하며 함께 가는 길, 『사리영응기』의 길도 그만큼 오래된 길이었다.

만일 언문(諺文)을 시행한다면, 구실아치들이 오로지 언문만을 익히고 학문하는 문자는 돌아보지도 않게 되어 관리들이 둘로 갈리게 될 것입니다. 만일 구실아치들이 언문으로 높은 자리에 오르게 된다면, 후배들은 이런 것을 보고 '27자의 언문만으로도 족히 세상에 입신(立身)할 수 있는데 무엇하러 노심초사 성리(性理)의 학

문을 궁리하겠는가'라고 생각할 것입니다. **

이들은 이두를 천하고 촌스럽다고 한다. 계급이 낮은 구실아치, 종놈들이나 쓰는 글자라고 한다. 사람에게도 등급이 있지만 문자에도 등급이 있다는 말이다. 이두나 언문은 학문하는 글자가 아니다. 쓸모가 있더라도 천한 것들이 천한 일에 쓰는 것일 뿐이다. 천한 문자를 가지고는 성리(性理)의 학문을 할 수 없다.

> "내가 만일 『삼강행실(三綱行實)』을 언문으로 번역하여 백성들 사이에 반포한다면 어리석은 남녀 모두가 쉽게 알아 충신, 효자, 열녀가 떼로 나올 것이다."
> 정창손(鄭昌孫)이 말하기를 "『삼강행실(三綱行實)』을 반포한 뒤에도 충신, 효자, 열녀들이 떼로 나올 수 없습니다. 사람이 실천하고 실천하지 않는 것은 다만 사람의 자질(資質)이 어떠냐에 달려 있습니다. 하필 언문으로 번역한 뒤에야 사람들이 다 본받겠습니까?"라고 했다.
> "이따위 말을 어찌 선비의 이치를 아는 말이라 하겠는가? 참으로 쓸모없는 속된 선비로구나." ***

세종의 생각은 분명 다르다. 선비의 원문은 유자(儒者)다. 세종은 저들을 속유(俗儒), 속된 선비라고 부른다. 선비의 자존심을 꺾어버리

● 「동이열전(東夷列傳)」, 『구당서(舊唐書)』 권199 상.
●● 『세종실록』103권, 세종 26년(1444) 2월 20일. 집현전 부제학 최만리 등의 상소문.
●●● 위의 글, 세종의 반박.

는 최악의 비난이다. 세종의 다른 생각, 첫째는 계급이 천한 어리석은 백성도 가르치고 배우면 알 수 있다. 둘째는 천하고 촌스럽다는 이두나 언문으로도 얼마든지 고상한 성리의 학문을 할 수 있다. 15세기 왕조시대, 세종의 생각, 유자를 대하는 임금의 해석, 이런 차이는 참으로 놀랍다. 언뜻 들으면 당연한 말 같기도 하지만, 오늘날에도 이런 차이는 존재한다. 요즘은 영어의 시대, '원어민 강사'의 시대다. '원어'라는 표현이 우스꽝스럽긴 해도, 원어민으로부터 원어를 배우지 못하면 영어의 시대에 살아남을 수 없다. 높이 올라갈 수도 입신할 수도 없다. 그럴 수도 없지만 그래서도 안 된다. 사람도 언어도 정해진 등급을 지켜야 하기 때문이다. 최만리나 정창손은 다만 선봉일 뿐이다. 당대를 이끌고 다스리던 지식인, 정치인들의 생각이 대개 그랬다. 세종은 그런 자들을 '속된 선비'라고 불렀다.

마음속에 품은 의심을 풀기 위해서도, 높은 자리에 올라 입신양명하기 위해서도 글을 읽고 공부를 해야 한다. 그러기 위해 한문이나 영어, 외국어를 배우고 익혀야 하는 백성들은 고단하다. 변방의 우리나라, 이제는 선진국을 꿈꾼다지만 예나 지금이나 크게 달라진 것은 없어 보인다. 학문을 위해서도 돈과 권력을 위해서도 외국어를 익혀야 한다. 돈도 들고 힘도 든다. 누구나 할 수 있는 일이 아니다. 조선 선비들이 언문에 격하게 반응했던 까닭은 여기에 있다. 학문의 문자, 성리의 학문을 염려한다지만, 흔들리는 것은 문자도 아니고 학문도 아니다. 세종의 훈민정음, 세종의 차이는 문자와 학문을 독점하고 세습하던 선비들의 지위를 흔들고 있었다.

조선 선사들의 우리말 솜씨

我此心宗은 無形可觀이며 無狀可見이라 言語道ㅣ斷코 心行處ㅣ滅ᄒᆞᆯᄉᆡ 故로 天魔外道ㅣ 毀謗無門ᄒᆞ며 釋梵諸天도 稱讚不及곤 況凡夫淺識之流ㅣ 其能髣髴아 (원문)

우리 이 心宗ᄋᆞᆫ 양ᄌᆞᄅᆞᆯ 어루 보미 업스며 얼구를 어루 보미 업서 말ᄊᆞᆷ 길히 긋고 ᄆᆞᅀᆞᆷ 녈 고디 업슬ᄉᆡ 天魔外道ㅣ 할알 門이 업스며 釋梵諸天도 기료미 밋디 몯곤 ᄒᆞ믈며 凡夫ㅅ 아롬 녀튼 무리 그 能능히 새즈기ᄒᆞ야려• (언해문)

우리 이 심종(心宗)은 양자를 어루 봄이 없으며, 얼굴을 어루 봄이 없어, 말씀의 길이 끊어지고, 마음 갈 곳이 없다. 그래서 천마와 외도가 헐뜯을 문이 없고, 석범과 제천의 칭찬으로도 미칠 수 없다. 하물며 범부의 아롬이 옅은 무리들이 능히 흉내라도 낼 수 있겠는가? (현대문)

언어도단(言語道斷) 심행처멸(心行處滅), 선종에서 늘 쓰는 말이다.

• 『목우자수심결언해』.

언해불전의 번역과 편집은 선종의 선사들이 이끌었다. 그들은 이 구절을 저렇게 새겼다. 정도전이 『불씨잡변』에서 썼던 방불(髣髴)이란 말은 '쎄즉ᄒ다'로 새겼다. 비슷하게 흉내 낸다는 뜻이다. 시대는 다르지만 옅은 아롬, 서툰 읽기를 탓하는 듯도 하다. 조선 선사들이 쓰던 우리말, 언해불전을 읽는 재미에서 빼놓을 수 없는 별미다.

> 이달에 상께서 친히 언문(諺文) 스물여덟 자를 지었다. (중략)
> 문자(文字)와 우리나라 이어(俚語)를 모두 쓸 수 있다.•

문자(文字)는 물론 한문을 가리킨다. 그들은 문자의 대구로 언문이라는 표현을 쓰고 있다. 글자에 앞서 말이 있다. 언어(諺語)와 이어(俚語), 언어는 속담에 가깝고 이어는 속어에 가깝다. 아무튼 동네 사람들, 배우지 못한 자들도 일상에서 쓰던 말이다. 누구나 쉽게 알아들을 수 있는 솔직한 말, 때로는 저속하고 막된 말이다.

언어와 이어의 전통은 당나라 선사들로부터 시작했다. 남방의 오랑캐, 일자무식 나무꾼 육조 혜능의 존재는 우연이 아니다. 선사들은 동네 사투리, 속담과 속어를 즐겨 썼다. 선사들에 대한 기억은 이른바 어록(語錄)이란 형식을 통해 퍼지고 이어졌다. 일상에서 쓰는 구어로 묻고 대답하던 기록이다. 선사의 어록은 자연히 사투리와 속담, 속어들로 채워졌다. 천하고 무식한 자들도 물을 수 있었고, 알아들을 수 있었다. 솔직하고 분명한 어록, 이런 것도 스타일이 되고 전통이 된다. 어록으로 기록된 당나라 선사들의 말투는 이른바 어록체(語錄體)라는

• 『세종실록』 102권, 세종 25년(1443) 12월 30일.

문체가 되었고 전통이 되었다.

우리말 문법에 체언(體言)과 용언(用言)이란 게 있다. 체용(體用)은 하나의 사건을 논리적으로 분석하는 방법이다. 말을 체용으로 나눈다는 게 좀 이상하긴 하지만, 아무튼 체언은 주어나 목적어가 되는 명사, 대명사 따위를 가리키고, 용언은 서술어가 되는 동사나 형용사 따위를 가리킨다.

불교 책을 논리적으로 읽고 사랑하는 사람들은 대개 체언에 집착한다. 불교에서 명상(名相) 또는 법상(法相)이라고 부르는, 이른바 개념어들이다. 이런 개념어들을 숫자로 분류하던 까닭에 법수(法數)라고 부르기도 한다. 불교의 법상이나 법수, 이게 참 복잡하다. 한번 따지기 시작하면 한도 없이 말려들기 마련이다. 한번 말려들면 논지를 잃고 말장난에 빠지기 십상이다. 그래서 선사들은 법상이나 법수를 싫어한다. 대신 사투리 용언을 즐긴다. 우리 문법에서 용언을 활어(活語)라고 부르기도 한다. 선사들의 말투는 말 그대로 활어다.

언해불전에 담긴 『능엄경』, 『반야심경』, 『원각경』, 『법화경』, 이런 경전의 주석은 아무래도 법상과 법수에 집중한다. 개념어나 추상어의 새김이 관건이다. 이에 비해 선사들의 말투에서는 동사, 형용사, 부사 같은 서술어와 수식어가 관건이다. 선사들이 즐겨 쓰던 막말의 활어들, 세월이 흐르면서 이런 말이 오히려 개념어가 되고 추상어가 되기도 했다. 요즘 선사들, 송나라 선사들의 어록을 자주 인용한다. 사투리 막말도 사전 없이는 해석하기 힘든 체언이 되기도 했다. 이에 비해 언해불전의 선사들은 막말의 용언들을 당시의 우리말로 새겨서 기록했다. 지금은 아주 잊힌 15세기의 동사, 형용사, 부사. 눈이 부실 지경이다.

이 또한 우연이 아니다. 엘리트 교육을 받은 소수의 지식인들이 읽고 쓸 수 있었던 말과 글, 선사들은 그런 말과 글의 계급에 맞서기도 했다. 소수가 독점한 아롬에 맞서 동네 사투리, 속담과 속어를 써서 누구나 어디서나 쉽게 통할 수 있는 말투의 전통을 세웠다. 언해불전의 말투는 조선 선사들만의 말투가 아니었다. 선불교가 이 땅에 들어온 이후로 선사들이 이어 쓰던 말투, 문자는 몰라도 동네 사람이라면 누구나 알아들을 수 있었던 우리 입말 전통이었다.

언해불전의 용언	한자어	현대어 풀이
ᄀᆞᆺᄀᆞ지ᄒᆞ다	정채(精彩)	깨끗하고 분명하다
ᄀᆞᆺᄀᆞᆺᄒᆞ다	청명(淸明)	(눈이) 맑다
가ᄀᆞᆨᄒᆞ다	급(急)	급하다
구믈구믈ᄒᆞ다	준동함령(蠢動含靈)	(뭇 생명의) 꿈틀대는 모습을 형용
ᄀᆞᆺ누르다	절단(截斷)	끊어버리다
ᄀᆞᆺ다	단(斷)	끊다
ᄀᆞᆺ알다	감파(勘破)	간파하다, 꿰뚫어 알아차리다
날회다	완(緩)	느리다
너흘다	교(咬)	(이빨로) 깨물다, 갉다
니스취다	면면(綿綿)	끊임없이 이어지다
닐온	소위(所謂)	이른바
다ᄆᆞᆫ다ᄆᆞᆫ	단단(單單)	'다만'을 겹쳐 오직 화두만을 들어야 한다는 뜻을 강조
다완다	충(衝), 핍(逼)	다그치다
두르혀다	회(廻)	돌이키다
맞듣다	주(柱), 축착합착(築著嗑著)	맞닥치다, 맞부딪치다, 딱 맞다
모디	요(要), 절(切)	반드시, 모름지기
반드기	당(當), 방(方), 필(必)	반드시
ᄉᆞᄆᆞᆺ 디나다	투과(透過)	통과하다, 뚫고 지나다
솖솖ᄒᆞ다	성성(惺惺)	적적(寂寂)에 대응하는 말로, 고양이가 쥐를 노리듯, 지혜가 분명하게 작용하는 모습을 형용
아ᄌᆞᆯᄒᆞ다	매(昧), 혼미(昏迷)	정신이 아득하고 어지럽다
어윈 거름	활보(闊步)	크고 당당한 걸음
어즐하다	매(昧), 미(迷), 황홀(恍惚), 혼황(昏荒)	정신이 아득하고 어지럽다
얼믜다	방불(髣髴)	흐릿하고 어렴풋하다
이륵이륵ᄒᆞ다	염염(焰焰)	(불꽃처럼) 이글이글하다
ᄌᆞ오롬	혼침(昏沈)	졸음
조ᅀᆞᄅᆞ욈다	요(要), 묘(妙)	꼭 필요하다, 자세하다, 미묘하다
키 아로다	대오(大悟)	크게 알다
ᄒᆞ니다	동(動)	움직이다
ᄒᆞ저즐다	작용(作用)	작용하다
헤아리며 저즈리다	사량(思量) 복탁(卜度)	헤아리고 따지다
흐러디다	해산(解散)	흩어지다
ᄒᆞ욱ᄒᆞ며 서의ᄒᆞ몰	농담(濃淡)	짙고 옅다
힘 두어 잡들다	착력제서(著力提撕)	힘을 주어 잡다

맞부딪치는
읽기

(법화경은) 말과 뜻이 번득하고 가잘벼 펴는 것이 아득하다. (중략)
한나라로부터 당나라에 이르기까지 육백여 해에 모두어 지나온
많은 글월이 사천여 축(軸)이지만, 받아 지니는 것이 무성한 것으
로 보자면 이 경(經)을 넘는 것이 없었다. 기(機)와 교(敎)가 서로 맞
부딪치는 것은 다 부처가 남긴 티끌이 아니겠으며, 듣고 깊이 공
경하는 이는 다 위왕(威王)의 남긴 공이 아니겠는가?•

당나라 도선(道宣, 596~667)이 지은 「법화경홍전서(法華經弘傳序)」의
끝 부분이다. 워낙 명문장이어서, 『법화경』을 사경하거나 출판할 때
『법화경』의 일부처럼 거의 함께 유통하던 글이다. 간경도감본 『법화
경언해』에도 들어 있다.
　'기(機)와 교(敎)가 서로 맞부딪침', 기교상구(機敎相扣)를 새긴 것이
다. 교(敎)는 물론 『법화경』의 가르침이다. 기(機)는 이 가르침을 읽는
자다. 가르침에 맞서 있는 자의 근기(根機), 잠재된 역량을 가리킨다.

●　　도선(道宣), 「법화경홍전서(法華經弘傳序)」, 『법화경언해』.

『법화경』의 말과 뜻, '번득하다'는 완연(宛然)을 새긴 것이고, '가잘벼 펴다'는 유진(喩陳)을 새긴 것이다. 비유하여 설명한다는 뜻이다. 번득 하고 아득한 말과 뜻, 『법화경』을 읽는 일은 말과 뜻을 향하여 돌진하 는 일이다. 서로가 강하게 맞부딪쳐 충돌하는 일이다. 링 위에서 펼쳐 지는 격투와 같다. 책을 열면 말과 뜻은 선수를 향해 달려든다. 선수는 달려드는 말과 뜻에 맞서야 한다. 달려들어야 한다. 책을 펴고 글을 읽 는 일은 그렇게 서로 달려들어 맞부딪치는 일이다. 당나라 도선의 해 석이 그랬다.

> 닐온 말마다 맛당ᄒᆞ야 살와 살와 늘히 맛ᄃᆞᄅᆞ면
> → 두사리 서르 맛듣다 ᄒᆞ논 마른 스승과 弟뗴子ᄌᆞ와 ᄒᆞ야 工공 夫붕ㅣ ᄒᆞᆫ가지로ᄆᆞᆯ 니르니라°° (언해문)
> 이르는 말마다 마땅하여 화살과 화살이 맞부딪치면
> → 두 화살이 맞부딪친다는 말은 스승과 제자의 공부가 한가지로 됨을 이른다. (현대문)

도선의 글이 학자들의 표현이라면, 몽산의 말투는 선사들의 표현 이다. 스승과 제자의 대화는 화살과 화살, 서로를 향해 쏘는 살의 끝 이 맞부딪치는 일이다. 선사들은 격외(格外)라는 말을 즐겨 쓴다. 파격 (破格)이란 표현도 있다. 같고-다르고, 있고-없고, 말하자면 이런 것이 말의 격(格)이다. 말로 표현하는 논리의 틀이다. 일(一)-이(異), 유(有)- 무(無), 같고 다르고, 있고 없고, 법상이나 법수의 틀이다. 언해불전의

°° 『몽산법어약록언해』.

선사들은 이런 말을 격 사이에서 읽는다. 이런 말을 듣고 알고 쓰는 순간의 마음에서 읽는다. 마음이 일어나는 순간, 그 마음은 체언이 아니다. 모롬-드롬-아롬, 이런 말은 물론이고 보아 살펴 사랑하는 이런 말도 다 동사다, 용언이다. 글을 읽는 일도 물론 동사이고 용언이다. 그런 점에서 보자면 도선의 읽기나 몽산의 읽기는 차이가 없다. 맞부딪치는 순간, 이 또한 동사이고 용언이다. 언해불전의 읽기와 편집은 용언의 읽기를 향한다. 부딪치는 순간에 아롬도 일어난다. 그렇게 읽어야 한다.

『법화경언해』는 『능엄경언해』를 출간한 이듬해(세조 9년)에 출간되었다. 간경도감에서 번역, 편집한 글로서는 두 번째로 완성된 책이다. 간경도감이 설치된 해가 세조 7년(1461)이니, 번역과 편집이 『능엄경언해』와 거의 동시에 이뤄졌을 것이다. 이후로도 여러 편의 경전이 번역, 편집되었지만, 편집의 기술이라는 관점에서 보자면 『법화경언해』는 그중에서도 가장 완성도가 높다.

책을 편집한다는 관점에서 보더라도 간경도감본 언해불전은 새로운 도전이고 실험이었다. 한문으로 된 원전과 새로 번역한 우리말, 우리글을 나란히 편집하는 일, 거기에 얽힌 모든 일이 다 맏 처음의 일이었다. 『법화경언해』에는 갖가지 크고 작은 실험의 흔적들이 남아 있다. 『법화경』이야 흔해 빠진 책이지만, 『법화경언해』는 보면 볼수록 희한한 책이다.

『법화경언해』에는 두 종류의 주석서가 나란히 편집되어 있다. 여기까지는 특이할 것도 없다. 한 경전에 두 주석, 간경도감본 언해불전 편집의 두드러지는 특성이기 때문이다. 사실 한 경전에 두 주석서를 함께 편집하는 회본(會本)의 형식은 널리 유행하던 편집 형식이기도 했

『법화경언해』에 나란히 편집한 원전

문헌명	권수	저자	비고
묘법연화경(妙法蓮華經)	7		경문
법화경요해(法華經要解)	7	계환(戒環)	주석서 1
법화경요해과(法華經要解科)	1		주석서 1의 과문
묘법연화경과주(妙法蓮華經科註)	7	일여(一如)	주석서 2
묘법연화경과주과(妙法蓮華經註科)	1		주석서 2의 과문
계	23		언해본은 7책으로 편집

다. 하지만 대개는 계통이 유사한, 해석의 기준이 비슷한 주석서를 함께 편집했다. 예를 들어 『원각경언해』의 경우, 함께 편집한 『원각경약소』와 『원각경약소초』 모두 종밀 한 사람이 지은 책이다. 게다가 『원각경약소초』는 『원각경약소』를 부연하여 주석한 것이다. 『반야심경언해』의 경우, 『반야심경약소』와 『현정기』의 저자가 다르긴 해도 『현정기』는 『반야심경약소』를 주석한 것이어서 해석의 원칙이나 구조의 계통이 같다.

그런데 『법화경언해』의 경우, 함께 편집한 『법화경요해』와 『법화경과주(法蓮經科註)』는 저자도 다르고, 계통과 종파도 다르다. 그만큼 해석의 기준과 방법도 판이하다. 함께 편집된 두 종류의 과문 또한 완전히 다른 구조를 갖고 있다. 『법화경언해』가 희한하다고 하는 첫째 이유다. 『법화경언해』에는 두 종류의 과문(科文)이 나란히 편집되어 있다. 이것이 희한함의 둘째 이유다. 사실 이건 희한함을 넘어 경이롭다. 발상은 기발하고 편집은 아름답다. 그런데 이런 아름다움, 그동안 평가조차 제대로 받지 못하고 묻혀 있었다.

앞의 도표에서 보듯, 『법화경언해』는 그 양으로만 봐도 방대한 문헌이다. 『법화경요해』가 7권이라지만 이는 『법화경』의 권수에 맞춘 것이고, 상중하로 편집되어 실제로는 20권에 달한다. 『법화경』과 『법화경요해』는 원문에 훈민정음 토를 달았고, 완역을 했다. 그리고 말이나 뜻이 어려운 부분에는 우리말로 협주를 달았다. 『법화경과주』는 원문에 구두점을 달았다. 원문과 번역, 모두 7종의 텍스트를 나란히 편집하여 7책에 담았다. 한문과 훈민정음 번역은 물론이고, 글자 크기와 모양에도 차이를 두었다. 동그라미나 괄호 같은 기호를 쓰기도 했다. 현존하는 보물들도 완전한 경우는 없다. 페이지가 떨어져 나가 없어진 경우도 있고, 뒤죽박죽 섞여 있기도 하다. 간경도감에서 출간한 원문도 양이 부족해, 뒤에 복각한 책과 맞춰 읽어야 한다. 복각본은 오류도 많고, 보존 상태도 좋지 않다.

간경도감본 언해불전의 편집이 도전이고 실험이었다면, 『법화경언해』는 그중에서도 가장 전위에 있다. 『법화경』을 열면 번득하고 아득한 말과 뜻이 달려든다지만, 『법화경언해』를 열면 도전과 실험의 편집이 먼저 달려든다. 『법화경언해』를 제대로 읽으려면 먼저 편집 형식에 맞서야 한다.

두 겹의 입체 구조

과문이라는 형식만 해도 낯설고 오래된 형식이다. 그런데 『법화경언해』는 두 종류의 과문과 두 종류의 주석서를 함께 편집하고 있다. 과문의 형식에 익숙한 사람이라도 헷갈릴 수밖에 없는 이례적인 편집이다.

다음 그림에서 큰 글씨는『법화경요해』의 과목이고, 작은 글씨는『법화경과주』의 과목이다. 이런 편집을 이례적이라고 표현하는 까닭은 무엇보다 편집 자체가 워낙 까다롭기 때문이다.『법화경요해』와『법화경과주』, 글을 읽고 해석하는 방식이 워낙 다르다. 그래서『법화경』의 원문을 쪼개 읽는 방식 또한 다르다. 원문과 주석서를 대응시키는 방식이 다르기 때문에 두 가지 주석문을 대응시키기는 더욱 어렵다. 나란히 편집하기 위한 기준을 찾기 어렵다는 뜻이다.

『법화경언해』는 아무튼 그런 까다로운 편집을 시도하고 있다. 그

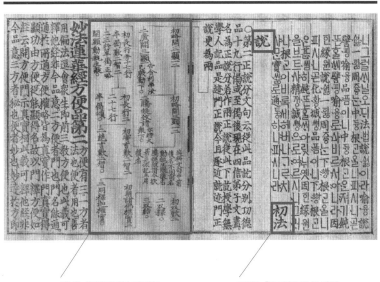

주석2.『법화경과주』의 과목   주석1.『법화경요해』의 과목

___『법화경언해』편집의 사례

림에서 보듯, 주석1 『법화경요해』의 과목은 순서대로 과목의 이름만 표기되어 있다. '초법설(初法說)', 법설(法說)은 제목이고, 초(初)는 말하자면 번호다. 이 번호를 따라 읽으라는 것이다. 이에 비해 주석2 『법화경과주』의 과목은 도식으로 그려져 있다. 과목과 과목이 선과 기호로 연결되어 있다. 과문을 이렇게 도식으로 표현하는 방식을 과도(科圖)라고 부른다.

『법화경요해』의 과목을 큰 글씨로 편집한 까닭은 그만큼 우선순위가 높다는 뜻이다. 큰 글씨의 순서대로 편집되어 있다는 뜻이고, 먼저 이 순서대로 따라 읽으라는 배려다. 그런데 『법화경과주』의 과문은 『법화경요해』의 과문과는 구조도 순서도 완전히 다르다. 순서가 다른 글을 어떻게 순서에 맞춰 읽으라는 것일까? 그래서 『법화경언해』는 편집의 도전인 동시에, 읽기의 도전이다. 하나의 편집으로 동시에 두 가지 읽기, 완전히 다른 읽기를 요구하기 때문이다.

책을 읽는다는 것은 대개, 종이책을 순서대로 펴 넘기며 읽는다는 뜻이다. 이른바 '선형(線形, linear)의 읽기'다. 그래서 보통은 그런 읽기를 전제로 편집한다. 그러나 과문을 기준으로 한 편집과 읽기는 이와 질적으로 다르다. 앞에서 설명했듯이 과문의 구조는 논리와 논증의 구조다. 과문의 과목은 논리의 덩어리, 논리의 모듈이다. 그래서 과문으로 편집된 글의 읽기는 논리의 모듈을 따라 이뤄진다.

언해불전의 읽기는 기본적으로 경전과 주석을 나란히 함께 읽는 방식이다. 그래서 경전과 주석을 나란히 편집했다. 과문은 이런 편집의 기준이 된다. 과문의 과목, 논리의 덩어리, 모듈을 따라 경문을 쪼개고, 이에 해당하는 주석문을 그 아래에 편집하는 방식이다. 주석문이 갖는 논리와 논증의 구조를 따라 경문과 주석문을 함께 읽으라는 배려다. 이런 읽기는 두루마리나 책에 물리적으로 적혀 있는 글의 순서를 선형으로 따라갈 수도 있지만, 물리적인 페이지나 권의 순서를 넘어 비선형으로 이뤄질 수도 있다. 과문의 읽기는 전통의 선형적인 읽기 방식을 파괴하는 비선형적 읽기 모델이라고 할 수 있다.

『법화경』은 나름의 구조, 논리와 논증의 구조를 가지고 있다. 주석문은 『법화경』의 구조를 쪼개고 해석한다. 예를 들어 『법화경요해』에는 계환이 쪼개어 해석한 구조가 들어 있다. 이에 비해 『법화경과주』에는 일여가 쪼개어 해석한 구조가 들어 있다. 이 세 가지 구조, 일치하는 경우도 있지만 아주 다른 경우도 있다. 『법화경언해』에는 이 세 가지 구조가 함께 편집되어 있다. 세 가지 구조를 함께 읽으라는 배려이자 요구다.

『법화경』은 부처의 이야기다. 부처의 이야기는 하나의 논리를 따라 이어지지만, 논리와는 상관없는 요소들이 개입하기 마련이다. 예를 들어 경전에는 보통 가르침이 이뤄지는 정황에 대한 묘사가 장황하게 이어진다. 이야기 속의 대화나 비유 또한 필요한 요소일 수도 있지만, 일관된 읽기를 방해하는 장애물이 될 수도 있다. 주석문의 과문은 이런 덩어리들을 과목으로, 모듈로 나누어 논리적인 읽기를 도와준다.

하지만 주석문 안에도 논리와는 상관없는 주석과 설명이 개입한다. 역사적인 사실, 어려운 용어, 주석가들 사이의 해석 차이, 주석가의 관점 등 다양한 해석과 설명이 개입한다. 주석가의 설명은 읽기를 도와주자는 배려지만, 이 또한 논리적인 읽기를 방해한다. 설명이 많을수록 논리의 맥락을 잃어버릴 가능성이 더 커진다. 읽는 사람들은 이런 부분들을 취사선택할 필요가 있다. 주석서의 과목은 말하자면 이 같은 '골라 읽기'를 도와주는 가이드라인이다. 읽는 사람들은 글의 순서를 따를 수도 있고, 과문의 구조와 논리의 모듈을 따라 골라 읽을 수도 있다. 말하자면 순서를 따르는 선형의 읽기를 넘어 입체적인 읽기가 가능해진다는 뜻이다.

『법화경언해』에는 『법화경』과 2종의 주석서, 그리고 2종의 과문이 나란히 편집되어 있다. 거기에 다시 우리말 번역과 주석이 포함된다. 『법화경언해』는 읽는 사람의 능력과 취향에 따라 다양한 방식의 읽기가 가능하다. 한문을 따라 읽을 수도 있고, 우리말을 따라 읽을 수도 있다. 『법화경요해』의 구조를 따라 읽을 수도 있고, 『법화경과주』의 구조를 따라 읽을 수도 있다. 물론 읽기의 방식을 선택하여 조합할 수도 있다. 선택에 따라 읽기의 양과 질이 달라진다. 『법화경언해』는 서로 다른 텍스트, 글자 크기, 문단의 높낮이, 다양한 기호 등 편집 기술을 응용하여 서로 다른 읽기를 도와준다. 할 수 있는 온갖 기술을 총동원했다.

이렇게 복잡한 구조의 편집, 『법화경언해』의 편집자들은 도대체 왜 이렇게 까다로운 편집을 했던 것일까? 이 같은 편집, 분명 특별한 형태의 새로운 읽기를 겨냥한 것이라는 사실만큼은 분명하다. 『반야심경언해』의 경우, 편집의 순서와 의도를 따라 읽어보면 그 효과를 금세 실감할 수 있다. 『반야심경언해』는 과문의 구조에 따라 몇 개의 부분으로 쉽게 구분이 된다. 그중 한 부분만 읽더라도 편집 의도를 금방 알 수 있다. 『반야심경약소』와 『반야심경소현정기』의 의도를 알 수 있다. 『반야심경언해』의 읽기가 쉬운 까닭은 과판(科判)이 하나의 그림 안에 있기 때문이다. 그래서 그림도 쉽게 그려지거니와, 한번 그림에 익숙해지면 비슷한 형식의 문헌도 쉽게 조감할 수 있고 익숙하게 읽을 수 있다.

『법화경언해』 또한 『반야심경언해』와 마찬가지로 과문의 구조에 따라 구조적인 편집을 하고 있다. 다만 다른 점이 있다면, 그림이 한 개가 아니라는 사실이다. 서로 다른 과판의 그림이 중첩되어 있다. 계환의 『법화경요해』와 일여의 『법화경과주』는 일대시교를 바라보는 관점이 다르고, 경문을 다루는 방법도 다르다. 『법화경언해』의 읽기가 낯설고 까다로운 원인이 여기에 있다. 두 개의 그림을 이해하지 못하면, 까다로운 편집 의도도, 이 편집이 지향하는 읽기의 방법도 이해할 수 없다.

두 개의 이질적인 과판, 두 개의 그림을 함께 편집한다는 사실은 그때나 지금이나 만만한 선택은 아니다. 그만큼 도전과 실험의 성격이 강하다. 하지만 도전이 됐건 실험이 됐건, 그런 사실을 설명하는 근거는 어디에도 없다. 우리가 볼 수 있고 확인할 수 있는 것은 『법화경언해』라는 문헌 자체일 뿐이다. 복잡하고 까다로운 『법화경언해』의 편집, 그 의도 또한 『법화경언해』 안에서 찾을 수밖에 없다.

조선의
현란한
읽기

　현란하다. 현란(絢爛)으로 읽는 수도 있고, 현란(眩亂)으로 읽는 수도 있다. 장식이 화려하여 눈이 부시도록 찬란하다는 뜻일 수도 있고, 현기증이 날 정도로 어수선하여 어지럽다는 뜻일 수도 있다. 하나는 긍정이고 다른 하나는 부정이지만, 한자를 빼고 우리말로 읽는다면 비슷한 뜻이 된다. 하나의 장면, 화려하다고 느낄 수도 있고 어수선하다고 느낄 수도 있겠다. 아무튼 어지럽다.

　『법화경언해』의 협주, 주석문에는 두 종류가 있다. 첫째는 말풀이, 어려운 용어에 대한 뜻을 설명해주는 주석이다. 보통 한자로 된 추상어를 우리말로 바꾸어 설명하고 있다. 어려운 추상어, 우리말로 읽고 우리말로 사랑하기 위한 배려다. 둘째는 뜻풀이, 원문의 내용을 풀어주어 읽기와 이해를 돕는 주석이다. 여기에 다시 두 가지 종류가 있다. 첫째는, 다른 문헌을 인용하여 설명을 하는 경우다. 이 경우 인용문 안에 어려운 용어나 까다로운 부분이 있으면 이에 대해 다시 협주를 달아주기도 한다. 주석이 3단계까지 이어지기도 한다. 둘째는, 편집자가 바로 원문의 뜻을 새겨 보완해주는 경우다.

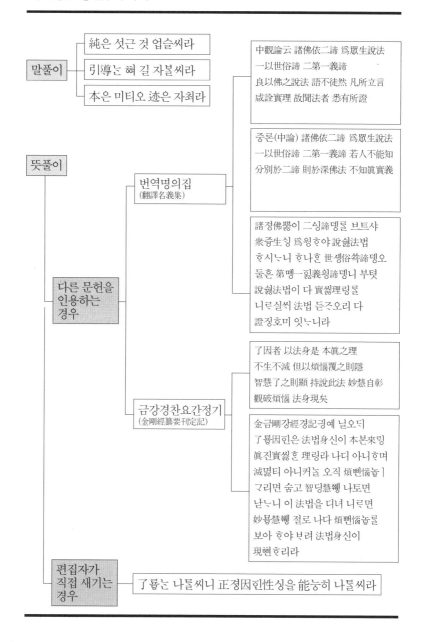

다섯째는 의주(衣珠)의 비유이니, 왕자가 인연을 맺어
일승(一乘)의 지혜 보배의 씨앗을 심은 것을 비유한 것이다.
곧 요인(了因)의 씨앗이니

『금강경기(金剛經記)』에 이르기를 "요인(了因)은 법신이
본래 진실한 이치이다. 나지도 않고 멸하지도 않는다.
다만 번뇌가 가리면 숨고, 지혜가 나타내면 드러난다.
이 법을 지녀서 말하면 묘한 지혜가 절로 나서 번뇌를
보면 헐어버려 법신(法身)이 드러난다."고 했다.

요(了)는 '나타나다'라는 뜻이다.
바른 원인의 성품을 능히 나타낼 수 있다는 것이다.

1단계 주석은 일여의 『법화경과주』를 인용한 것이다. 2단계 주석은 '요인(了因)'을 설명하기 위해, 송나라 자선(子璿)이 지은 『금강경찬요간정기(金剛經纂要刊定記)』의 설명을 인용한 것이다. 뒤에 다시 설명하겠지만 『금강경찬요(金剛經纂要)』는 종밀의 주석으로 『금강경오가해』에 포함되어 있다. 자선의 『금강경찬요간정기』는 종밀의 『금강경찬요』 과문에 따라 다시 주석한 책이다. 3단계의 주석은 언해본의 편집자가 직접 요(了)라는 글자의 뜻을 풀고, 요인(了因)의 뜻을 풀이한 것이다. 언해본의 번역과 주석이 이렇게 자세하고 꼼꼼했다.

『법화경언해』의 꼼꼼한 번역과 주석, 그리고 짜임새 있게 설계된 편집, 그 밑에는 '계환의 읽기'와 '천태종의 읽기'라는 두 이질적인 읽기 사이의 긴장이 담겨 있다. 아울러 독자들로 하여금 이질적인 읽기를 선택하여 읽을 수 있도록 도와주려는 편집자의 의도와 고충이 담겨 있다. 그리고 이런 의도와 배려, 편집의 기술이 언해불전의 진면목이다. 이런 편집, 언뜻 보면 어수선하고 어지럽다. 그러나 편집 규칙을 이해하고, 설계도의 틀을 본다면 용의주도하고 종횡무진한 번역과 주석, 그리고 꽉 짜인 편집의 아름다움을 볼 수 있다.

함허의 사랑,
세종의 발견

무진년 봄, 다시 함허당 신여가 지은 야보, 종경의 말에 대한 『설
의(說誼)』를 얻으니, 상(上)께서 크게 칭찬하시고, 세조에게 명하여
번역하게 하고 친히 고쳐 지으셨다.•

세종이 읽었고, 감탄했고, 칭찬했던 바로 그 책, 함허의 『설의』는
세조의 기억, 세종의 칭찬이 아니더라도 분명 시대를 넘는 명작이다.
불교를 억압한 조선이라는 배경, 20대에 출가하여 불교 책을 읽는 전
통, 어떻게 공부를 했는지 변변한 기록조차 없는 함허, 그런 조건을 염
두에 두자면 더욱 놀랍다. 그 무렵 이런 저술을 남긴 이는 함허가 유일
하다. 세종은 어쩌면 내용은 둘째 치고, 이런 책이 조선 땅에서 조선
사람 손으로 지어졌다는 사실 하나만으로도 흡족하고 감탄했을 것도
같다.

함허의 저술과 세종의 칭찬, 어쩌면 저 기록은 간경도감본 언해
불전의 정체를 해명할 수 있는 가장 결정적인 증거가 될 수도 있다. 전

•　강희맹,『금강경삼가해』발문.

후 기록은 변변치 않아도 함허의 번역과 주석이 온전하게 남아 있기 때문이다. 남은 글을 찬찬히 읽다 보면 세종이 왜 이런 글을 읽었는지, 이런 글 안에서 무엇을 읽었는지, 왜 서둘러 번역하고 주석하여 출간하려고 했는지, 여러 의문에 대한 단서를 찾을 수 있다. 물론 이때만 해도 세종의 목적은 『월인석보』를 보완하자는 것이었다. 하지만 이 두 종의 책에 대한 읽기와 번역은 세종의 죽음과 함께 중단되었다. 경황도 없었겠지만, 무엇보다 어려운 읽기였다. 세조는 번역을 계속하고 세종의 유업을 마무리하기 위해 명나라에서 참고가 될 만한 책들을 수입하기도 했다. 세조도 번역을 끝내지 못했다. 두 책의 번역은 성종 13년(1482)에야 완성할 수 있었다. 34년이 걸렸다.

홍무(洪武) 9년 병진 11월 7일 출생했다.* 어릴 때부터 장난치고 놀 때나 평소의 행동거지가 보통의 아이들과 달랐다. 유년에 성균관에 들어가 매일 수천 마디의 글을 외우니, 어려서나 나이 들어서나 깊이 통달하여 한결같았다. 경전을 외워 바칠 때나 강의할 때는 낭랑한 소리로 당당하게 말했고, 문장을 지을 때는 이치가 깊고 정교하였다. 나오는 말마다 쟁쟁하고 아름다워 금상첨화라는 비유로도 충분하지가 않았다. 사람들이 이르기를 "장차 임금님께 나아가 명령을 받자올 것이니 임금님께 충성하고 백성들에게 도움을 주어 인륜을 다스리는 것이 주공(周公)과 소공(召公)에 부끄럽지 않을 것이다."라고 했다. 나이 스물한 살에 성균관 벗의 죽음을 보고 세상의 덧없음을 깨닫고, 육신이 허깨비로 지어졌다는 것을 관(觀)하여 두 가지 종류의 생사를 벗어나겠다고 서원하였다. (중략)

관악산 의상암에 도착하여 그 스님과 각보(覺寶)라고 하는 다른 늙은 산사람과 함께 뜻을 모아 머리를 깎았다. 이듬해 정축년 이른 봄**에 회암사로 가서 처음으로 왕사(王師) 무학(無學) 묘엄존자(妙嚴尊者)를 뵙고 법요(法要)를 친견했다. 그리고는 스님께 인사를 올리고 물러나와 여러 산을 돌아다니며 절박한 마음으로 열심히 수행했다. 다시 갑신년 중춘(仲春), 회암사(檜嚴寺)로 돌아와 방 안에 홀로 머물며 보고 듣는 것을 끊어버리니 모든 행위와 먹고 쉬는 데 흐트러짐이 없었다.***

함허는 선승이다. 행장을 보더라도 지공(指空)—나옹(懶翁)—무학(無學), 이른바 고려 말 조선 초 선종을 대표하는 삼화상(三和尙)의 계보를 잇고 있다. 예나 지금이나 출가를 했다고 해서 바로 참선 수행을 하지는 않는다. 대개는 일정 기간 강원(講院)에서 경전을 읽으며 수행을 위한 준비 기간을 거치기 마련이다. 함허의 행장은 전형적인 엘리트의 삶으로 시작한다. 그러나 그가 아무리 뛰어난 성균관 엘리트였다고 해도 불교 책을 단박에 좔좔 읽을 수는 없다. 불교 책을 읽기 위해서는 일정한 학습과 훈련을 거쳐야 한다. 불교의 읽기는 뭐니 뭐니 해도 논란(論難)이 핵심이다. 오랜 논란의 역사, 쟁점과 방편, 요령과 기술이 있다. 방편과 기술을 다루는 종파의 전통도 있고, 강사들의 법맥(法脈)도 있다. 이런저런 배경을 모르면 낯설고 어려울 수밖에 없다.

●   홍무(洪武) 9년 병진: 고려 우왕(禑王) 2년(1376).
●●   정축년: 조선 태조 6년(1397).
●●●   야부(埜夫), 「함허당 득통화상행장」, 『봉선사본말사지』, 「현등사지」.

뒤에 함허가 지은 저술을 살펴보면, 함허가 불교 주석의 전통이나 선종 어록의 전통에 대해서도 깊고 넓은 지식을 갖추고 있었다는 사실을 짐작할 수 있다. 하지만 함허가 어디서 누구로부터 그런 전통을 배우고 익혔는지 남은 기록은 없다. 그러다 문득 병술년 여름(태종 6년. 1406), 대승사(大乘寺)에서 『반야경(般若經)』을 강연했다는 기록이 나온다. 여기서 『반야경』은 『금강경』을 가리킨다. 이 경전의 강연, 아마도 함허의 삶에서 가장 눈에 띄는 사건이라 하겠다.* 함허의 대표작으로 손꼽히는 『금강경오가해설의』가 강연을 통해 얻어진 결과물이었기 때문이다.

함허라는 인물, 무학으로부터 가르침을 받았다지만 잠깐 인사나 드리는 정도였다니 그다지 주목받던 인물은 아니었던 것 같다. 당시로서는 출가도 늦었고 공부도 늦었다. 환암처럼 어딜 가나 빛이 나던 스타일도 아니었던 모양이다. 그래서 『설의』라는 저술, 읽고 쓰는 스타일, 그리고 이를 발견했던 세종의 안목이 더욱 돋보인다. 함허는 대자암(大慈菴)이라는 왕실의 원찰에서, 왕실과 인연을 맺기 시작했다. 세종의 발견, 왕실의 도움이 아니었다면 함허라는 인물도 그렇고, 『설의』라는 저술, 그의 읽고 쓰는 스타일도 묻히고 잊혔을지 모른다. 그만큼 세종의 발견과 안목이 중요했다는 뜻이다. 함허는 『금강경오가해설의』 외에도 여러 편의 저술을 남겼다. 이런 글을 쓰고 남겼다는 사실도 특별하지만, 그 안에 담긴 읽기의 면모는 더욱 의미가 각별하다.

세조의 기억에 따르면 간경도감본 언해불전은 세종의 일이었고,

---

* 그의 행장에 따르면, 그는 태종 6년(1406)부터 4년 동안 『반야경』을 세 차례 강연했고, 태종 17년(1417) 두 철에 걸쳐 『오가해』를 세 차례 강연했다고 한다.

함허의 저술

저술	권수	비고
원각경소(圓覺經疏)	3권	원각경설의
금강경오가해설의	1권	혹 2권
금강경륜관(金剛經綸貫)	1권	
반야참문(般若懺文)	2질	실전(失傳)
선종영가집설의(禪宗永嘉集說誼)	2권	
현정론(顯正論)	1권	
어록(語錄)	1권	함허당득통화상어록

야부(埜夫),「함허당 득통화상행장」등의 기록을 바탕으로 정리.

세종의 유업이었다. 그러나 세조의 기억이나 의도가 어쨌든 이 일은
역시 세조가 주도하고 혜각존자 신미가 이끌었던 일이다. 기록에는
의정부 대신과 집현전 학사들의 이름이 남았지만, 세조의 역장(譯場)에
서 역주(譯主)는 세조 자신이었고, 신미는 증의(證義)였다. 신미의 사람
들, 친동생 김수온, 수족 같은 제자 학열과 학조 등의 이름이 간간 등
장하긴 하지만, 이외에도 숱한 불교 엘리트들이 번역과 주석, 편집에
참여했을 것이다.

　이 일, 불교 책의 번역과 주석은『석보상절』과『월인석보』에서 시
작했다. 그러나 간경도감본 언해불전의 번역과 편집은『석보상절』이
나『월인석보』의 경우와는 질적인 차이가 난다.『석보상절』이나『월인
석보』는『석가보(釋迦譜)』라는 기존 책에 의지하여 추진했던 단발성 일
이었다. 석가모니의 전기와 기록만 있다면 어려울 것도 없다.

하지만 『능엄경』이나 『법화경』 같은 경전의 주석은 사정이 다르다. 불교의 오랜 문헌주석의 역사와 전통을 조감할 수 있는 안목과 설계가 있어야 한다. 예를 들어 간경도감본 언해불전은 의천이 실험하고 복원했던 고려 문헌주석의 전통과 뚜렷한 상관관계를 갖고 있다. 『선종영가집언해』의 과문은 의천의 스승, 송나라 정원의 작품이다. 『반야심경언해』는 정원의 사형 중희의 주석과 설계를 따랐다. 『법화경언해』에도 정원의 숨결이 닿아 있다. 『금강경오가해』 또한 정원의 스승 자선이 지은 『금강경간정기』와 연관을 갖고 있다. 게다가 간경도감에서는 의천이 출간했던 교장(敎藏)의 주석서 수십 종을 출간하기도 했다. 의천 사후 의천의 영향력이 빠르게 사라졌다고는 하나, 천태종의 영향력은 아직도 남아 있었고, 교장과 주석의 전통 또한 미미하나마 면면히 이어지고 있었다. 그리고 그런 전통을 이어온 불교 엘리트, 그 시대 주석의 고수들이 다수 번역과 주석에 참여했을 것이다.

세종이 두 아들과 함께 읽고 번역했다는 '야보와 종경의 말에 대한 『설의』와 『남명계송』'은 난해하기로 이름난 선종 문헌이다. 세종과 세조가 모두 번역에 어려움을 겪었다고 한다. 문헌 자체의 어려움도 있었겠지만, 이런 글을 시원하게 읽어줄 사람들이 그만큼 적었다는 뜻이기도 하다. 그런데 간경도감의 언해를 이끌었다는 신미의 정체가 미스터리로 남아 있다. 세조가 일으켰던 피바람, 계유정란 이후로 신미는 조선 선비들이 찍은 공공의 적이었다. '찢어 죽여야 할 요승', 그런 기록 외에 남아 있는 게 거의 없다. 번역을 실제로 이끌었다지만 자신의 저술이 남아 있지 않으니 지적, 사상적 면모 또한 상상하기 힘들다.

언해불전에는 언해에 참여했다는 사람들의 이름이 길게 기록되어 있다. 대군을 위시하여 당대를 대표하는 문신들의 이름이다. 기록의 형식은 대각국사 의천의 교장(敎藏)을 닮았다. 요즘으로 치자면 영화가 끝난 뒤에 흐르는 크레디트(credit) 화면과도 같다. 하지만 당대 문신들이 아무리 천재였다고 하더라도 이런 번역과 편집을 그들의 힘만으로는 절대로 할 수 없다. 불교 문헌주석에 정통한 전문가들이 아니라면 대상 문헌을 선택하는 일로부터 번역과 주석, 어느 것 하나도 제대로 하기 힘든 일이기 때문이다. 게다가 동서고금에 유례를 찾기 힘든 아름다운 언해불전, 분명 전통에 익숙한 학승들이 이끌었을 것이다. 하지만 그런 기록은 없다. 이런 번역, 이런 편집, 어쨌거나 불교 문헌주석의 전통으로부터 실마리를 찾아야 한다.

다음 쪽 도표는 남아 전하는 함허의 저술을 바탕으로 간경도감본 언해불전과의 관계를 그려본 것이다. 푸른색으로 표시한 세 종류의 책은 함허의 설의가 직접 계기가 되었고, 이것을 바탕으로 번역하고 편집한 것이다. 나머지 책도 대개 함허가 즐겨 읽고 가르치던 책이다. 세조의 추억도 세종의 칭찬도 함허의 저술을 빼놓고는 그림이 그려지지 않는다. 그 뒤에 숨은 불교 문헌주석과 선종 어록의 전통, 그리고 그런 전통을 이어온 숨은 엘리트들의 존재를 전제하지 않고서는 이해도 설명도 되지 않는다.

이제 스님이 제목 아래에 동그라미 하나를 그렸는데 그 뜻이 어떠한가? 글자에 나아가 글자를 떠난 소식을 잡아내었다. 하다가 이런 글자를 떠난 소식일진대, 따지고 의론(議論)하여 얻겠는가? 헤아려 얻겠는가? (중략)
중생과 부처가 근원(根源)이 한가지인, 미묘한 체(體)에는 물(物)이 없다. 삼세(三世)의 모든 부처도 벗어나지 못하고, 역대의 조사(祖

	간경도감본 언해불전	함허의 저술, 함허와의 관계
1462	『능엄경언해(楞嚴經諺解)』	
1463	『법화경언해(法華經諺解)』	법화경제(法華經題) ●
1464	『선종영가집언해(禪宗永嘉集諺解)』	함허 설의
	『아미타경언해(阿彌陀經諺解)』	미타찬(彌陀讚), 안양찬(安養讚), 아미타경찬(阿彌陀經讚): 언해본 편집과는 무관
	『금강경언해(金剛經諺解)』	금강경오가해설의
	『반야심경언해(般若心經諺解)』	
1465	『원각경언해(圓覺經諺解)』	함허 설의, 원각경제(圓覺經題): 언해본 편집과는 무관
1467	『목우자수심결언해(牧牛子修心訣諺解)』	
	『사법어언해(四法語諺解)』	
1482	『남명집언해(南明集諺解)』	영가현각, 선종영가집과의 관계
	『금강경삼가해(金剛經三家解)』	금강경오가해설의

師)도 벗어나지 못하며, 천하의 늙은 화상(和尙)도 벗어나지 못한다. (중략)

더럽고 깨끗한 모든 법(法)이 하나도 이 동그라미 밖으로 벗어나지 못하니, 선(禪)에서는 최초의 한 구절이라 하고, 교(教)에서는 가장 청정(淸淨)한 법계(法界)라고 한다. 선비는 모도잡은 체(體)의 한 대극(大極)이라 하고, 노자(老子)는 천하의 어미라고 한다. 실제로는 모두 이것을 가리킨다. ●●

『금강경오가해』에서 야보는 '금강반야바라밀경'이라는 제목 아래에 일원상(一圓相), 동그라미 하나를 그려 넣었다. 이런 것이 야보 스타일의 주석, 선종(禪宗) 스타일의 소통이다. 함허는 동그라미 아래에 제법 길고 자세한 설의를 달아 넣었다. 동그라미를 읽는 전통과 방편이다. 함허는 글자를 떠난 소식이라고 했다. 글자를 떠난 소식을 표현하고 소통하는 방식이라고 했다. 선종의 희한한 소통 방식, 동그라미 전통은 당나라 혜충(慧忠)이 시작했다고 한다. 고려 때 출간했던 『종문원상집(宗門圓相集)』이란 책이 있다.••• 신라의 순지(順之)가 당나라 앙산(仰山)으로부터 배워온 동그라미의 비결로부터 시작하여, 동그라미에 얽힌 전통을 자세히 그리고 있다. 이 책에는 170여 개의 동그라미가 담겨 있다.

제목 아래에 달린 야보의 동그라미, 선종 스타일의 소통을 이해할 수 없다면 더 이상 이 책을 읽을 수도 책장을 넘길 수도 없다. 함허는 동그라미에 도전했고, 알아들을 수 있는 말로 정리했다. 이런 것이 조선의 선사, 함허의 스타일이다. 함허의 글이 갖는 강점이다. 하지만 선사들은 구구한 말, 자세한 설명, 이런 소통을 좋아하지 않는다. 코웃음을 치기도 하고, 악 소리를 지르기도 하고, 몽둥이를 휘두르기도 한다. 선사들의 소통, 그래서 의심은 깊어가지만, 점점 더 낯설고 멀어져간다. 함허는 일원상의 소통, 선사들의 소통에 도전했다. 말과 글자를

• 「법화경제(法華經題)」: 『함허어록』에 들어 있는 글로 『법화경』의 요지를 각 품(品)의 제목에 맞추어 칠언절구의 시로 요약한 것이다. 그 아래 「원각경제(圓覺經題)」나 『아미타경』에 대한 찬문(讚文)도 비슷한 경우. 『함허어록』에는 이런 유형의 글이 다수 남아 있다. 경전의 요지를 시로 요약하여 강연과 교육에 활용했다는 뜻이다.

•• 함허, 『금강경삼가해』. '선비'는 유(儒)의 번역이다. 함허는 유교의 주장을 통체일태극(通體一太極)으로, 도교의 주장을 천하모(天下母)로 읽고 있다.

••• 지겸(支謙), 『종문원상집(宗門圓相集)』(보물 제888호).

떠난 소식이라지만, 함허는 말과 글자로 그 소식에 맞섰다.

말을 떠난 소식이라지만, 선종의 초조라는 달마로부터 선사들은 숱한 소통의 기록을 남겼다. 어록(語錄), 대개는 입으로 주고받은 이야기들을 글자로 기록한 것이다. 당나라의 종밀은 당시에 유통하던 어록을 모두 수집하여 100권의 『선원제전집(禪源諸詮集)』으로 묶어 유통했다. 이 책은 당말오대의 난리 통에 없어졌고, 그 서문만이 『도서(都序)』라는 이름으로 남아 전한다. 우리나라에서도 불교 강원의 교과목으로 사용하고 있을 정도로 오랫동안 널리 유통하던 글이다. 아무튼 이로부터 이른바 선장(禪藏)*의 전통이 시작되었다. 선종의 어록을 집성하여 유통하는 전통이다. 양으로만 따져도 대장경의 양을 훌쩍 넘을 정도다. 이런 것이 또한 말을 떠난 소식, 그런 소식을 둔 선사들의 소통이다. 앙산의 동그라미 하나가 야보의 동그라미를 거쳐 170여 개의 동그라미로 변주되는 소식이고 소통이다. 이런 소식, 이런 소통, 아무튼 쉽지 못하다.

『금강경삼가해』는 그래서 더욱 희한하다. 함허의 말솜씨는 과연 자유롭고 현란하다. 그가 인용하는 당나라와 송나라의 어록, 그 폭은 상상 이상으로 넓고 깊다. 어록의 전통, 선사들의 말투를 따르는가 싶다가도 말을 돌이켜 친절하고 자세한 설명을 남긴다. 함허의 설명은 지적이고 논리적이다. 그의 말은 선종 전통에 익숙하지 않은 독자들에게도 쉽게 통한다. 생판 모르는 자들에게도 말문과 말귀를 열어준다. 그런 말투는 오히려 친절한 주석가들을 닮았다. 그래서 마치 선(禪)

---

* 종밀의 『선원제전집(禪源諸詮集)』을 선장(禪藏)이라 부르기도 한다. 의천의 교장(敎藏)은 선장에 대응하여 주석서의 전통을 집성한 것이다.

과 교(敎) 사이에서 줄타기를 하는 듯한 짜릿함까지 느끼게 해준다.

게다가 그런 글을 15세기 우리말로 번역하고 주석했다. 요즘 우리나라의 선사들은 아직도 당송의 선사, 한문 어록의 말투에 집착한다. 말이 어렵고 말투가 낯서니 소통은 멀어질 수밖에 없다. 말을 떠난 소식이라지만, 소통이 없으면 소식도 없다. 이에 비해 15세기 조선의 선사들, 우리말을 쓰는 솜씨가 예사롭지 않다. 선사들의 어록은 모름지기 이래야 한다. 자기 나라, 자기 동네의 말, 읽지도 못하고 배우지도 못한 천한 자들도 쉽게 알아들을 수 있는 말이어야 한다. 그런 것이 촌동네 사투리, 속어와 속담이 난무하는 어록의 전통이다. 함허의 말투가 그랬다.

『금강경오가해설의』,
조선의 희한한 책

우리들이 천 년 뒤에 태어나, 만나기 어려운 보배를 만나, 손으로
잡고 눈으로 보니, 다행하기가 이보다 큰 게 없다. 이로써 불조^佛
^祖의 남은 빛을 펼 수 있고, 이로써 임금과 나라의 큰 복을 길게
할 수 있으리라. 그러나 이 편집이 어떤 사람의 손에서 나왔길래,
그 이름을 드러내지 않았는가? 내가 일불^{一佛} 오조^{五祖}의 마음
을 한 번 옮겨 곧 보게 함을 기뻐한다.
한 축^軸 안에 부처의 등불과 조사의 불꽃이, 빛이 섞이며 서로 비
추어, 한 번 옮겨 불조^{佛祖}의 마음을 곧 볼 수 있으리니, 이것이
기뻐하는 까닭이다.[•]

함허는 『금강경오가해』라는 책을 읽었고, 『설의』라는 글을 지었
다. 나중에 그것을 묶어 엮은 책이 『금강경오가해설의』다. 함허는 그
책의 서문에 저 같은 찬탄을 담았다. 『금강경오가해』는 『금강경』과 이
에 대한 다섯 사람의 주석을 나란히 편집한 책이다. 형식은 역시 '주어

•   함허, 『금강경오가해설의』 서, 『금강경삼가해』 권1 (보물 제772-3호).

『금강경오가해』의 편집

오가	저자	서명	권수
1가	부흡(傅弘, 497~569)	『부대사송금강경(傅大士頌金剛經)』	1권

부흡은 양무제가 『금강경』 강연을 청하자 49개의 노래를 지어주고 갔다고 한다. 노래가 절묘하여 미륵보살이 화현하여 부른 노래라고 했다.

| 2가 | 혜능(慧能, 638~713) | 『금강경해의(金剛經解義)』 | 2권 |
| | | 『금강경구결(金剛經口訣)』 | 1권 |

선종의 육조 혜능이 지은 해의(解義)와 구결(口訣). 우리나라에서 특히 『금강경』을 애독한 데는 『금강경』 구절에서 오도했다는 육조의 영향이 크다.

| 3가 | 종밀(宗密, 780~841) | 『금강반야경소론찬요(金剛般若經疏論纂要)』 | 2권 |

종밀이 4~5세기 인도의 무착(無着)과 천친(天親)이 지은 논(論)에 의지하고, 당시 유통하던 주석서들을 참고하여 요약한 주석서. 천친은 『금강경』을 27개의 의심으로 해석한다. 종밀은 천친의 논(論)을 바탕으로 『금강경』의 과문을 정하고, 무착의 해석을 참고하여 『찬요』를 지었다고 한다. 현존하는 『찬요』와 과문은 대개 송나라 자선(子璿)이 교정한 것이다. 자선은 아울러 찬요에 대해 『간정기(刊定記)』를 지어 보완했는데, 우리나라에서도 널리 유통했다.

| | | 『금강반야경소론찬요과(金剛般若經疏論纂要科)』 | 1권 |

현재 유통하는 과문은 자선이 수정한 것이다.

| 4가 | 야보(冶父) | 『천로금강경(川老金剛經)』 | 3권 |

야보 도천(道川)은 남송(南宋) 임제종(臨濟宗)의 선승이다. 『금강경』 구절에 맞춰 노래를 지어 강연을 했는데, 『금강경주(金剛經註)』, 또는 『천로금강경(川老金剛經)』이란 이름으로 널리 유행했다.

| 5가 | 종경(宗鏡) | 『제송강요(提頌綱要)』 | 9권 |

종경은 송나라의 선승(禪僧)으로 남아 있는 기록은 거의 없다. 명나라 조동종(曹洞宗)의 선승, 각련(覺連)이 편집한 『소석금강경과의회요주해(銷釋金剛經科儀會要註解)』 9권이 전한다. 『금강경오가해』에는 이 중에서 경전의 핵심을 노래로 지어 부른 부분이 『제송강요』라는 이름으로 함께 편집되어 있다.

소명태자(昭明太子, 501~531)　　소명태자(昭明太子) 32분(分)의 분과(分科)
소명태자는 양무제(梁武帝)의 아들로 『금강경』을 32분(分)으로 나누고, 각 분에 네 글자로 된 제목을 붙였다. 이 분류법은 특히 널리 유행하여, 『금강경』의 일부처럼 함께 편집, 독송되었다. 『금강경오가해』는 경문은 32분에 따라 편집하고, 주석문은 천친의 27의(疑)에 따른 규봉의 과문을 따라 편집하고 있다. 이중 구조가 얽혀 있다는 뜻이다. 게다가 오가(五家)의 주석이 또한 각각 개성을 지닌 까닭에 편집 순서가 꽤 복잡하다.

경하(注於經下)', 『금강경』의 본문 아래에 주석을 나란히 편집했다.

앞의 표에서 알 수 있듯 『금강경오가해』는 이렇게 복잡한 책이다. 1,500년 전부터 이어온 전통이 한 권에 집대성되어 있다. 함허의 표현을 빌리면, "한 부처에 다섯 조사의 마음"을 나란히 편집한 책이다. 똑같은 글을 다섯 조사가 각기 서로 다르게 읽은 기록이다. 다섯 조사의 읽기이고 사랑이다. 이를 나란히 편집한 까닭은 나란히 읽으라는 뜻이다. 이런 형태의 편집은 유별난 형식은 아니었다. 예를 들어 명나라 때 나온 『금강경주해(金剛經註解)』라는 책에는 53가(家)의 주석이 나란히 편집되어 있다. 천태(天台)와 달마(達磨)로부터 어지간한 선사들의 이름으로 꽉 차 있다. 당나라 현종을 위시하여 일반 학자들의 주석도 제법 된다.

이 경(經) 새긴 이는 팔백 남은 집이요, 이 경 송(頌)하는 이는 헤아릴 수도 없으니*

송나라 사람 종경(宗鏡)의 표현이다. 이때 이미 『금강경』에 주석을 단 사람이 800명이 넘었다는 말이다. 그만큼 연구도 치밀했고, 대중적인 인기도 높았다. 그래서 이런 유형의 편집은 요즘으로 치면 유행가 메들리랄까, 취향대로 골라서 편집한 메들리, 딱 그런 식이다. 무심하게 들어 넘기는 메들리 편집에서도 명품이 나오고 베스트셀러도 나온다. 『금강경』이 그랬다. 당대의 글깨나 읽고 쓰던 쟁쟁한 이름들을 골라서 나란히 읽는 재미, 말하자면 『금강경오가해』도 그런 명품 메들리

---

* 　종경(宗鏡), 「제송강요(提頌綱要) 후서(後序)」, 『금강경삼가해』 권5.

348

중의 하나였다.

그런데『금강경오가해』는 우리나라에서만 인기를 끌었던 독특한 메들리, 독특한 편집이었다. 그래서 이 편집이 우리 불교의 성격을 담은 우리 고유의 편집이라는 주장도 있다. 그만큼 우리나라 불교 전통에 깊이 뿌리내린, 우리 스타일의 편집이었던 것이다. 하지만 함허의 말대로 이름도 없고 증거도 없다. 하기야 이름이 없는 것도 우리의 오랜 전통이기는 했다.『금강경오가해』의 편집에 관한 기록은 아무것도 남은 것이 없다.

함허는 이 책을 무슨 비결이나 비급처럼 대한다. '한 번 옮기다'라는 말은 일전(一轉)을 번역한 것이다. 책을 펴는 일이고 글을 읽는 일이다. 한 번 옮기고 한 번 굴리면 한 부처, 다섯 조사의 마음을 한 번에 바로 볼 수 있다. 이 책 하나면 '끝'이다. 이런 것도 편집의 힘이다. 함허는 서문의 구절에 협주를 달아 최상의 찬사를 바치고 있다.

한 축 안에 부처의 등불과 조사의 불꽃이, 빛이 섞이며, 서로 비추어**

함허의 찬사는『금강경오가해』의 편집자에게 바치는 것이다. 내용도 내용이지만 선택의 중요성을 강조하는 말이기도 하다. 이런 것도 함허라는 인물의 안목이다. 등불과 불꽃은 부처와 조사의 것이지만, 섞이고 비추게 하는 것은 편집자의 일이다. 세상에 주석도 많고 주석가도 많지만, 편집 형식을 저렇게 극찬하는 사람, 정말로 흔치 않다.

** 함허, 위의 글.

실제 간경도감본 언해불전의 편집 형식을 돌이켜 보면, 이 한 마디, 더 이상의 말이 필요 없다는 생각이 든다. 편집의 기술-읽기의 기술-사랑의 기술, 불교 책을 읽는 일이 이렇게 얽힌다. 앞에서 종희의 『반야심경소현정기』의 편집 모델을 소개했지만, 『금강경오가해』의 편집, 함허의 찬사는 또 다른 모델이다. 한 축 안에 다른 빛을 나란히 편집하여, 서로 섞이고 서로 비추도록 도와주는 일이다. 『금강경오가해』도, 간경도감본 언해불전도 그렇게 읽어야 한다. 그래야 쉽다.

한편 억불의 조선, 이단의 임금, 몸은 고단하고 마음은 급한데 한 번 옮겨 알 수 있는 비결이 필요했을 법도 했겠다. 노래를 잘 고르고 순서대로 잘 편집하면, 테이프 하나로도 늘 즐거울 수 있다. 번잡한 컬렉션도 필요 없고, 대장경도 필요 없다. 유행가 메들리를 향한 사랑에 변함이 없는 이유다. 이런 것도 스타일이다. 한 번에 싹, 조선 스타일.

함허는 희한한 책, 『금강경오가해』를 읽었고, 그 희한한 편집에 감탄했다. 그런 편집 덕에 한 부처 다섯 조사의 마음을 알았고, 그래서 이 책을 제자들과 함께 꾸준히 읽었다. 그래서 나온 결과물이 『설의』다.

종밀의 주석, 『금강반야경소론찬요』는 쉽게 읽을 수 있는 주석서가 아니다. 첫째, '찬요(纂要)'라는 제목으로 짐작할 수 있듯이, 의미가 압축되어 있다. 주석의 전통, 종밀의 스타일에 익숙하지 않은 사람에겐 너무 간결하고 비약도 많다. 둘째, 『금강반야경소론찬요』는 무착(無着, 310~390)과 천친(天親, 400~480), 인도 간다라 출신의 두 논사(論師)가 지은 논(論)을 바탕으로 펴낸 것이다. 종밀의 『찬요』는 『금강경』에 대한 주석인 동시에 두 논사의 논에 대한 주석이기도 하다.* 두 논사는 인도의 대승불교, 특히 유가행파(瑜伽行派)라는 학파를 열었고, 중국 대승불교에 결정적인 영향을 주어, 보살(菩薩)이란 최고의 호칭을 얻은 인물들이다. 『금강경』이라는 경전의 난이도는 미뤄두고라도, 이들이 지은 논서, 이에 대한 주석, 인도와 중국의 사상에 대한 지식과 이해가 없으면 따라 읽기 어렵다.

　종밀의 『찬요』가 어렵다고는 해도, 그래도 여기까지는 전통적인 불교 문헌주석의 형식을 따르고 있다. 앞에서 설명한 『법화경』이나 『원각경』의 사례에 비추어 보면 크게 희한할 것도, 유난히 어려울 것도 없다. 논술의 달인, 주석의 고수 종밀이 워낙 정리를 잘해놓았기 때문에 오독이나 오해의 여지가 거의 없다. 주석의 전통과 형식에 익숙해지기만 하면 오히려 쉽게 읽을 수 있는 글이다. 게다가 『찬요』에 대해 다시 주석을 달아놓은 자선의 『간정기(刊定記)』도 참고할 수 있었기 때문에, 길을 잃고 헤맬 위험은 그만큼 적었다. 『금강경오가해』라는 책의 진짜 난관은 '야보와 종경의 말'이다. 그중에서도 야보의 착어(着語)와 송(頌)**은 말 그대로 답이 없다. 언어도단(言語道斷) 심행처멸(心行處滅), 이런 자리, 이런 순간을 다시 말로 표현하는 선(禪)의 노래이기 때문이다.

　야보의 노래를 읽으면 막막하더라도, 함허의 사족을 읽으면 그런대로 숨통이 트인다. 이런 것도 읽기의 기술이고 사랑의 기술이다. 예를 들어 요리책을 읽는 일에는 맛이 없다. 맛이 없으니 의미도 없다.

---

* 　무착이 먼저 80행의 노래를 지어 천친에게 주었고, 천친은 여기에 산문으로 주석을 달아 3권의 『금강반야경론』을 지었다. 무착은 뒤에 다시 2권의 『금강반야론』을 지었다.
** 　야보의 글은 전형적인 선(禪)의 어법을 따르고 있다. 『금강경』의 구절 아래 먼저 송(頌), 짤막한 노래를 달아준다. 노래만으로는 뭔가 찜찜한 게 남았는지, 그 아래 착어(着語), 짧은 평(評), 말하자면 코멘트를 달아준다. 이런 것이 이른바 선종(禪宗) 어법이고 선사들의 해(解)였다.

요리책은 물론 음식을 만드는 요령과 기술을 담은 책이다. 종이접기 모델과도 비슷하다. 음식은 만들어 나눠 먹어야 맛이고, 종이도 접는 재미다. 그러나 요리책도 종이접기 모델도 즐겨 읽다 보면 나름 맛이 있다. 그러다 보면 사랑의 요령과 기술이 늘어간다. 함허의 설의가 사족이라지만, 나름 재미도 있고, 요령과 기술도 있다. 함허의 사족을 읽으면 낯선 사람도 숨통이 트인다. 이런 것이 함허의, 설의의 매력이다. 모르긴 몰라도 세종 또한 이런 느낌, 이런 맛에 반했을 것이다.

의미와
의도의 긴장,
함께 읽는
기술

『금강경오가해』는 다섯 조사(祖師)의 글을 함께 편집한 책이다. 경문을 32분(分)의 분과로 나누고, 종밀이 만든 과목의 순서대로 편집이 이루어졌다. 그러나 형식도 내용도 서로 다른 책을 쪼개어 함께 편집하는 데는 역시 무리가 따른다. 그래서 그런지 『금강경오가해』를 순서대로 읽다 보면 간혹 순서가 헷갈리고 어리둥절하게 만드는 구절들이 섞여 나오기도 한다. 아래는 그중에서도 유명한 구절이다.

이 소(疏)는 본래 경전을 주석하는 사람들을 위하여 그 과단(科段)을 보여준 것이다. 비록 차례대로 과경(科經)을 하였지만, 차례대로 문장을 새기지는 않았다. 다만 어려운 부분을 따라 간략하게 절목(節目)을 들어주었을 뿐이다. 또한 (금강경의) 의의(義意)를 갖추어 설명하지는 않았다. 의의란 모두 전해주는 자의 구결(口訣)에 있으니, 소(疏) 안에 있지 않다. 다만 소(疏)를 새기는 것으로 강연을 하지 말라. 강연을 하는 사람은 모름지기 처음부터 끝까지 차례대로, 심오한 의의(義意)에 의지해 경전의 문장을 새겨야 한다. 어려운 자리에서는 곧 소에 의지하되, 쉬운 곳에서는 곧바로 설하도록 하라.

→ 처음 제목을 새기는 글 가운데, "이 소는 본래 경전을 주석하는 사람들을 위하여"에서부터 "곧바로 설하도록 하라"는 다섯 줄의 글은 모르긴 해도 규봉(圭峯)이 한 말은 아니고 편집자의 말인 것 같다.•

이 구절은 종밀의 『찬요』에서 『금강경』의 제목을 설명하는 부분 아래에 들어 있다. 이 뒤로는 본격적인 경문의 주석이 이어진다. 『금강경오가해』에서 이 구절은 한 글자 정도를 내려서 편집되어 있다. 별다른 설명은 없지만 『찬요』의 글과는 쉽게 구별할 수 있다. 글을 읽으면 어쨌거나 위아래 문맥과 아무런 상관이 없다는 사실을 알 수 있다. 설명도 없이 『금강경오가해』에 끼어든 구절, 함허는 권말에 붙인 결의(決疑)에서 이 구절이 종밀의 말이 아니고 편집자의 말이라고 했다. '결의'라는 말은 의심을 푼다는 뜻이니, 이 구절 또한 오랜 의심의 대상이었다는 사실을 짐작할 수 있다.

앞의 '이 소(疏)'는 종밀의 『금강반야경소론찬요』를 가리킨다. 종밀의 주석은 본래부터 '경전을 주석하는 사람들'을 위한 것이었다. 이에 대해 이 구절은 '강연을 하는 사람'을 향한다. 경전을 주석하고 강연을 하고, 모두가 경전을 함께 읽는 전통에서 나온 말이다. 함께 읽는 일에는 읽기를 이끄는 강주(講主)나 좌주(座主)의 역할이 중요하다. '읽

• 『금강경오가해』. 굵은 글씨로 구별한 부분은 함허가 권말에 붙인 결의(決疑)다.

기의 기술'이 있고, '읽기의 가이드라인'이 있다. 물론 읽기의 기술과 읽기의 가이드라인은 특정한 사랑의 기술, 사랑의 가이드라인을 바탕에 깔고 있다. 의심스럽고 이상해 보이던 이 구절은 당시 『금강경』을 읽던 방식을 증거하는 소중한 단서가 된다.

저 구절에 따르면 종밀의 『찬요』는 '주석하는 사람들을 위해' 과문을 정리하여 들어준, 말하자면 참고서다. 실제 종밀의 『찬요』는 그다지 친절한 글이 아니다. 『원각경언해』에서 보는 것과 같은 본격적인 수문(隨文), 문장을 따라 시종일관 친절하고 자세하게 설명해가는 방식과는 아주 다르다.

『원각경』을 주석한 종밀이나 『화엄경』을 주석한 징관, 이들의 읽기는 독자를 압도한다. 글의 형식과 내용이 워낙 완성도가 높기 때문이다. 『원각경언해』와 같은 글, 종밀의 『원각경약소』와 『원각경약소초』를 따라 읽는 일, 독자에게는 선택의 여지가 별로 없다. 그저 설계된 대로, 시키는 대로 따라 읽는 도리밖에 없다. 고난도의 종이접기, 따라 접고, 따라 사랑하고, 그 결과를 즐기면 된다. 하지만 독자를 압도하는 주석, 친절하고 고맙기는 해도 취향에 따라서는 지겹고 따분하기도 하다. 비판적이고 주체적인 읽기를 가로막기 때문이다. 종밀의 주석만 해도 1,200년 전의 글이다. 오늘날의 독자들도 똑같이 그의 주석을 따라 『원각경』을 읽는다. 이 정도가 되면 그렇게 읽는 『원각경』은 사실 『원각경』이 아니다. 종밀의 눈, 종밀의 권위가 오히려 『원각경』의 글조차 압도한다. 사람들은 점점 『원각경』의 원문을 따로 읽기가 두려워진다. 홀로 읽고 홀로 살피고 홀로 사랑하는 기량은 도리어 점점 무뎌진다. 굶는 부처, 피골이 상접한 싯다르타가 하던 사랑은 따라 하던 접기, 따라 하던 사랑이 아니었다. 따라 접고 따라 사랑하는 까닭은 스스로 사랑할 기술과 능력을 키워가라는 뜻이다.

강연을 하는 자는 모름지기 처음부터 끝까지 차례대로, 심오한 의의(義意)에 의지해 경전의 문장을 새겨야 한다.

저 구절의 의심과 경고, 의의(義意)라는 말 안에 고스란히 녹아 있다. 보림사 사천왕상의 복장에서 나온『금강경오가해』, 그 행간에는 의의(義意)에 대한 노트가 쓰여 있다.

方便隨宜曰義 引入行慧曰意
방편으로 조건을 따라가는 것을 의(義)라 하고, 행(行)과 혜(慧)로 이끌어 들이는 것을 의(意)라 한다.°

수의(隨宜)는 듣는 사람의 조건이나 능력에 맞춘다는 뜻이다. 부처의 설법이 때와 장소, 사람에 맞추어 이뤄졌다는 뜻이다. 그렇게 조건에 맞추어 이뤄지는 수의의 방편, 말과 가르침은 의(義)를 따라 이뤄진다. 말하자면 의미의 맥락이다. 글을 읽는 독자의 입장에서는 그런 의미의 맥락을 따라가야 한다. 이에 비해 의(意)는 말과 가르침의 의도이고 목적이다. 듣고 읽는 사람을 행동으로, 지혜로 이끌어가려는 의도를 나타낸다.

의의(義意)란 모두 전해 주는 자의 구결(口訣)에 있으니, 소(疏) 안에

● 　『금강경오가해』권상(전남 유형문화재 제205호).

356

있지 않다.

저 편집자는『금강경오가해』와『찬요』를 따라『금강경』을 읽고 강연하는 원칙과 요령을 조언하고 있다. 저마다 목적이 다르고 방법이 다르다. 읽고 새기는 원칙은 의미와 의도의 맥락이다. 작게 보면『금강경』의 맥락이고, 크게 보면 '일대시교'의 맥락이다. 그런 맥락을 이끌어가는 것은 강연을 이끄는 자의 구결이다. 의미의 맥락을 이끌고, 의도를 조감하여 수행과 지혜로, 사랑과 아롬으로 이끌어가는 요령이다. 종밀의『찬요』, 그가 제공하는 과단(科段)과 절목(節目)은 의미와 의도의 맥락을 이해하기 위한 수단이다. 그 자체가 경문의 의미와 의도는 아니라는 뜻이다. 수단의 맥락만을 따라 새긴다면 오히려 의미와 의도의 맥락을 잃어버릴 수 있다.

의미와 의도의 맥락,『금강경오가해』의 편집자가 집어넣었다는 저 구절에는 일종의 긴장이 존재한다. 의미와 의도 사이의 긴장이다. 글은 의미를 따라 흐른다. 의미를 따라 설명하고 의미를 따라 읽는다. 그런 것이 말을 하고 듣는, 글을 쓰고 읽는 가장 기본적인 형식이다. 짧고 단순한 글에서는 따라 읽기만 해도 된다. 하지만 글이 길어지고 의미가 중첩되다 보면 의미의 맥락이 헷갈리기 시작한다. 의도의 맥락은 말하자면 피드백이다. 따라 읽는 의미의 맥락을 조정하는 기능이다. 큰 그림과 정교한 그림, 전체의 의도와 의미의 맥락을 오고 가며 글을 따라 읽는 기술이다.

앞서『능엄경』의 사례에서 보았듯, 부처와 아난은 무대 위의 배우들처럼 대중 앞에서 대화를 이끌어간다.『금강경』의 대화도 형식은 똑같다. 불전은 그런 대화를 기록한 시나리오와도 같다. 불전을 읽는 일은 그런 시나리오를 읽는 일과도 같다. 저 편집자가 조언하는 강자(講者)의 역할, 그는 시나리오를 읽으며 무대를 재현하는 연출자다. 무대의 연출자는 의미의 맥락도 의도의 맥락도 알아야 한다. 말과 글의 의미와 의도, 시나리오의 기승전결을 다 알아야 한다. 극의 목적은 감동이다. 비극은 슬픔이고 희극은 즐거움이다. 시나리오의 흐름은 감동을 향해 흐른다. 연출자는 감동의 효과를 극대화하기 위해 흐름을 조절하고 이끌어야 한다. 보림사의 읽기에 따르면, 불교 책의 흐름은 행혜(行慧)를 향해 흐른다. 슬픔이나 즐거움처럼 실천과 지혜의 감동을 주어야 한다. 글을 읽는 사이, 의미와 의도의 긴장, 저 편집자는 그런 읽기를 조언하고 있다. 함께 읽는 일, 함께 읽기의 끝은 함께 아는 일이다. 그렇게 읽고, 그렇게 아는 길이 함께 가는 길이다.

권서자재(卷舒自在),
모로기 말고 펴고

___ 권서자재(卷舒自在)

장상영(張商英),
『불국선사문수지남도찬
(佛國禪師文殊指南圖讚)』.

만화의 말풍선, 굉장히 오래된 전통이다. 긴 시간이 흘렀다지만 사람의 상상은 의외로 닮았다. 불교의 그림에는 다양한 모습의 말풍선이 등장한다. 말풍선이라고는 했지만, 불교의 말풍선은 말보다 훨씬 다양한 표현을 담는다. 예를 들어 마야 부인은 아기가 하늘에서 흰 코끼리를 타고 내려오는 꿈을 꾸고 싯다르타를 임신했다. 그런 태몽도 말풍선으로 표현했다.

앞의 그림은 말하자면 만화판 『화엄경』이다. 『화엄경』「입법계품(入法界品)」은 선재동자라는 아이가 온 천지를 여행하며 쉰세 분의 선지식(善知識)을 만나 대화를 나누는 이야기다. 서양에는 『천로역정』이라는 베스트셀러가 있다. 그래서 서양 학자들, 선재동자 이야기를 처음 듣고는 '불교판 천로역정'이라고 부르기도 했다. 주인공은 똑같이 어린 소년이다. 하지만 선재동자 이야기에는 『천로역정』과 같은 극적인 모험은 없다. 그저 만나서 묻고 대답하는 것이 전부다. 80권 『화엄경』의 삼분의 일이나 되는 분량이다.

그 안에 담긴 55개의 대화는 길고 지루하다. 인간과 세계, 존재와 인식, 수행의 방편 따위의 철학적인 내용뿐이다. 하지만 이런 대화도 읽기에 따라서는 신나는 모험담일 수 있다. 지식과 사상의 모험담, 선재동자 스타일의 모험담. 이 또한 오랫동안 베스트셀러였다. 불교를 떠나 다양한 분야에서 다양한 형식으로 표현되고 유통됐다.

시방(十方)의 부처 경계, 동시에 나토니
만상(萬像)이 별처럼, 모로기 뚜렷해*

앞의 그림은 선재동자가 비목선인이라는 신선을 만나는 장면을 묘사한 것이다. 비목선인은 자리에서 내려와 선재동자의 머리를 쓰다듬고 손을 잡는다. 그리고 그 순간 온 세계 부처의 경계를 한꺼번에 모로기 나토아 보인다. 열 개의 영상이 하나의 말풍선 안에 몽땅 담겼다. 풍선의 꼬리는 비목선인의 정수리에 걸렸다. 그리고 그림 아래에는 권서자재(卷舒自在)라는 설명이 붙어 있다.

그 삑 부톄 밍간 뼉훓샹광을 펴샤 동방 먼밣쳔셍갱를 비취샤 쥬변티 아니혼 딕 업게 ㅎ시니** (언해문)
그때 부처 눈썹 사이의 흰 털로부터 빛을 내어, 동방의 만팔천 세계를 비추어 두루 다하지 않는 곳이 없게 하였다. (현대문)

권(卷)은 둘둘 만다는 뜻이고, 서(舒)는 말린 것을 편다는 뜻이다. 자재(自在)는 자유자재, 말고 펴고, 마음대로 할 수 있다는 뜻이다. 스스로 존재하기 때문에 멋대로 할 수 있다. 부처의 이마에는 길고 흰 털 하나가 있었다고 한다. 평소에는 돌돌 말려 있던 털이 대중들을 위해 가르침을 펼 때면 쭈욱 펴져서 빛을 냈다고 한다. 믿거나 말거나 전설 같은 이야기지만, 이런 이야기 안에도 상상과 비유가 담겼다.

아무튼 이런 전설 같은 이야기로부터, 털을 펴는 것이 가르침을 편다는 비유로 쓰이기 시작했다. 때에 따라 상황에 맞추어 자유자재로 권서하는 가르침, 하나의 말꼬리에서 펼쳐지는 열 가지 부처 이야

- 나토다＝현(現), 드러내다, 나타내다의 뜻. 모로기＝돈(頓), 문득, 순간에라는 뜻. 언해 불전에서 새기던 말, 지금도 스님들이 즐겨 쓰는 오랜 전통의 우리말이다.
- ** 『법화경언해』 권1. 이 구절에 대한 『법화경과주』의 주석에도 권서자재(卷舒自在)라는 말이 들어 있다.

기, 저 그림과 말풍선은 말고 펴는 행위 전체를 그림 하나로 묘사한 것이다.

> 펼치면 구세(九世)를 아우르고, 말면 한순간에 있으니, 이 마는 것은 그대로가 펴는 것이며, 펴는 것은 그대로 마는 것이다. 왜냐하면 동일한 연기(緣起)이기 때문이다. 다른 모습이 없기 때문이다. (중략)
> 글을 읽으면, 구절과 의미에 앞뒤가 있지만, 도장을 찍으면 (구절과 의미가) 동시에 나토아, 동시에 앞뒤의 이치가 서로 어긋나지 않는다.•

화엄종에서는 인간의 시간을 십세(十世)로 나누어 설명한다. 열 가지 시간이다. 열 가지 시간은 구세(九世)와 일세(一世)••로 대응한다. 구세는 삼세(三世)의 연장이다. 과거-현재-미래의 삼세는 불교에서 시간을 이해하고 설명하는 기본 단위다. 구세는 삼세가 겹으로 중첩된 시간이다. 일세 또는 일념은 사람이 시간을 인식하는 하나의 순간이다. 한 순간 안에 과거-현재-미래의 삼세가 모두 담긴다. 시간을 흐름으로 이해하고 논리로 설명하려면 시간에는 순서가 생긴다. 앞과 뒤가 있고, 원인과 결과가 있다. 그래서 순서를 따라 펼치면 구세가 되고 거

• 법장(法藏), 『화엄일승교의분제장(華嚴一乘教義分齊章)』. 도장을 찍는다는 것은 인(印)의 비유이다. 도장을 찍으면 하나의 이미지가 동시에 찍힌다. 하나의 사건을 말로 하고 글로 쓰면 순서를 따를 수밖에 없지만, 도장을 찍듯 하나의 이미지로 한꺼번에 찍을 수도 있다. 특정한 인식과 소통의 방식을 비유한 것이다.
•• 일세(一世)는 보통 일념(一念)이라고 표현한다. 여기서 염(念)은 '짧은 순간'이라는 뜻이다.

꾸로 순서를 따라 말면 하나의 순간이 된다. 예를 들어 죽음을 앞둔 한 사람의 삶, 생로병사의 시간 순서를 따라 회고하고 그릴 수 있겠다. 하지만 자신의 삶 전체를 하나의 순간으로 느끼고 알 수도 있다. 시간을 펼치면 하염없이 추억이 이어지겠지만, 시간을 말면 한 순간의 삶이 된다.

길고 흰 털을 말고 펴고, 이런 신비한 표현도 이렇게 읽고 해독할 수 있다. 포토그래픽 메모리, 기억의 고수들은 하나의 사건을 사진처럼 한 번에 찍어 통으로 기억한다. 언해불전의 말투를 따르면 이런 것이 '생각'이다. 저 시대의 고수들은 하나같이 그런 기억력, 생각의 능력과 기술을 갖춰야 했다. 생각 말고는 지식도 문화도 유통할 수 없었던 시절, 포토그래픽 메모리는 지식인의 필수불가결한 조건이었다. 이런 것이 인(印), 도장찍기의 생각이고 기술이다. 가야산 해인사의 '해인(海印)'도 그런 도장찍기를 비유한 것이다. 하늘의 별들이 고요한 바다의 수면 위에 한꺼번에 이미지로 찍히는 일이다.

인(印), 도장찍기의 기술은 그런 초절정 고수들, 지적 영웅들의 모험담이다. 시방의 부처, 그들의 경계가 그랬고, 비목선인의 경계가 그랬다. 이런 이야기, 신이야 날지 몰라도 신비하고 황당하다. 모르는 중생들, 범인들의 세계를 한참 벗어났다. 비목선인은 선재동자의 머리를 쓰다듬고 손을 잡는다. 가르침과 소통을 비유한다. 도장찍기의 기술을 시현하고 전수하는 장면이다.

도장찍기는 기술이다. 이 기술은 그저 타고난 영웅들의 전유물만은 아니다. 거꾸로 기술을 얻으면 그가 곧 영웅이다. 어린아이, 선재동자도 터득할 수 있는 간단한 기술이다. 펼쳐진 말풍선은 많고 복잡하지만, 말꼬리의 시작은 언제나 같다. 마는 법도 동일하고 펴는 법도 동일하다. 그래서 말고 펴는 법, 알고 보면 간단한 기술이다. 어린아이도 어린 백성도 누구나 배워 쓸 수 있는 보편의 기술이다.

이제 이렇게 손 닦아 집착의 때를 벗기니, 그대가 '권서(卷舒)가 무애(無礙)한 묘수'를 얻었다.[•]

조선시대, 죽은 자에게, 아니 죽어가는 자에게 들려주던 이야기다. 그래서 이 말이 참 흥미롭다. 죽어가는 자는 집착의 때에서 벗어난다. 몸의 때, 몸의 집착이다. 몸이 죽어갈 때, 굳이 때를 벗기려고 애쓸 필요도 없다. 누구나 벗겨지고 덜어진다. 때를 벗기고 집착을 덜면 그것이 바로 묘수다. 대개의 중생은 죽음에 이르러서야 덜 수 있는 집착의 때, 그제야 얻을 수 있는 묘수, 모든 생명, 집착의 때는 이렇게 집요하다. 그래서 대부분의 중생은 그런 묘수가 있는지도 모르고 관심도 없다. 죽음에 닥쳐 몸을 움직일 힘도 의지도 없어졌을 때에야 묘수란걸 실감할 수 있다.

요즘도 불교에서는 기억력이 출중한 사람을 가리켜 '식(識)이 맑은 자'라는 표현을 쓴다. 집착이 적은 자가 기억력도 좋다. 과거의 고수들은 타고난 고수들이다. 하지만 불교의 가르침은 산 자 모두를 위한 것이다. 그런데 죽음에 닥쳐서야 얻게 되는 묘수라면, 그런 게 무슨 묘수인가? 어린 백성도 살아서 알고 쓸 수 있는 묘수, 그래야 묘수 아닌가? 하지만 거꾸로 그래서 이게 묘수가 된다. 태어난 자는 차별 없이 누구나 죽기 때문이다. 죽을 수 있다면 알 수도 있다는 뜻이기 때문

[•] 　백파(白坡), 『다비설(茶毘說)』.

이다. 어차피 알게 될 것, 방편과 기술이 있다면 조금 일찍 당겨서 알 수도 있다는 뜻이기 때문이다.

과판(科判)의 그림, 그림의 권서

경전을 새김에 과(科)가 있고, 가르침을 나눔에 마루가 있으니**

부처의 일대시교, 불전을 주석하던 시대의 영웅들은 두 가지 종류의 그림을 그렸다. 과판의 그림이다. 일대시교는 입을 통해 말로 나왔던 말의 덩어리였다. 말의 덩어리를 그림으로 그리는 까닭은 덩어리 전체를 통째로 보고 통째로 생각하기 위해서였다. 도장찍기는 하나의 비유다. 전체를 한 번에 보는 직관과 통찰을 비유한 것이다. 말에는 시간과 논리에 앞뒤가 있다. 시간과 논리가 길어질수록 앞뒤의 거리는 멀어진다. 앞뒤의 거리가 멀어질수록 보고 듣고 알기도 어려워진다. 큰 덩어리의 논리를 도식으로, 지도로, 그림으로 그리는 까닭은 논리의 거리를 줄이기 위해서다. 거리를 줄일 수 있다면 생각도 사랑도 쉬워진다. 바로 보고 바로 알 수 있다.

글자로 적힌 책, 따라 읽고 따라 생각하고 따라 사랑하는 일은 쉽지 않다. 부처의 가르침, 한두 권도 아니고 수백, 수천 권이다. 게다가 천 년 단위의 시간이 흘렀고, 대륙 단위의 공간을 유통하던 책이다. 당연 말도 뜻도 낯설다. 과판의 그림은 이런 어려움을 극복하기 위한 방

<hr>

** 『법화경언해』.

편이고 기술이다. 이런 방편과 기술을 배우고 익히기 위한 교육, 훈련과 학습의 기술이다. 과판의 그림은 작은 덩어리의 모듈로 구성된다. 종이접기의 모델처럼 몇 개의 기본 모듈을 익히면 큰 그림, 대부분의 접기를 따라 할 수 있다. 모듈을 익히는 방법은 마찬가지로 통째로 생각하는 일이다. 도장 하나로 찍어두는 일이다. 불교 경전은 이런 비유로 넘친다. 대개는 판타지처럼 읽고 말지만, 실제 이런 비유는 실용적인 기술이다. 돌대가리 바보도 익힐 수 있는 의외로 쉬운 방편이다.

과판의 기술은 말하자면 세계 지도와 동네 지도 사이의 긴장 속에서 이뤄진다. 두 그림 사이의 지속적인 피드백이다. 카메라나 컴퓨터에 비유하자면 줌인-줌아웃과 비슷하다. 『금강경오가해』에 들어 있던 의의(義意)의 긴장과 피드백도 말하자면 같은 종류의 피드백이다. 방편과 목적 사이의 긴장이고 피드백이다. 과판의 읽기는 그 사이에서 이뤄진다. 그 사이에 맨 처음의 방편들이 있다. 아름으로 가는 읽기와 사랑의 기술, 천하고 어리석은 백성들도 어려서부터 이런 기회를 가질 수 있다면, 더 이상 속지도 않고 홀리지도 않는다. 오히려 누구나 미래를 위해, 중생을 위해 이익이 되는 일도 척척 해낼 수 있다. 길고 큰 덩어리의 사랑도 자유자재로 할 수 있기 때문이다.

뉘라서
카냥하리

옛날 세종 장헌대왕께서 일찍부터『금강경오가해』가운데『야보송』과『종경제강』,『득통설의』, 그리고『증도가남명계송』을 국어로 번역하여『석보』에 넣고자 하였다. (중략)
남명의『계송』은 겨우 30여 수를 번역하여, 모두 일머리를 잡지 못하고 있었다.[•]

앞에서도 인용했던 글,『증도가남명계송』은 세종에게 이렇게 각별했다. '도(道)'를 증(證)한 노래', 언해본『증도가남명계송』에서는『증도가(證道歌)』를 이렇게 새겼다. 증(證)이라는 글자는 증명한다는 뜻이다. "모르면 범(凡)이요, 알면 성(聖)일세."^{••} 범인과 성인, 중생과 부처의 차이는 이것밖에 없다. 그렇게 중요한 '아롬'의 차이, 증(證)은 아롬을 확증하는 일이다. 한 나라의 임금과 두 아들, 저 임금은 세자와 대군과 함께 저런 노래를 함께 부르고, 읽고, 번역했다. 이것도 참으로

•   한계희,『금강경삼가해』발문.
••   『증도가남명계송』.

희한한 일이다.

사람들은 대개 부귀와 빈천, 돈과 권력에 집착한다. 생로병사가 중생의 고통이라지만, 돈과 권력이 있으면 고통 또한 덜어진다. 대개의 사람들은 그렇게 믿는다. 그래서 한 나라, 한 사회, 경제와 정치가 모든 일에 우선하고 모든 일을 좌우한다. 게다가 임금과 왕실, 그들이 하는 일, 돈과 권력의 잣대가 드리우기 마련이다. 그렇다면 '모롬과 아롬을 확증하는 노래', 저들은 왜 저런 노래를 따라 불렀을까? 정치적인 반대를 무릅쓰고 글자를 만들고, 우리말로 번역하고, 출판하려고 했을까? 그들은 무엇을 읽었고, 무슨 생각을 했던 것일까? 세종은 겨우 30여 수를 번역하고 세상을 떠났다. 저들은 과연 어디까지 읽었을까?

영가(永嘉) 진각(眞覺) 대사는 조사(祖師)의 자리에서도 뛰어난 분이다. 법휘(法諱)는 현각(玄覺)이다. 어려서 출가하였는데 똑똑하고 재빠르기가 자못 달랐다. 처음에는 천태(天台) 지자(智者)의 교관(教觀)을 익혔으니 곧 좌계(左溪)*와 같은 시대 사람이다. 그 무렵 강당(講堂)을 두루 다니며 스승들을 찾아뵈었는데, 어느 날 문득 『열반경』을 보다가 불법의 요지를 분명하게 알았다. 곧 조계(曹溪)로 가서 육조(六祖)의 인가를 받았다. 육조가 그의 깊이 증(證)한 것을 칭찬하자마자 급히 돌아가겠다고 했다. 육조가 하루라도 자고 가라고 했다. 그래서 일숙각(一宿覺)이라고 부르게 되었다.

뒤에 증(證)한 법문(法門)을 노래로 불러, 알지 못하는 사람들을 경계했다. 스님이 다시 효험이 있을 것이라고 예언하자, 대중들은 선정(禪定)에 든 상태에서 글자 하나하나가 금빛으로 변하여 허공을 밝게 채우는 것을 보았다. 이로부터 천하의 총림(叢林)에서 모르는 사람이 없게 되었다. 총림의 노승들이 주(註)를 달기도 하고 송(頌)을 붙이기도 했다. 심지어 인도에서 온 스님들은 인도로 가져가 번역하여 부르기도 했다. 만일 부처의 마음에 깊이 들어맞지 않았다면 누가 이럴 수 있었겠는가?**

영가(永嘉)는 중국 절강성의 동네 이름이다. 천태(天台) 지자(智者) 대사가 수행을 했다는 천태산(天台山)이 지척이다. 현각(玄覺)은 출가한 스님이었지만 효심이 깊어 병든 어머니와 누이를 부양하며 수행했다고 한다. 그런 스님이 어느 날 '환하게 알았다'. 현각이야 알았다지만, 주위의 누구도 그의 '아롬'을 알 길도, 증명할 길도 없었다. 그때 육조(六祖)가 광동성 조계산에 머물며 이름을 떨치고 있었다. 그래서 사람들은 현각에게 육조를 찾아가 인증(印證)을 받으라고 권했다. 앎이란 게 이런 것이다. 막상 알아도 알아주지 않는다. 아롬에는 때로 이런 인가, 이런 증명, 이런 도장도 필요하다. 현각이 살던 동네에서 조계산까지는 편도 1,200킬로미터의 먼 길이다. 걸어서 가는 길, 어머니도 돌아가시고 누이 혼자 집을 지키고 있었다. 그래서 현각은 마음이 바빴다.

일숙각(一宿覺)이라 불렸던 현각, 이 이름에는 그의 인품이랄까 그만의 멋이랄까, 그런 게 담겨 있다. 알면 성인이고 부처이다. 누구나 꿈꾸던 위대한 아롬이다. 스스로 증(證)했고, 육조로부터 인증도 칭찬

●   좌계(左溪, 673~754): 중국 천태종 제8조.

●●   서룡선로(瑞龍禪老) 연공(連公), 『남명천화상송증도가사실(南明泉和尙頌證道歌事實)』.

도 받았다. 그의 아롬과 증(證), 그리고 육조의 아롬과 증(證), 거기엔 아무런 차이가 없었다. 그러면 됐다. 혼자 있는 누이, 가야 할 먼 길, 그는 절만 올리고 바로 작별을 고했다.

육조: 뭐가 그리 빠른가?
현각: 본래 움직이지도 않는데, 어찌 빠름이 있겠습니까?
육조: 움직이지 않는다는 것은 누가 아는가?
현각: 스님께서 분별을 지으시는군요.
육조: 그대가 나지 않는 생각*을 깊이 얻었구나.
현각: 나지도 않았는데, 어찌 생각이 있겠습니까?
육조: 만일 생각이 없다면 누가 분별을 내겠느냐?
현각: 분별 또한 생각이 아닙니다.

세종은 일숙각의 아롬에 반했을까, 그의 인품에 반했을까? 간경도감본 언해불전 안에는 현각이 지은 『선종영가집』도 들어 있다. 의천의 스승 정원이 과문을 달았고, 함허는 설의를 달았다. 이들 사이에는 뚜렷한 인연이 있다. 이 글에도 현각의 성품이 담겨 있다. 겸손하고, 진지하고, 쉽고 친절하다. 혼자 있는 어린 누이, 1,200킬로미터의 먼 길, 하룻밤 자는 것도 안타까워 서두르는 마음이 연상된다. 그의 글에는 그런 맛과 멋이 담겼다. 모르는 중생들에게 알려주고 싶은, 함께 알고 싶은 애틋함이랄까…

『증도가』는 당나라 현각이 지은 320구절의 노래다.** 송나라 남명(南明) 법천(法泉)은 이 노래의 각 구절마다 노래를 덧붙여 칠언절구의 형식으로 부연했다. 이 두 가지 노래를 합하여 편집한 것이 『증도가남명계송』이다. 이 책은 똑똑한 세종과 그의 아이들에게도 읽기 어려운 책이었다. 그래서 남겨두고 묵혀두었던 세종의 유업, 세조도 이루지 못한 일, 세월이 한참 지나 성종 13년(1482)에야 완성할 수 있었다. 언해본은 이 두 노래를 완역하고 구절마다 다시 우리말 주석을 달았다. 읽기도 번역하기도 어려웠던 책, 여기엔 몇 가지 까닭이 있었다.

마음으로 보여주는 것은 말로써 능히 다 할 수 없고, 법(法)으로 전하는 것은 뜻으로 다 할 수 없다. 말에 맞추고 뜻에 딱 맞춘다는 것이 모두 망상(妄想)이며, 말과 뜻을 떠난다는 것도 이와 같다. 맞추지도 않고 떠나지도 않아 갖가지로 평등하여, 무(無)에 떨어지지도 않고 유(有)에 붙지도 않아 말과 뜻의 둘을 잊어야 마음의 법(法)을 얻으리라.●●●

첫째, 이른바 조도(祖道)●●●●의 읽기, 선(禪)의 읽기. 현각의 노래도, 남명의 노래도 읽는 방법이 다르다. 세종도 아이들도 말과 뜻을 다루는 데는 익숙했다. 하지만 이런 읽기는 역시 낯설고 어렵다. 둘째, 현각의 노래는 그래도 간결하고 친절하다. 낯선 사람도 문맥에 조심하면 그런대로 읽을 수는 있다. 이에 비해 남명의 노래는 상황이 심각하다. 현각의 스타일이 당나라 스타일이었다면, 남명의 스타일은 송나라 스타일이다. 송나라 선사들의 노래는 훨씬 복잡하다. 문학적인 기

●   나지 않는 생각: 무생의(無生意).
●● 『증도가남명계송언해』에는 한 구절이 빠져 있다.
●●● 오용천용(吳庸天用), 「증도가서(證道歌序)」, 『증도가남명계송언해』.
●●●● 선(禪)의 조사(祖師)들의 길이라는 뜻.

교도 세련됐고, 선(禪)의 말을 다루는 방식도 정교해졌다. 말이 세련되고 방식이 정교해지고…, 좋은 점도 있겠지만 나쁜 점도 있다. 그래서 선사들 중에는 송나라 선사들의 스타일을 심하게 부정하는 이들도 있다. 셋째, 현각의 노래도 그렇지만, 남명의 노래를 읽기 위해서는 먼저 익히고 알아야 할 지식이 필요하다. 불교의 역사와 전통, 특히 선사(禪師)들이 남긴 어록(語錄)의 전통을 알아야 한다. 그런 전통에서 익숙하게 쓰이던 언어와 일화들이 한두 글자의 시어(詩語)로 농축되어 담겨 있기 때문이다. 게다가 유교와 도교의 고전도 자주 인용된다. 시(詩)의 맛도 즐길 줄 알아야 하고, 오랜 지식과 사상의 전통도 따라갈 수 있어야 한다.

고려대장경에 들어 있는 『남명천화상송증도가사실(南明泉和尙頌證道歌事實)』. 이 책은 고려 사람이 지은 일종의 참고서, 『증도가남명계송』을 읽기 위한 참고서다. 노래의 뜻과 맛을 바로 설명하지는 않지만, 이 노래를 읽기 위해 미리 알아두어야 할 용어와 일화들을 구절마다 폭넓게 인용하고 설명해준다. 『증도가남명계송언해』에 들어 있는 우리말 주석 또한 이 책의 인용과 설명을 자주 활용하고 있다.

거울 속에 얼굴 보니, 보기가 어렵지 않으나
물 가운데 달 잡는 것이니, 어찌 잡아 얻으리

예를 들어 이런 것이 현각의 『증도가』다. 남명은 아래의 구절을 다음과 같이 네 구절로 부연한다. 굵은 글씨는 증도가이고 그 아래 구절은 남명의 계송이다.

물 가운데 달 잡는 것이니, 어찌 잡아 얻으리
진실의 달이 어찌, 물 가운데 있으리오
오직 어린 나비, 미친 아롬 없으면
강하회제(江河淮濟)를 한꺼번에 통하리

'거울 속의 얼굴'에서 얼굴의 원문은 형(形)이다. 거울에 비친 대상, 드틀의 얼굴이다. 하늘에 실재하는 달과 물에 비친 달, 거울 밖에 실재하는 드틀의 얼굴과 거울에 비친 얼굴의 그르메, 그 사이의 차이를 노래한다. '어린 나비의 미친 아롬', 원문은 치원광해(癡猨狂解), 어리석은 원숭이의 미친 헤아림이다. 얼굴과 그르메 사이에서 '어린 나비의 미친 아롬'이 일어난다. 강하회제(江河淮濟)는 모두 중국 땅, 중국 강의 이름이다. 말하자면 이런 구절이 이 노래를 읽는 데 장애물이 된다. 그래서 『남명천화상송증도가사실』에서는 이 말의 연원이 되는 일화를 찾아 구절 아래에 달아준다.

부처님께서 모든 비구들에게 말씀하셨다. 지나간 시절에 바라내(波羅奈)라는 성과 가시(伽尸)라는 나라가 있었다. 그 변두리에 오백 마리의 원숭이가 숲을 노닐다가 한 그루 니구율 나무 아래로 왔다. 나무 아래에 우물이 있었고, 우물 가운데 달이 비치고 있었다. 원숭이 우두머리가 달의 그르메를 보고 무리들에게 "달이 이제 죽어서 우물 속으로 떨어졌다. 함께 꺼내어 이 세상이 긴 밤으로 어두워지지 않도록 하는 게 좋겠다."고 했다. 어떻게 꺼내야 할지 함께 의논을 하다가, 원숭이 우두머리가 무리들에게 "내가 꺼내는 방법을 알겠다. 내가 나뭇가지를 잡을 테니 너희는 내 꼬리를 잡아라. 그렇게 서로 잡아 이으면 곧 달을 꺼낼 수 있을 것이다." 라고 했다. 모든 원숭이가 우두머리의 말에 따라 서로 잡아 거의 물에 닿으려고 했다. 그러나 원숭이들의 무게를 이기지 못하고 약한 나뭇가지가 부러져버렸다. 모든 원숭이가 우물물 속으로 떨어졌다. 운운.•

이런 이야기를 모르면 남명의 노래, 뜻도 맛도 읽기가 어렵다. 달과 달그림자, 들글과 드틀, 얼굴과 그르메, 모롬과 아롬, 이런 일에 관한 거대한 이야기다. 이런 이야기와 함께 읽으면 재미도 있고, 읽기도 쉽다. 맛이나 재미를 느끼려면 아무래도 참고서도 필요하고 읽는 기술도 필요하다. 『증도가남명계송언해』는 이런 인연으로 만들어진 책이다.

이단의 세종은 '도(道)를 증(證)한 노래', 그 맛과 재미에 흠뻑 빠졌다. 그런 맛과 재미는 공감에서 온다. 누구나 안고 사는 삶과 죽음의 의미, 세종은 그 무렵 어린 두 아들의 죽음과 이어진 왕후의 죽음으로 위기라면 위기의 순간에 있었다. 거울 속의 얼굴, 물 가운데 달 그르메, 잡으려 한다고 잡히는 게·아니다. 삶과 죽음의 고통, 몸과 그림자의 집착, 그러는 사이 세종은 무얼 읽고 무엇을 사랑하고 무엇을 알았을까? 아무튼 세종은 이 노래, 맛과 재미를 함께 느끼고 함께 나누고 싶었다. 그것만큼은 틀림이 없다.

오직 내 품의, 때 묻은 옷을 벗으리니
이 옷은 예로부터, 값이 없어라
이제 실이 터져, 몸이 온통 드러나니

다시 부지런히, 틈을 찾지 말아라

뉘 능히 밖을 향해, 정진(精進)**카냥하리오**

갖거나 버리는 마음 내면, 사람을 더럽히리

복숭아 밭 골 속에, 꽃 피는 자리에는

동풍(東風) 기다리지 않아도, 제 봄이 있나니**

'정진(精進)카냥하리오', 원문은 과정진(誇精進)이다. 과(誇)는 말이 크고 말이 많다는 뜻이다. 우리 사전에서는 보통 '자랑하다'라고 새긴다. 하지만 과(誇)라는 글자가 가진 어감은 그렇게 간단치만은 않다.

악(惡)을 버리고 선(善)을 얻으며, 망(妄)을 버리고 진(眞)에 가는 것이 다 '밖을 향하여 정진'하는 것이다. 경(經)에 이르기를 "하다가 정진(精進)한다는 마음을 일으키면, 이것이 망(妄)이라 정진(精進)이 아니다. 오직 능히 마음이 거즐지 않으면 정진이 가없다."라고 했다.***

망(妄)이란 글자, 일정한 규칙이 없이 어지럽고 제멋대로라는 뜻이다. 언해불전에서는 '거즐다'라고 새긴다. 악과 망을 싫어하고, 선과 진을 좋아하는 것이야 당연한 일이다. 하지만 이런 일도 모두가 카냥하는 일이다. 좋아하고 싫어하는 마음을 낸다면 사람을 더럽힌다. 불

●   『남명천화상송증도가사실』.
●●   『증도가남명계송언해』. 굵은 글씨는 『증도가』, 그 아래는 『남명계송』.
●●● 위 구절 아래에 달려 있는 우리말 주석.

교는 정진(精進)을 좋은 일이라 가르치고 권한다. 몸과 마음을 살피고 사랑하는 일이니 좋은 일이고 권해야 할 일이다. 하지만 정진이라는 생각, 마음이 일어나면 그것은 정진이 아니다. 그런 것이 정진을 카냥하는 일이다.

虛驕多聞
해 드롬을 속절없이 잘카냥하야*

속절없이 교만하고, 잘난체 으스대고, 자랑하고, 이럴 때 쓰는 말은 '잘카냥'이다. '카냥하다'는 이보다 훨씬 복잡하고 미묘하다. 굳이 말이 많고 말이 크고 으스댄다고 카냥이 아니다. 자부심이랄까, 마음을 내고 생각을 품기만 해도 카냥이다. 잘카냥이야 훤히 드러나는 빤한 짓이다. 제 탓으로 손가락질 받으면 그뿐이다. 이에 비해 속에 품은 마음, 카냥은 훨씬 더 많은 사람들을 더럽힌다. 사람이 더러워지고 관계가 더러워지면 '해 드롬'도 사랑도 아롬도 속절없다. 사랑에 빠진 자, 그래서 누구보다 더욱 조심하여 살펴야 할 것이 바로 카냥하는 마음이다.

마음에 카냥이 남아 있다면, 배우지 못한 자들도 금세 안다. 싸가지를 느끼고 의심한다. 그런 것이 '사람을 더럽히는' 일이다. 자기 자신을 더럽히고 배우지 못한 천하의 중생들을 더럽힌다.

수행을 하는 사람이 남의 시비(是非)를 보고는, 스스로 '나는 유능하고, 나는 안다.'라고 하면서 배우지 못한 사람들을 가볍게 여기는 것은 옳지 않다. 이는 청정한 마음이 아니다. 자기 성품에 늘 지혜를 내어, 평등한 사랑을 행하여 마음을 낮추고 모든 중생을 공경하는 것이 수행하는 사람의 청정한 마음이다.**

응무소주(應無所住) 이생기심(而生其心), 이 구절을 육조는 이렇게 새 겼다. 주자는 사씨의 말을 들어 '미쳐 날뛴다'고 비난했다. 카냥하지 말라는 게 뭐가 그리 잘못일까? 이단의 함허, 이단의 읽기 또한 여기서부터 시작했다. 거칠 것이 없던 성균관의 젊은 엘리트는 젊은 스님의 순진한 물음에 말문이 막혔다. 엘리트의 카냥이 생으로 드러나는 순간이었다.

우리는 이제 '카냥하다' 이런 말도 잊어버리고, 잃어버렸다. 말이 크고 많고, 자랑하고 잘난 체하고, 싸가지 없고… 그런 말로는 표현할 수 없는 미묘한 어감 또한 함께 잃어버렸다. 예로부터 불교에서도 유교에서도 카냥은 경계해야 할 일이었다. 함허가 새기듯, 공자의 말씀도 그랬고 부처의 말씀도 그랬다. 배우는 사람들에게 밖을 향하여 정진하는 일은 가장 피해야 할 일이었다. 카냥하지 않으면서도 할 수 있는 정진, 그런 길을 남명은 "복숭아 꽃 피는 자리, 동풍을 기다리지 않아도, 제 봄이 있네"라고 노래했다. 봄카냥하지 않아도 봄은 오기 마련이다.

세종과 두 아들도 저 구절을 읽었을 것이다. 언해본의 저 구절, 그들이 했던 번역일까? 아무튼 그들 또한 '카냥하다' 정도의 말이라면 쓸 줄 알았을 것이다. 조선의 이단론, 그 바탕에도 '카냥'의 어감이 담

• 『능엄경언해』.
•• 『금강반야바라밀경언해 육조해』.

겨 있다. 조선의 엘리트, 성리학 선비들, 그들은 혁명을 성취했고, 진보를 가져왔다. 알게 모르게 그들은 카냥을 품었고, 그런 정도는 누릴 자격이 있다고 믿었다. 하지만 그들의 카냥은 그들의 선배, 성현들이 가장 경계하던 일이었다. 카냥을 품는 일은 자신의 이념을 거스르는 일이고, 그들의 혁명을 더럽히는 일이었다. 미련하고 어리석은 백성을 더럽히는 일이었고, 그래서 백성들과 멀어지고 담을 쌓는 일이었다. 그들의 카냥은 끝내 칼이 되고 독이 되었다. 돌이켜 살피지 않았기 때문이다.

맺는 글

정도전은『불씨잡변』에서『능엄경』을 인용하며, '일정한 논리가 없다'고 비판한다. 그런데『능엄경요해』의 저자 계환은 논리에서부터 시작한다. 계환은『능엄경』을 본격적으로 읽기에 앞서 과경(科經)이라는 항목을 두고, 경전 전체의 논리를 조감한다. 물론 독자를 위한 배려다. 말하자면 길을 떠나기에 앞서 지도의 동서남북이라도 먼저 챙겨 보고 따라 나서라는 조언이다. 언해불전에서는 과(科)를 '군'이라고 새긴다. 구덩이의 옛말이다. 과경은 '경전을 과(科)하다'라는 말이다. 계환은 과해(科解)라는 말도 쓴다. 언해본은 '과하여 새기다'라고 번역한다. 이처럼 과(科)는 동사다.

악차과는 한 가지에 세 여름이니, 나되 모름지기 한 고고리니•

악차과는 과일의 이름이다. 이 나무는 한 가지에 열매 세 개가 함께 맺는다고 한다. '한 고고리'는 동과(同科)를 번역한 것이다. 과(科)를 고고리, 곧 꼭지라고 새긴다. 꼭지 하나에서 열매 세 개가 갈려 나오는

• 　『능엄경언해』.

모습, 언해불전은 하나의 마음으로부터 세 가지 결과가 파생하는 모습을 이렇게 비유한다.

과(科)라는 글자를 '굳'이나 '고고리'로 구별하여 새기는 까닭은 이 글자 안에 여러 다른 뜻이 얽혀 있기 때문이다. '굳'은 논리의 틀을 가리킨다. 과(科)하다, 이 말을 동사로 쓴다면 책에 담긴 말을 논리의 틀 안에 담거나 가둔다는 뜻이 된다. 불교 책을 읽고 주석하는 일은 책에 담긴 의의를 논리의 틀 안에 가두는 일이다. 글의 흐름을 논리의 흐름에 따라 단락을 나누어 읽는 일이다. '고고리'는 논리가 분화하는 과정이나 방식을 가리킨다. 이 말을 동사로 읽는다면 의의를 규칙에 따라 일관되게 분석하는 일이 된다. 하지만 언해불전에서는 '굳'이라는 뜻을 앞세운다. 분석하는 일보다는 가두는 일을 앞세우기 때문이다. 담거나 가두는 일의 일관성을 중시하기 때문이다.

계환은 이를 윤관(綸貫)이라고 표현하기도 한다. 언해불전에서는 '이어 꿰임'이라고 새긴다. 『능엄경』이라는 책이 하나의 논리로 일관되게 이어지고 꿰어져 있다는 해석이다. 계환은 이를 연환(連環)이라고 비유하기도 한다. 쇠고리를 꿰어 쇠줄을 만들듯, 논리의 고리를 꿰어 논리의 줄을 만든다는 뜻이다. 계환의 해석에 따르면 과해(科解)나 과경(科經)은 이어 꿰인 논리의 고리를 발견하는 일이다. 그리고 논리의 고리를 따라 다시 읽는 일이다. 굳과 고고리, 이어 꿰인 고리, 논리적인 사랑을 묘사하는 우리말, 요즘에 쓰더라도 손색없는 훌륭한 번역이다.

똑같은 『능엄경』을 두고 정도전은 없다고 하고 계환은 있다고 한다. 없는 논리를 있다고 속이고 홀린다면 그런 것도 할 짓은 아니다. 거꾸로 있는 논리를 굳이 없다고 우긴다면 그런 것도 가소로운 짓이다. 있거나 없거나, 이럴 때 필요한 것이 논란이다. 논리를 두고 다투는 일이다. 불교에서 논란은 오래된 소통 방법이었다. 함께 보아 살펴 사랑하고, 함께 가려서 판단하는 일이다. 이런 일은 궂은일도 나쁜 일도 아니다.

함허는 『금강경』을 읽고 해설하다가 뜬금없이 사씨와 주자를 비판한다. 이처럼 그의 읽기는 처음부터 성리학 선비들의 이단론에 얽혀 있었다. 그의 읽기는 처음부터 논란이었다. 그는 자신의 읽기를 통해 무엇인가를 증명하고 싶었다. 세종은 함허의 그런 글을 읽고 서둘러 훈민정음으로 번역하여 출간하려고 했다. 그는 함허의 글을 통해 무엇인가를 보여주려고 했다. 불교 책 안에 논리가 없다면 굳이 기를 쓰고 배척할 까닭도 없다. 불교 책이 어린 자들을 속이고 홀린다지만, 백성이라고 다 어린 것은 아니다. 기회를 준다면 누구나 읽을 수 있고 누구나 알 수 있다. 백성이라고 마냥 속고 홀리는 것도 아니다. 속이고 속고, 이럴 때 필요한 것도 논란의 소통이다.

어린 백성을 위한다지만 정도전은 이단을 배척하고 태워버리는 길을 선택했다. 그러나 세종은 이와는 아주 다른 길을 선택했다. 글자를 만들고 이단의 글을 백성들이 쓰는 쉬운 말로 번역하여 읽을 기회를 주고자 했다. 판단은 어차피 읽는 자의 몫이다. 논리가 있든 없든, 읽을 수 있어야 판단도 할 수 있다. 읽을 기회조차 없던 어린 백성, 그저 없다고 강요한다면 그런 일도 속이고 홀리는 일이 된다. 속이고 홀리는 나라, 고려건 조선이건 잘될 턱이 없다.

『법화경』에는 '가난한 아들'의 비유가 나온다. 부잣집 아들이 어려서 길을 잃고 여러 나라를 떠돌며 근근 목숨을 이어간다. 나이 오십이 되어 우연히 아비를 만나지만 부자 아비의 화려한 위엄에 놀라 달

아난다. 아비는 은근히 사람을 보내 아들을 데려다 똥 치우는 일을 시킨다. 가난에 젖은 아들은 그런 일이 오히려 편하고 행복하다. 이런 것이 현명한 아비의 합리적인 선택이다. 아비는 가난한 아들이 편안해지기를 기다린다. 그러면서 조금씩 소통의 길을 열어간다. 아들의 생활이 안정되고 두려움이 가실 무렵, 아비는 아들에게 사실을 밝힌다. 이런 것이 아들을 좇는 소통의 방편이다. 이 비유는 수순중생(隨順衆生), 중생을 좇는 방편을 비유한 것이다.

언어와 논리는 방편이다. 소통을 위한 수단이다. 아들을 좇는 방편은 아들의 근기(根機)에 의지한다. 아들 몸의 역량, 몸의 조건이 갖춰지기를 도와주며 기다린다. 중생을 좇는 언어나 논리는 중생의 조건과 역량을 좇는다. 성리학과 불교, 목적이 다를 수는 있다. 하지만 언어와 논리는 목적이 아니다. 『능엄경』에 논리가 있다면 그런 논리는 『능엄경』의, 불교의 고유한 논리가 아니다. 『능엄경』의 언어와 논리가 중생에게 이롭다면, 그런 언어와 논리는 어린 백성은 물론 성리학 선비들에게도 이롭다. 논란을 도와주는 방편이기 때문이다. 불교가 이단이라면, 그래서 배척해야 한다면, 좋은 방편으로 논란하면 된다. 좋은 방편이라면 누구에게나 이롭다.

『능엄경』의 언어와 논리, 그런 것이 과연 있기나 한 것일까? 그런 방편은 정말로 누구에게나 이로운 것일까? 의심스럽다면 먼저 읽어야 한다. 귀찮더라도 논란에 맞서야 한다. 요즘이야 인터넷에서 '국가기록유산'을 검색하면 문화재청 국가기록유산 사이트에 접속할 수 있다. 문화재로 지정된 언해불전이 모두 그곳에 있다. 누구나 쉽게 이미지와 텍스트를 찾아 읽을 수 있다. 하지만 언해불전은 아직은 잊힌 물건이다. 언해불전을 따라 읽는 일은 아직은 낯설고 어렵다.

조선의 언해불전은 이단의 시대, 이단의 읽기로 탄생한 물건이다. 이런 읽기는 그 나름의 재미가 있다. 그래도 아직은 낯선 읽기, 그래서 이 글의 후속편으로 언해불전에 담긴 논리의 흔적, 몇 가지 논증의 사례를 정리하여 소개하려고 한다. 논리가 있건 없건, 속건 홀리건 이 또한 읽는 자의 몫이다. 어린 백성을 위한 세종의 선택, 그의 바람이 그랬다. 도와주며 기다리면 스스로 판단할 수 있다. 어린 백성을 위해 글자를 만들어 선물했던 우리의 성군 세종, 그의 유업이라던 언해불전, 어찌 됐건 읽어는 보는 게 도리라면 도리다. 15세기 조선에 불꽃처럼 타오르다 스러졌던 언해불전의 논란, 있건 없건 아무튼 마무리는 짓는 것이 도리겠다는 생각이다. 당장은 낯설고 어렵더라도 익숙해지면 별 거 없다. 어수선한 글이나마 익숙해지는 계기가 되면 좋겠다는 바람이다.

찾아보기

〈인명, 사항〉

ㄱ

간경도감 31, 133, 237
강희맹(姜希孟) 170
견문각지(見聞覺知) 40
경행(經行) 139
계환(戒環) 46, 204, 237
고행상 26
공부선(功夫選) 210
공호이단(攻乎異端) 92
과문(科文) 238, 279, 293, 296
과판소석(科判疏釋) 284
관찰과 사유 28
구양수(歐陽脩) 209
권근(權近) 211
근기(根機) 43
기환소진(起幻銷塵) 217
김수온(金守溫) 67, 160, 179

ㄴ~ㅂ

노사신(盧思愼) 132, 143
다라니 9, 75
대자암(大慈菴) 155
도견(倒見) 78
도회소(都會所) 104
마맥(䵃麥) 26
명상(名相) 319
문소전(文昭殿) 176
문형(文衡) 115
미도(迷倒) 40
미륵보살반가사유상 34
밀인(密因) 249
법상(法相) 319
법수(法數) 319
변계량(卞季良) 112, 115, 144
보리(菩提) 44, 249
불성(佛性) 13, 19, 63, 185, 251

ㅅ

사량좌(謝良佐) 231
사마타(奢摩他) 44
삼관(三觀) 46
삼교(三敎) 123, 182
삼마(三摩) 44
선나(禪那) 44
성현(成俔) 171
소여료엽(小如蓼葉) 110
소헌왕후(昭憲王后) 143
송시열(宋時烈) 194
신돈(辛旽) 153
신미(信眉) 159, 179, 306, 339
심성설(心性說) 23, 194

ㅇ

아부사유(我復思惟) 28
애요(愛樂) 52
양무제(梁武帝) 121
어록체(語錄體) 318
어언(語言)의 다라니 74
언문청(諺文廳) 168
엔닌(圓仁) 309
여래장(如來藏) 13, 248
연영(緣影) 72
연종환원(年終還願) 112
요순(堯舜)과 불사(佛事) 120
유심론(唯心論) 73, 241
육근(六根) 38
육진(六塵) 72
이색(李穡) 22, 152, 208, 224
이숭인(李崇仁) 152, 213
이익(李翼) 98
일곱 겹의 징과(徵破) 54
일연(一然) 74

ㅈ

전경(轉經) 138, 156, 159
정갑손(鄭甲孫) 163
정도전(鄭道傳) 83, 189, 196
정몽주(鄭夢周) 152, 190
정원(淨源) 281
정음청(正音廳) 171
정인지(鄭麟趾) 161
정창손(鄭昌孫) 165
종교(終敎) 65, 252
종밀(宗密) 94
종지(種智) 40
좌소용마(挫燒舂磨) 182
주어경하(注於經下) 276
주자(朱子) 23, 116
중희(仲希) 274
지옥 21, 219

ㅊ～ㅎ

체용(體用) 204
최만리(崔萬理) 79, 110
추천(追薦) 137
칠처징심(七處徵心) 51
태승니(汰僧尼) 83, 189
하이퍼텍스트 299
한계희(韓繼禧) 20
한유(韓愈) 89, 99, 209
함허(涵虛) 29, 219, 335
허균(許筠) 194
현각(玄覺) 42, 368
혜능(慧能) 227
환암(幻菴) 51, 210
환인(幻人)의 심식(心識) 216

〈서명〉

금강경삼가해(金剛經三家解) 20, 32, 44, 123, 134, 225, 335
금강경오가해(金剛經五家解) 19, 354
금강경오가해설의(金剛經五家解說誼) 129, 225, 338, 346
금강반야바라밀경언해(金剛般若波羅密經諺解) 227, 377
남명천화상송증도가사실(南明泉和尚頌證道歌事實) 372
논어집주(論語集註) 93, 237
능엄경언해(楞嚴經諺解) 44, 49, 62, 77, 129, 237, 284, 299
능엄경요해(楞嚴經要解) 46, 206, 299
득통설의(得通說誼) 19
목우자수심결언해(牧牛子修心訣諺解) 317
몽산화상법어약록언해(蒙山和尚法語略錄諺解) 36, 323
반야심경언해(般若心經諺解) 274
법화경과주(法華經科註) 325
법화경언해(法華經諺解) 75, 285, 322, 332
법화경요해(法華經要解) 285
불씨잡변(佛氏雜辨) 124, 196, 233, 239
사리영응기(舍利靈應記) 67, 181
삼국유사(三國遺事) 74, 110
삼봉집(三峯集) 196
석보상절(釋譜詳節) 132, 160
선종영가집언해(禪宗永嘉集諺解) 36
수심결(修心訣) 20
수심결언해(修心訣諺解) 39
신편제종교장총록(新編諸宗教藏總錄) 277, 295
야보송(冶父頌) 19
연기성도경(緣起聖道經) 28, 94
원각경언해(圓覺經諺解) 11, 31, 278
월인석보(月印釋譜) 20, 37, 39, 141
월인천강지곡(月印千江之曲) 132
용재총화(慵齋叢話) 171
입당구법순례행기(入唐求法巡禮行記) 309
장승법수(藏乘法數) 289
종경제강(宗鏡提綱) 19
종문원상집(宗門圓相集) 343

증도가(證道歌) 15, 367
증도가남명계송(證道歌南明繼頌) 15, 19, 42, 367
현정론(顯正論) 88, 219
호법론(護法論) 208
환암기(幻菴記) 214
훈민정음해례(訓民正音解例) 162

〈우리 옛말〉

가르 285
가줄비다 323
갓굴다 40, 78
거츨다 40, 77
고고리 381
곡도 218
굳 285, 381
그르메 71, 215, 226, 373
씌듣다 37
나토다 181, 333, 361
덛덛ᄒ다 247
도랑 10
드틀 70, 217, 373
듣글 70
마기오다 306
맏 첫 방편 45, 249
맛듣다 323
모도잡다 9
모로기 361
버믈다 72, 215
번득하다 323
쌔즉ᄒ다 318
사기다 285
쉽지 못하다 21
아쳗다 33
양자 69, 317
어리다 39
얼굴 69, 125, 215, 317, 373
올마흘롬 77
올오리 츠리다 285
입겿 306
잘카냥ᄒ다 376
카냥ᄒ다 375
해 드롬 62, 376

왜
세종은
불교 책을
읽었을까

ⓒ 오윤희 2015

2015년 8월 17일 초판 1쇄 발행

지은이 오윤희
펴낸이 박상근(至弘) • 주간 류지호 • 편집 김선경, 양동민, 이기선, 양민호
디자인 쿠담디자인 • 제작 김명환 • 홍보마케팅 허성국, 김대현, 박종욱, 한동우 • 관리 윤애경
펴낸 곳 불광출판사 110-140 서울시 종로구 우정국로 45-13, 3층
　　　　대표전화 02) 420-3200 편집부 02) 420-3300 팩시밀리 02) 420-3400
　　　　출판등록 제1-183호(1979. 10. 10.)

ISBN 978-89-7479-272-5 (03910)

이 도서의 국립중앙도서관 출판예정도서목록(CIP)은
서지정보유통지원시스템 홈페이지(http://seoji.nl.go.kr)와
국가자료공동목록시스템(http://www.nl.go.kr/kolisnet)에서 이용하실 수 있습니다.
(CIP제어번호: 2015021477)